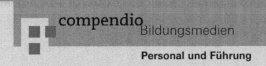

compendio Bildungsmedien

Personal und Führung

Kommunikation und Führung für HR-Fachleute

Eine praxisorientierte Darstellung mit Repetitionsfragen und Antworten sowie Minicases

Marita Knecht unter redaktioneller Mitarbeit von Clarisse Pifko

Kommunikation und Führung für HR-Fachleute
Eine praxisorientierte Darstellung mit Repetitionsfragen und Antworten sowie Minicases
Marita Knecht unter redaktioneller Mitarbeit von Clarisse Pifko

Grafisches Konzept: dezember und juli, Wernetshausen
Satz und Layout, Korrektorat: Mediengestaltung, Compendio Bildungsmedien AG, Zürich
Illustrationen: Oliver Lüde, Winterthur
Druck: Edubook AG, Merenschwand

Redaktion und didaktische Bearbeitung: Clarisse Pifko

Artikelnummer: 11864
ISBN: 978-3-7155-9887-1
Auflage: 2., überarbeitete Auflage 2014
Ausgabe: K1105
Sprache: DE
Code: XHR 001

Dieses Buch ist klimaneutral in der Schweiz gedruckt worden. Die Druckerei Edubook AG hat sich einer Klimaprüfung unterzogen, die primär die Vermeidung und Reduzierung des CO_2-Ausstosses verfolgt. Verbleibende Emissionen kompensiert das Unternehmen durch den Erwerb von CO_2-Zertifikaten eines Schweizer Klimaschutzprojekts.

Mehr zum Umweltbekenntnis von Compendio Bildungsmedien finden Sie unter: www.compendio.ch/Umwelt

Inhaltsverzeichnis

Über die Reihe «Lernwelt für HR-Fachleute»

Willkommen in unserer Reihe «Lernwelt für HR-Fachleute»! Die Reihe ist auf die Bedürfnisse von Studierenden zugeschnitten, die sich auf den eidgenössischen Fachausweis HR-Fachmann und HR-Fachfrau vorbereiten.

Sie orientiert sich deshalb an der aktuellen **Wegleitung für die Berufsprüfung für HR-Fachmann und HR-Fachfrau** und behandelt die darin aufgeführten Prüfungsinhalte.

Die Reihe umfasst folgende Titel:

- Kommunikation und Führung für HR-Fachleute
- Personalmarketing, -entwicklung und Berufsbildung für HR-Fachleute
- Arbeitsrecht und Sozialpartnerschaft für HR-Fachleute
- Sozialversicherungen in der Schweiz
- Internationales HR-Management für HR-Fachleute
- HR-Beratung für HR-Fachleute

Diese Fachreihe wurde in Zusammenarbeit mit dem HR-Fachbeirat von Compendio erstellt. Wir danken den Mitgliedern des HR-Fachbeirats Ingrid Katharina Geiger, Nicole Messi und Astrid Perrollaz für ihre wertvollen Verbesserungsvorschläge und Anregungen zu diesem Lehrmittel.

Die Lehrmittel folgen dem bewährten didaktischen Konzept von Compendio. Verständliche Texte, zahlreiche Beispiele und Grafiken sowie Repetitionsfragen mit ausführlich kommentierten Musterlösungen ermöglichen die zielgerichtete Vor- und Nachbereitung des Unterrichts und gegebenenfalls auch ein Selbststudium.

Als Besonderheit enthalten die meisten Lehrmittel dieser Reihe Minicases mit anwendungsorientierten Aufgabenstellungen, wie sie an der Berufsprüfung gestellt werden. Zur Unterstützung beim Lernen und für den Berufsalltag haben wir dieser Ausgabe ein übersichtliches Infoblatt beigelegt. Es enthält eine Auswahl wichtiger Daten, Fakten und Modelle und vermittelt einen schnellen Überblick über das Thema.

Zürich, im Februar 2014

Clarisse Pifko, Projektleitung

Vorwort

Psychologisches Wissen erleichtert den Berufsalltag wesentlich, indem das gegenseitige Verständnis gefördert wird. Kenntnisse in Psychologie helfen aber auch, sich selbst auf eine aufbauende Art durchzusetzen, Konflikte zu erkennen, allfällige Missstände anzusprechen und zu beheben.

Kommunikation und Führung ist in erster Linie ein Fachbuch für Personalfachleute. Es ist leicht verständlich geschrieben und einfach zu verstehen. In diesem Sinn kann es auch allgemein psychologisch interessierte Leser ansprechen und ihnen den Zugang zur Psychologie erleichtern. Die einzelnen Teile sind analog der Wegleitung für die Berufsprüfung aufgebaut. Sie bilden in sich ein abgeschlossenes Ganzes. Alle Teile vernetzt ermöglichen erst, jede Situation im Berufsalltag zu verstehen. Jedes Vorkommnis im Unternehmen hat irgendeinen Bezug zu einem beschriebenen Thema.

Der Mensch mit seinen Anlagen, Bedürfnissen, erworbenen Kenntnissen und entwickelten Begabungen steht im Mittelpunkt eines Unternehmens. Dieses hat eine gelebte Struktur mit Ansprüchen und Zielvorstellungen, die von den Führungspersonen und den Mitarbeitenden unterschiedlich interpretiert werden können. Es ist auch wichtig, Gespräche richtig zu führen. Das heisst, man soll den Menschen dort abholen, wo er sich befindet, und das Führungsverhalten entsprechend anpassen. Es geht ja darum, allfällige Konflikte zu beheben und nicht weitere zu schaffen. Wenn Sie am Schluss die Minicases durcharbeiten, werden Sie die Zusammenhänge leicht erkennen und mit Ihrer Erfahrung Antworten und Beiträge zu den Fällen finden.

Inhalt und Aufbau des Lehrmittels

Dieses Buch befasst sich mit den Bereichen Kommunikation und Führung. Die Inhalte orientieren sich an der aktuellen **Wegleitung für die «Berufsprüfung für HR-Fachmann und HR-Fachfrau»**.

Teil A behandelt das **Unternehmen und die Personalpolitik**. Das Unternehmen wird als soziales System beschrieben und es werden wesentliche Begriffe wie Unternehmensleitbild, Unternehmenskultur und Betriebsklima behandelt. Im zweiten Kapitel dieses Teils geht es um die Funktionen der Personalpolitik, die Rolle der Personalfachleute, um Moderation und den Umgang mit Konflikten.

Teil B befasst sich mit der **Kommunikation**. Die einzelnen Kapitel behandeln die Kommunikationspsychologie, die Gesprächsmodelle und das Beratungsgespräch.

Teil C ist der **Führung** gewidmet. Die Führungsperson, der Führungsstil, MbO und die Führungsaufgaben sind die Themen in diesem Teil.

Im **Teil D** geht es um die **Psychologie im Berufsalltag**. Zunächst werden die psychologischen Grundkenntnisse vermittelt, danach behandeln wir die Entwicklung des Menschen und die Motivationspsychologie.

Wichtige Hinweise

Bitte berücksichtigen Sie beim Lesen dieses Buchs folgende Punkte:

- Wir behandeln in diesem Buch die Prüfungsinhalte, die in der Wegleitung beschrieben sind, nicht in der angegebenen Reihenfolge. Das hilft uns, Überschneidungen und Redundanzen zu vermeiden. Wir haben für Sie eine **Liste mit den Prüfungsinhalten aus der Wegleitung für die Berufsprüfung für HR-Fachleute** zusammengestellt und bei jedem Prüfungsinhalt das Kapitel aufgeführt, in dem dieser im Buch behandelt wird. Diese Liste finden Sie auf unserer Homepage www.compendio.ch.
- Damit Sie sich auf die Prüfung vorbereiten können, haben wir **zehn Minicases** für Sie erstellt. Diese sind kapitelübergreifend aufbereitet und ermöglichen Ihnen, das Gelernte anzuwenden und sich zielgerichtet auf die Prüfung vorzubereiten.
- Wir haben für Sie eine Liste mit weiterführender **Literatur** zusammengestellt. Sie finden diese Literaturliste im Anhang dieses Buchs.

Zur aktuellen Auflage

Dieses Buch wurde gemäss der neuen Wegleitung zur Prüfungsordnung für die Berufsprüfung für HR-Fachleute vom 13. November 2012 überarbeitet und enthält folgende neue Texte:

Kapitel	Thema	Seite
1.5	Position der HR-Fachperson im Unternehmen	17–18
2.1	Neuer Text über kulturelle Diversity	20–21
2.2.1	Die HR-Fachperson bei der Umsetzung unternehmerischer Ziele	21–22
2.2.2	Neues Beispiel zur Beratungsfunktion der HR-Fachperson	23
4.3	Die fünf Axiome in der Kommunikation	58–60
8.1	Die Aufgabenebene der Führungsperson	87–88
8.3	Das Gesundheitsmanagement	90–91
8.3.2	Work-Life-Balance	92–93
9.1	Beispiel für die Notwendigkeit von psychologischen Grundkenntnissen	97
10.4	Persönlichkeitsreife	117–119

In eigener Sache

Dieses Lehrmittel eignet sich auch für das Selbststudium. Nützliche Tipps dazu erhalten Sie auf www.compendio.ch/Lerntipps.

Haben Sie Fragen oder Anregungen zu diesem Lehrmittel? Über unsere E-Mail-Adresse postfach@compendio.ch können Sie uns diese gerne mitteilen. Sind Ihnen Tipp- oder Druckfehler aufgefallen, danken wir Ihnen für einen entsprechenden Hinweis über die E-Mail-Adresse korrekturen@compendio.ch.

Zürich, im Februar 2014

Marita Knecht, Autorin

Clarisse Pifko, Redaktorin

Teil A Das Unternehmen und die Personalpolitik

1 Das Unternehmen

Lernziele	Nach der Bearbeitung dieses Kapitels können Sie ...

- erklären, was man unter einem sozialen System versteht und welche Aufgaben es hat.
- die Begriffe Unternehmensleitbild und Unternehmenskultur definieren.
- die Merkmale und Grundtypen von Unternehmenskulturen beschreiben.
- erläutern, wie eine Unternehmenskultur geändert werden kann.
- die Begriffe Unternehmenskultur und Betriebsklima unterscheiden.

Schlüsselbegriffe	Änderung der Unternehmenskultur, Änderungsbereitschaft, Änderungsfeindlichkeit, Änderungsfreundlichkeit, Arbeitsklima, Art der Führung, Betriebsklima, Einheitlichkeit, Ethik, Geschlossenheit, Leitsätze, Offenheit, Stellenwert der Mitarbeitenden, Unternehmenskultur, Unternehmensleitbild

1.1 Das Unternehmen als soziales System

Unternehmen sind produktive Systeme. Sie forschen, entwickeln und produzieren Güter, sie treiben globalen Handel und sind in zahlreichen anderen Funktionen tätig. Sie können nur existieren und überleben, wenn sie ökonomisch erfolgreich wirtschaften oder finanzielle Zuwendungen erhalten. Ohne die fachliche Kompetenz und die Arbeit von Menschen werden sie aber kaum irgendwelche Ziele erreichen können. Einerseits schreibt das Gesetz vor, wie sich eine **Zusammenarbeit zwischen Unternehmen und Mitarbeitenden** gestalten muss. Andererseits übernimmt das Unternehmen eine **wichtige Aufgabe innerhalb der Gesellschaft.** Es bietet den Menschen Arbeit an, entlohnt sie und ermöglicht auf diese Weise, dass sie existieren, ihren Lebensunterhalt verdienen und dass sich einige sogar ein sorgloses Leben leisten können. Die Unternehmen tragen so zum gesellschaftlichen Wohlstand eines ganzen Volks bei. Da Menschen mit den erforderlichen Fachkenntnissen nicht unbegrenzt zur Verfügung stehen, liegt es an den Unternehmen, ein Umfeld zu schaffen, das den Mitarbeitenden entgegenkommt und ihren Bedürfnissen entspricht. Es liegt also im eigenen Interesse eines Unternehmens, ein soziales System einzurichten, um nachhaltig auf die Fachkraft eines Mitarbeitenden zählen zu können.

Aufgaben eines sozialen Systems können sein:

- Mitarbeitenden eine geeignete, ihren Fähigkeiten entsprechende Aufgabe anbieten
- Notwendige Hilfsmittel bereitstellen, um die Arbeit kompetent ausführen zu können
- Ein psychisch und physisch gesichertes Arbeitsumfeld gewährleisten
- Gerechte Entlohnung, Versicherungs- und Fürsorgeleistungen bieten
- Ein soziales Umfeld schaffen, das auf soliden Grundwerten besteht und einen geordneten Umgang der Beteiligten pflegt
- Fachliche und soziale Entwicklung ermöglichen und auch Veränderungen erlauben
- Mitsprache und Einflussnahme am Arbeitsplatz zulassen sowie die Identifikation mit dem Unternehmen und seinen Zielsetzungen fördern (Corporate Identity)

Ethik

Ein weiterer Aspekt, der zum sozialen System gezählt werden kann, ist die Ethik. Ethik hat mit Moral zu tun und untersucht systematisch die Eigenart von Wertvorstellungen. Dabei geht es z. B. um folgende Fragen:

- Nach welchen Prinzipien handelt das Unternehmen?
- Was für Produkte stellt es her?
- Aus welchen Rohstoffen sind sie gemacht?
- Welchem Zweck dienen sie?
- Wie beeinflussen sie die Umwelt?
- Wie gross ist die Salärspanne zwischen einem Niedriglohn und einem Managementgehalt?
- Welchen Stellenwert haben die Mitarbeitenden im Unternehmen?

Ethik im Unternehmen setzt voraus, dass Management und Mitarbeitende über ein ethisches Denken und Handeln verfügen. Für das Management bedeutet es, dass die Menschen nicht ausgebeutet werden. Für die Mitarbeitenden heisst es, sich für die Ziele des Unternehmens einzusetzen, immer unter der Voraussetzung, dass diese ethisch vertretbar sind.

1.2   Unternehmensleitbild

Im Unternehmensleitbild werden die wesentlichen Leitsätze aufgeführt, die in der Unternehmenspolitik enthalten sind. Sie dienen zur **Information nach aussen und nach innen.** Welches Bild will ein Unternehmen nach aussen vermitteln, wie will es sich präsentieren und was für ein Image will es sich geben? Nach innen dienen die Leitsätze als Richtlinien des zwischenmenschlichen Verhaltens aber auch als Leitfaden vor jeglichen neuen Entscheidungen, die die wirtschaftliche Tätigkeit betreffen.

Beispiele für Leitsätze

- Wir setzen unsere Priorität auf Nachhaltigkeit und Qualität.
- Wir legen grössten Wert auf die Erhaltung einer gesunden Umwelt.
- Wir streben ein langfristiges, ausgewogenes Wachstum an.
- Wir fördern unsere Mitarbeitenden und nehmen ihre Anliegen ernst.
- Wir bieten den Mitarbeitenden gerechte Löhne, ein gesichertes Umfeld und soziale Sicherheit.

Auf der Homepage der Holcim (Schweiz) AG finden Sie die folgenden Leitsätze.

Abb. [1-1]   Unternehmensleitbild (Beispiel)

Unsere Leitsätze:

Die Leitsätze der Holcim (Schweiz) AG sind der Angelpunkt zwischen unserem übergeordneten, langfristigen Denken und tagtäglichen Anforderungen. Sie sind der Grundpfeiler unseres Erfolgs.

Die Holcim (Schweiz) AG ist die Schweizer Tochtergesellschaft des weltweit tätigen Baustoffkonzerns Holcim Ltd. Unser Ursprung ist die Zementherstellung; heute bilden Zement, Kies und Beton die Kernbereiche.

Holcim (Schweiz) AG ist führend im Markt. Unsere Kunden sind Partner, für die wir mit Produkten und Know-how Mehrwert schaffen.

Holcim (Schweiz) AG hat hoch motivierte Mitarbeiterinnen und Mitarbeiter. Wir fordern Engagement und anerkennen Leistung.

Holcim (Schweiz) AG handelt zielorientiert, mutig und schnell. Permanentes Lernen und Verbessern macht uns erfolgreich.

Holcim (Schweiz) AG ist regional stark verankert, effizient organisiert und offen für neue Märkte. Wir treten als Einheit auf.

Holcim (Schweiz) AG ist verantwortungsbewusst gegenüber Umwelt und Gesellschaft. Wir informieren offen.

Holcim (Schweiz) AG ist wirtschaftlich erfolgreich. Wir schaffen dauerhafte Werte.

Quelle: www.holcim.ch > Über uns > Unsere Leitsätze

Vom Unternehmensleitbild leitet sich die Unternehmenskultur ab. Diese kann positiv oder negativ sein und hängt davon ab, wie das Unternehmen die Leitsätze nach innen und aussen lebt und umsetzt oder eben nicht.

1.3   Unternehmenskultur

Jedes Unternehmen hat eine bestimmte Unternehmenskultur, d. h. in jedem Unternehmen herrscht ein bestimmter Geist im internen Umgang miteinander und im Kontakt nach aussen. Es gibt starke und weniger ausgeprägte Unternehmenskulturen. Die Unternehmenskultur zeigt sich in der Einstellung der Mitarbeitenden zur Arbeit, zum Unternehmen, zu seinen Produkten, seiner Führung und seiner Zukunft. Sie steuert das Denken, Fühlen und Verhalten einer Abteilung oder eines ganzen Unternehmens. Man kann auch von einem **System von Denk- und Verhaltensmustern** sprechen. Man spürt die Unternehmenskultur, wenn man im Unternehmen ist. Es herrscht z. B. ein lockerer, unkonventioneller Ton oder eine formelle, eher steife und distanzierte Atmosphäre und man erkennt sie an Sitten, Gebräuchen, Symbolen, Ritualen usw. Die Unternehmenskultur zeigt sich auch in der Art, in der sich die Mitarbeitenden kleiden, in der Gebäudearchitektur und der Einrichtung von Arbeitsplätzen, in der Art, wie Sitzungen abgehalten werden, wie mit Erfolgen und Krisen umgegangen wird, wie Status und Ressourcen verteilt werden, wie Mitarbeitende ausgewählt und befördert werden und daran, ob man sich auch in der Freizeit viel sieht usw.

Man erkennt die Unternehmenskultur also an wichtigen und auch nebensächlichen Äusserungen. Sie entsteht aus den im Unternehmen geltenden **Werten**. Diese Werte wachsen meist spontan aus der Geschichte des Unternehmens heraus, aus den Überzeugungen der Gründer und wichtiger Führungskräfte, aus Gewohnheiten, Legenden, Anekdoten usw. Eine besondere Rolle spielen dabei immer die leitenden Persönlichkeiten durch ihre Vorbildwirkung. Ihr Naturell, ihre soziale Herkunft, ihr Lebenslauf, ihre Ideale und wichtige Entscheidungen, die sie getroffen haben, können eine Unternehmenskultur entscheidend prägen.

Je mehr Führungskräfte aus den eigenen Reihen rekrutiert werden, je geringer die Personalfluktuation ist und je enger die Mitarbeitenden zusammenarbeiten, desto stärker und homogener wird eine Unternehmenskultur. **Ausgeprägte Unternehmenskulturen** führen zu einem starken Zusammenhalt und machen ein Unternehmen leicht führbar; sie können aber auch statisch, veränderungshemmend wirken.

1.3.1 Merkmale von Unternehmenskulturen

Unternehmenskulturen lassen sich nach verschiedenen Merkmalen charakterisieren. Wichtige **Kriterien** sind:

- Grad der Offenheit bzw. Geschlossenheit
- Grad der Änderungsbereitschaft
- Grad der Einheitlichkeit
- Art der Führung
- Stellenwert der Anspruchsgruppen

Diese Kriterien besprechen wir im folgenden Text.

Grad der Offenheit bzw. Geschlossenheit

In einer aussenorientierten Kultur versteht sich jeder als Dienstleister für Aussenstehende. In einer innenorientierten Kultur will man in Ruhe seine Produkte entwickeln, die Aussenkontakte werden an wenige Mitarbeitende (den Aussendienst, PR, Sponsoring usw.) delegiert.

Grad der Änderungsbereitschaft

Änderungsfeindlichkeit zeigt sich im Festhalten an Traditionen und einem autoritären Führungsstil. Es wird viel Energie für innere Formen, für erworbenen Status und Prestigedenken verwendet. **Änderungsfreundlich** ist eine Kultur, die zukunftsorientiert ist, die sich auf die Wünsche der Kunden einstellt und das unternehmerische Denken und die Kreativität der eigenen Mitarbeitenden fördert.

Grad der Einheitlichkeit

Einheitskulturen legen Wert auf eine Gleichschaltung des Denkens und auf die Ausrichtung nach der Unternehmensspitze; es gibt strenge formale Regeln, an die sich alle halten. Der Gegenpol sind Unternehmen, die bewusst **verschiedene Subkulturen** unter ihrem Dach haben. Es gibt viele kleine Einheiten (z. B. Profitcenter), die sich in ihrer Denk- und Verhaltensweise oft stark voneinander unterscheiden und sogar miteinander in Wettbewerb treten. Sie handeln sehr flexibel und kommunizieren netzartig miteinander. Das verbindende Dach sind einige gemeinsame Werte, mit denen sich alle identifizieren und durch die sich das Unternehmen von anderen Unternehmen unterscheidet.

| Beispiel | ABB folgt dem Leitwert: «Denke global, handle lokal.» Seine 4500 Profitcenters sind relativ autonome Einheiten mit kultureller Eigenart, die kundenzentriert agieren und dadurch leistungsstark und flexibel sind und dennoch durch ein Gefühl der Zusammengehörigkeit miteinander verbunden sind. Der einzelne Mitarbeiter ist primär in die Kultur der Gruppe integriert, in der er arbeitet; Philosophie und Kultur des Ganzen sind ebenfalls wichtig, werden aber nicht so hautnah erlebt. |

Art der Führung

Bei einigen Unternehmen bestimmt die Führung möglichst vieles; das Kostendenken ist hoch entwickelt; es gibt viele institutionalisierte Instrumente und Verfahren. Andere Unternehmen haben eine entwicklungsorientierte Einstellung: Man ist stärker qualitativ (als quantitativ) ausgerichtet, sucht nach unternehmerischen Lösungen, nach Sinn, will nachhaltige Werte schaffen.

Stellenwert der Mitarbeitenden

Auf der einen Seite stehen hier: Unternehmen, die von ihren Mitarbeitenden primär Gefolgschaft erwarten, sie sollen in erster Linie loyale Mitarbeitende sein. Anpassung und Konformität werden belohnt, es gibt viele kollektive Zwänge, die Gruppenkompetenz und das Wir-Gefühl stehen im Vordergrund. Auf der anderen Seite stehen Unternehmen, die von ihren Mitarbeitenden erwarten, dass sie leistungsstarke, verantwortungsbewusste, mutige Akteure sind, die ihre Aufgaben nicht nur ausführen, sondern auch gestalten. Die individuelle Leistung, die hohe Kompetenz und die Verantwortungsübernahme des Einzelnen werden belohnt.

Die Unternehmenskultur zeigt sich auch an der Art, wie Feste gefeiert werden. Bild: www.fotolia.de

1.3.2   Zwei Grundtypen von Unternehmenskultur

Aus den verschiedenen Ausprägungen ergeben sich zwei Grundtypen der Unternehmenskultur:

- Die Unternehmenskultur wird von einer sich mächtig fühlenden Unternehmensspitze als Instrument zum Unternehmenserfolg eingesetzt; das Handeln richtet sich in erster Linie nach dem Kostenbewusstsein. Es wird Anpassung erwartet und die Mitarbeitenden sind lediglich Ausführende von Aufgaben. Die Unternehmensführung lenkt **zentralistisch**.
- Die Unternehmenskultur ist natürlich gewachsen, sie lässt Veränderungen zu und wird durch die Mitarbeitenden geprägt. Das Kostendenken spielt ebenfalls eine Rolle. Es wird aber ebenso der Nutzen von Dritten berücksichtigt. Der Einsatz und die Fähigkeiten jedes Einzelnen sind wichtig, man ist offen, lernbereit und pflegt **dezentrale Subkulturen** mit differenzierten Werten.

Die Unternehmenskultur ist der Schlüssel zum Erfolg einer Unternehmenspolitik, denn nur wenn die Werte in der Unternehmenskultur verankert werden können, ist eine Umsetzung der unternehmenspolitischen Ziele möglich.

1.3.3 Kulturänderungen

Kulturänderungen gehören zu den Gestaltungsaufgaben der Unternehmensführung. Die Kultur eines Unternehmens zu verändern, ist nicht leicht. Sie wirkt nachhaltig und es sind grosse Anstrengungen notwendig, um sie zu ändern.

Eine Unternehmenskultur lässt sich durch **Information** ändern. Die neuen Werte müssen kommuniziert und dann durch Schulung, Üben und Rückmeldungen gefestigt werden.

Wir geht man vor, wenn man die Unternehmenskultur ändern möchte?

- Als Allererstes sind **Werte** zu **formulieren,** die motivierend sind. Dann sind diese Werte bekannt zu machen – schriftlich, z. B. in einem Leitbild, und mündlich: in Seminaren, Diskussionen, Workshops auf allen Ebenen. Die Diskussion ist dabei ausserordentlich wichtig; Einwände, Zweifel, Widerspruch sollen ausgetragen werden.
- Die Führungskräfte müssen die neuen Werte vertreten und vorleben.
- Es müssen **Massnahmen zur Verwirklichung dieser Werte** getroffen werden, z. B. eine veränderte Beförderungs- und Lohnpolitik, neue Gebäudeausstattungen usw.
- Oft führt eine neue Unternehmenskultur auch zu einem veränderten **Einsatz der Mittel;** es wird z. B. mehr für die Schulung der Verkaufsberater oder für Kundenanlässe ausgegeben, falls ein stärkerer Kundenbezug eine neue Priorität ist.
- Oft werden auch **neue Führungskräfte** ins Unternehmen geholt, um die Änderung zu realisieren.
- In Schulung und Alltag müssen immer wieder **Bezüge zur Unternehmenspolitik** hergestellt werden. Die Vorgesetzten müssen in ihren Teams neue, erwünschte Verhaltensweisen erkennen, loben und unterstützen. Feedbacks und die Diskussion typischer Vorfälle sind über eine lange Zeitdauer nötig, damit die neuen Verhaltensweisen sich einspielen. Letztlich müssen alle Mitarbeitenden mitmachen, damit es zu einer wirklichen Veränderung kommt.

Die Umstellung auf eine neue Unternehmenskultur ist ein **gemeinsamer Lernprozess,** der beim Bestehenden anknüpfen muss. Eine neue Unternehmenskultur kann nicht über eine vorhandene gestülpt werden. Es müssen durch Erklärung und gemeinsames Erörtern Übergänge geschaffen werden. Das Gespräch zwischen den Vorgesetzten und ihren Teams ist ein wichtiges Mittel dafür.

1.4 Betriebsklima

Jeder Mensch braucht Luft zum Atmen. In einem stickigen Klima bekommt er Atemnot, fühlt sich elend und wird krank. Ist es Zufall, dass es Unternehmen gibt, die über eine hohe Krankheitsrate verfügen, andere hingegen nicht? Woran liegt das?

In einem Unternehmen arbeiten viele verschiedene Menschen zusammen, Männer, Frauen, ältere und jüngere, begabte und weniger begabte Leute, einige verfügen über Macht und andere wollen oder müssen sich unterordnen. Diese Menschen stammen aus unterschiedlichen Kulturen und haben verschiedene Ansprüche und Wertvorstellungen. Alle zusammen tragen zu einem Klima bei. Und ob das Klima förderlich ist, hängt einerseits von der persönlichen Entwicklung der jeweiligen Menschen ab und andererseits von der gelebten Unternehmenskultur durch die Führungskräfte.

Man versteht also unter Betriebsklima die **subjektiv wahrgenommene, längerfristige Qualität des Zusammenwirkens der Mitarbeitenden eines Unternehmens.**

Was braucht es für Voraussetzungen, damit ein Betriebsklima genügend frische Luft zum Atmen lässt?

Wir führen einige Voraussetzungen für ein gutes Betriebsklima auf:

- Praxisbezogene Leitsätze, die von allen verstanden und angewandt werden.
- Eine Unternehmenskultur, die vom obersten Management vorgelebt wird.
- Linienvorgesetzte und Personalverantwortliche, die diese Kultur weiter in die Abteilungen tragen.
- Vorgesetzte, die über Führungs- und Sozialkompetenz verfügen.
- Eine gesunde Ethik und Wertehaltung gegenüber allen Mitarbeitenden, egal in welchen Funktionen sie tätig sind.
- Eine gute Fehlerkultur: Fehlermachen wird nicht als erwünscht, aber als nützlich angesehen, weil es ein Anlass für Verbesserungen und Lernchancen ist.
- Jede Form von Mobbing oder persönlichen Beleidigungen wird nicht toleriert.
- Veränderungen, Prozesse, Vorschlagswesen werden zugelassen und diskutiert.
- Konflikte werden angesprochen und lösungsorientiert angegangen.
- Kritik ist konstruktiv – Lob wird materiell und immateriell honoriert.
- Menschen, die am richtigen Ort eingesetzt sind, und mit Freude ihre Aufgabe verrichten.
- Es darf auch gelacht werden.

Oft hängt das Betriebsklima von einzelnen Menschen ab. Sie bestimmen, ob es gut oder nicht gut ist. Grundsätzlich kann jede Person dazu beitragen. Wenn Störungen vorliegen, müssen die Ursachen rasch gefunden und Lösungen für Verbesserungen gesucht werden.

Die Begriffe Unternehmenskultur und Betriebsklima werden häufig verwechselt. Wir werden in der folgenden Tabelle auf wesentliche Unterschiede zwischen Unternehmenskultur und Betriebsklima hinweisen.

Abb. [1-2]   Unternehmenskultur und Betriebsklima – im Vergleich

	Unternehmenskultur	Betriebsklima
Kurzbeschreibung	Unternehmenskultur umfasst das in einem Unternehmen vorherrschende Denk- und Handlungsmuster, das auf bestimmten – meist unbewussten – Annahmen beruht, in den bevorzugten Werten und Normen Ausdruck findet und sich in Symbolen (z. B. Logo, Architektur, Ausstattung der Büros und Arbeitsplätze, Dresscode) sowie in Ritualen (z. B. Art und Weise der Besprechungen) niederschlägt. Die Unternehmenskultur ist oft tief verwurzelt.	Das Betriebsklima bezieht sich auf die Motivation, die Interaktion und die Stimmung im Unternehmen. Es ist das Ergebnis der subjektiven Wahrnehmung und Deutung der Mitarbeitenden. Diese beziehen sich in vielen Fällen auf bestimmte Ereignisse (z. B. Stellenabbau, Erhöhung des Salärs). Das Betriebsklima kann deshalb schwanken.
Wirkung nach innen	Eine gemeinsame Unternehmenskultur gibt den Mitarbeitenden Orientierung (z. B. «Der Kunde hat erste Priorität») und erleichtert die Kommunikation und Koordination. Für Aussenstehende und neue Mitarbeitende ist die spezifische Unternehmenskultur nicht einfach zu entschlüsseln.	Ein gutes und stabiles Betriebsklima wirkt sich positiv auf die Leistungsbereitschaft der Mitarbeitenden aus. Und umgekehrt: Ein schlechtes Betriebsklima demotiviert und kann zu einer erhöhten Fluktuation führen.
Wirkung nach aussen	Unternehmenskultur ist ein besonders wichtiger Faktor, wenn es darum geht, sich innerhalb einer Branche von Konkurrenten positiv abzugrenzen bzw. abzuheben.	Das vorherrschende Betriebsklima fördert bzw. beeinträchtigt den Unternehmenserfolg.

	Unternehmenskultur	Betriebsklima
Beständigkeit bzw. Veränderung	Ist relativ dauerhaft und verstärkt sich selbst, wenn keine gezielte und tief greifende Veränderung erfolgt.	Das Betriebsklima ist relativ stabil, es kann aber situativ deutlich schwanken.
Ermittlung	Qualitative Analyse der gelebten Überzeugungen und Wertorientierungen (z. B. «Bei uns ist der Kunde König», «Bei uns steht der Mitarbeiter im Mittelpunkt»).	Quantitative Erhebung der aktuellen Wahrnehmung mit der Möglichkeit, eine Art «Stimmungsbarometer» zu erhalten (z. B.: «Das Betriebsklima der Firma X ist hervorragend, eher gut, eher schlecht, sehr schlecht»).

Das **Arbeitsklima** unterscheidet sich vom Betriebsklima. Dieses wird sehr individuell bewertet. Es geht darum, wie eine Person ihren **Arbeitsplatz** wahrnimmt und wie wohl sie sich darin fühlt. Das Arbeitsklima wird bestimmt durch das subjektive Empfinden von:

- Infrastruktur, wie Grösse der Räumlichkeiten, Licht, Luft, Wärme, Lärm, Gerüche
- Maschinen, Geräte, technische Hilfsmittel
- Arbeitsinhalt an und für sich, Unterforderung / Überforderung
- Anstellungsbedingungen
- Betriebliches Informationswesen
- Führungsstil und Führungsverhalten der Vorgesetzten
- Kollegen und Zusammenhalt
- Zeitmanagement durch äussere Einflüsse geprägt
- Wertehaltung durch Vorgesetzte

Ob sich ein Mensch in einem Unternehmen wohlfühlt, hängt stark von seinen individuellen Erwartungen ab. Das Betriebsklima kann von jeder Person unterschiedlich interpretiert werden.

1.5 Position der HR-Fachperson im Unternehmen

Wie eingangs erwähnt sind Unternehmen produktive Systeme. Sie forschen, entwickeln und produzieren Güter, sie treiben Handel, beraten, verwalten und sind in zahlreichen anderen Funktionen tätig. Die Vorgesetzten in diesen Unternehmen sind Fachleute, die das Unternehmen mit ihren spezifischen Fachkenntnissen, ihren Fähigkeiten und ihrem Bildungsniveau ökonomisch führen und strategische und operative Ziele anstreben, um einen gewinnorientierten, wirtschaftlichen Erfolg zu erlangen. Die **Aufgaben der Linienvorgesetzten** sind also vorwiegend auf ein **Objekt,** auf eine Sache gerichtet.

Die **Aufgabe einer HR-Fachperson** hingegen bezieht sich nicht auf ein Objekt. Der Mittelpunkt ihres Wirkungskreises ist **der Mensch.** Die HR-Person muss dafür sorgen, dass das Unternehmen als soziales System die Rahmenbedingungen für die Mitarbeitenden einhält und gewährleistet. Sie nimmt deshalb als aktive und beratende Person an Gremien oder Sitzungen des Managements teil, wenn es sich mit der strategischen und der operativen Unternehmensführung befasst. Die HR-Person erhält so direkt die benötigten Informationen oder auch Aufträge, um ein gut funktionierendes Team aufzubauen. Zudem ist sie die treibende Kraft, wenn es um die Durchsetzung sozialer Belange geht. Die HR-Person ist also ein wichtiges **Bindeglied zwischen Management und Mitarbeitenden.**

Die Aufgabe einer HR-Fachperson richtet sich stark nach der **Grösse des Unternehmens.** In kleineren Unternehmen und in KMUs wird sich die Mitarbeit oder Mitsprache auf einem anderen Niveau gestalten als in einem Grossunternehmen oder Konzern, wo die HR-Person den Status eines Mitglieds der Geschäftsleitung hat und meistens über einen akademischen Grad verfügt.

Bei den Aufgaben geht es immer um die gleichen Kernpunkte, wie zum Beispiel folgende:

Abb. [1-3]   Aufgaben der HR-Fachperson

Ebene	Themen
Strategische	• Was sind die Inhalte des Leitbilds? • Welche Werte akzentuieren die Unternehmenspolitik? • Wo werden die Schwerpunkte der Unternehmenskultur gesetzt?
Operative	• Sämtliche Funktionen der Personalpolitik (siehe Kapitel 2.1) • Wie ist die Gestaltung von Kultur, Betriebs- und Arbeitsklima im Unternehmen? • Wie werden die arbeitsrechtlichen Aspekte gelebt?
Soziale	• Bieten wir Kitas (Kindertagesstätten) an? • Unterstützen wir die «Work-Life-Balance» unserer Mitarbeitenden? • Bieten wir flexible Arbeitszeiten an usw.?

Egal, wie gross ein Unternehmen ist, diese drei Ebenen sind Teile der Unternehmenspolitik. Eine HR-Fachperson wird je nach ihrer Position und Ausbildung auf all diesen Ebenen mitwirken, um das Management und die Linien-Vorgesetzten in ihrer Führungsaufgabe zu unterstützen und zu beraten. Es ist wichtig, dass sie ihre psychologischen, arbeitsrechtlichen und soziologischen Kenntnisse zum Wohl des Unternehmens und der Mitarbeitenden einbringt. Die Aufgabe und Verantwortung einer HR-Person kann wie folgt definiert werden:

Definition   Der Kopf einer HR-Fachperson denkt unternehmerisch und ihr Herz handelt sozial.

Zusammenfassung   Unternehmen sind soziale Systeme, weil sie eine wichtige Aufgabe in der Gesellschaft haben. Sie bieten den Menschen Arbeit und schaffen ein Umfeld, in dem sich die Mitarbeitenden wohlfühlen.

Das Unternehmensleitbild enthält die wesentlichen Leitsätze der Unternehmenspolitik. Die Unternehmenskultur besteht aus Denk- und Verhaltensmustern, die das Unternehmen charakterisieren. Man kann die Unternehmenskulturen nach verschiedenen Kriterien unterscheiden. Unternehmenskulturen können durch Information geändert werden.

Das Betriebsklima ist die subjektiv wahrgenommene, längerfristige Qualität des Zusammenwirkens der Mitarbeitenden eines Unternehmens. Das Arbeitsklima ist hingegen das subjektive Empfinden des Arbeitsplatzes.

Die Aufgabe der HR-Person bezieht sich auf den Menschen und erstreckt sich auf die strategische, operative und soziale Ebenedes Unternehmens.

Repetitionsfragen

1	Nennen Sie drei Aufgaben des Unternehmens als sozialem System.
2	Wie kann sich der Grad der Änderungsbereitschaft auf die Unternehmenskultur auswirken? Beantworten Sie die Frage in zwei Sätzen.
3	Worin unterscheiden sich Betriebsklima und Arbeitsklima?
4	Nennen Sie drei Merkmale, mit denen die Unternehmenskultur charakterisiert werden kann.
5	Führen Sie drei operative Aufgaben einer HR-Fachperson auf.

2 Personalpolitik

Die Personalpolitik ist das Herzstück des Personalbereichs. Alle Impulse werden durch sie gesteuert. Die Personalpolitik leitet sich von der Unternehmenspolitik ab. Sie bildet die Schaltstelle zwischen dem Unternehmen und den Mitarbeitenden und koordiniert und kontrolliert sämtliche Funktionen, die mit dem Personal verbunden sind.

Die wichtigsten Funktionen der Personalpolitik sind:

- Personaladministration
- Personalbedarfsplanung
- Personalmarketing
- Personalorganisation
- Personalführung
- Personalcontrolling
- Personalentwicklung
- Personalbetreuung
- Kulturelle Diversity

Wir besprechen die einzelnen Funktionen im folgenden Text.

2.1 Die Funktionen der Personalpolitik

Personaladministration

Zur Personaladministration gehören sämtliche administrative Aufgaben, das Anlegen von Personalakten, das Personalinformationssystem, die Zusammenarbeit mit Ämtern, Behörden, Verbänden, Personalvermittlungen sowie die Abrechnung der Löhne und Versicherungen. Auch die schriftliche Kommunikation gehört dazu, z. B. das Intranet, die Betriebszeitung, das Anschlagbrett usw.

Personalbedarfsplanung

Die Personalbedarfsplanung ist für die Ermittlung und Einsatzplanung des künftigen Personalbedarfs zuständig. In Zusammenarbeit mit der Linie erarbeitet sie die Kriterien der fachlichen Qualifikation für das Personal und stellt sicher, dass die freien Positionen rechtzeitig besetzt werden.

Personalmarketing

Im Personalmarketing werden Wege gesucht und entwickelt, wie und wo die richtigen Personen für das Unternehmen gewonnen werden können und wie die richtigen Personen im Unternehmen erhalten und zur Leistung motiviert werden können.

Personalorganisation

Die Personalorganisation strukturiert die statischen und dynamischen Beziehungen innerhalb eines Unternehmens. Man unterscheidet die Aufbauorganisation und die Ablauf- oder Prozessorganisation. Dabei legt die **Aufbauorganisation** die Organisationsstruktur der Verteilung der Aufgaben, Kompetenzen und Verantwortung auf die verschiedenen Stellen fest. Die Struktur wird meist in einem Organigramm abgebildet. Die **Ablauf- oder Prozessorganisation** regelt die Reihenfolge, in der die Tätigkeiten von den Stellen ausgeführt werden. Sie wird meist in einem Funktionendiagramm dargestellt.

Personalführung

Die Personalführung beschäftigt sich damit, inwieweit die Mitarbeitenden ein Mitspracherecht am Arbeitsplatz haben. Ferner werden die Führungsform und das Führungsverhalten bestimmt. Existiert ein Vorschlagswesen? Wie werden Ziele vereinbart? Was für Führungsinstrumente sehen zur Verfügung?

Personalcontrolling

Das Personalcontrolling ist eine Koordinationsfunktion, die sämtliche Daten kontrolliert und vergleicht, ob sie den Zielsetzungen entsprechen. Es geht hier um die Planung, Steuerung und Kontrolle der Personalbelange. Unter anderem werden Kostenstellen für sämtliche Abteilungen und Positionen errichtet, die messbar sein müssen.

Personalentwicklung

Für ein Unternehmen ist es von Nutzen, wenn es auf motivierte, lernbegabte Mitarbeitende zählen kann, die offen für Veränderungen sind und sich weiter bilden möchten. Die Qualifikation ist die Basis für mögliche Beförderungen, Weiterentwicklungen, Umschulungen, Trainings und Coachings, um Fach-, Sozial-, Führungs-, Selbst- und Methodenkompetenz zu fördern.

Personalbetreuung

Die Personalabteilung kann Anlaufstelle für persönliche Anliegen der Mitarbeitenden. Je nach Auftrag führt sie Beratungsgespräche, bietet Hilfe zur Selbsthilfe an, übernimmt eine Vermittlerrolle, setzt sich für soziale Anliegen ein, unterstützt die Mitarbeitenden bei Reorganisationen und übernimmt weitere Betreuungsaufgaben, die im Zusammenhang mit der Anstellung stehen.

Kulturelle Diversity

Sämtliche Funktionen der Personalpolitik erfahren durch die globalen Einflüsse, durch wirtschaftliche und politische Veränderungen, Krisen, aber auch durch Expansionen oder Fusionen sehr anspruchsvolle Herausforderungen. Die arbeitende Bevölkerung ist mobiler und länderübergreifend geworden. Menschen aus **unterschiedlichen Kulturen,** mit verschiedenen Bildungsabschlüssen, Bedürfnissen, Wertvorstellungen und Verhaltensweisen bilden neue Arbeitsgruppen. Neben den oft sprachlichen Problemen führen auch allgemeine Verständigungsprobleme zu zwischenmenschlichen Störungen. Pflichtbewusstsein, Pünktlichkeit, Arbeits- und Leistungseinsatz, Führungsverhalten, Firmenloyalität und zwischenmenschliche Umgangsformen werden sehr unterschiedlich interpretiert und auch gelebt. Es kann sich um Vorgesetzte oder Mitarbeitende handeln, die sich schlecht in die bestehende Unternehmenskultur integrieren können. Es ist die Aufgabe der HR-Person, je nach Situation entsprechend zu handeln.

Wenn **Mitarbeitende** betroffen sind, liegt es in erster Linie bei den Vorgesetzten, das Thema bei Bedarf mit Unterstützung der HR-Person anzusprechen.

Wenn **Vorgesetzte** betroffen sind, liegt es bei der HR-Person, in einem Gespräch auf das entsprechende Verhalten hinzuweisen.

Die folgende Abbildung fasst nochmals die Funktionen der Personalpolitik zusammen.

Abb. [2-1] Die Funktionen der Personalpolitik

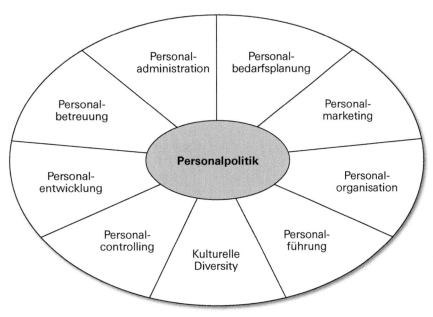

2.2 Die HR-Fachperson

2.2.1 Die HR-Fachperson bei der Umsetzung unternehmerischer Ziele

Es hängt von mehreren Faktoren ab, welche **Rolle eine HR-Fachperson** in einem Unternehmen hat. Wichtig sind der persönliche Reifegrad, die Fachkompetenz, die praktische Erfahrung und das Auftreten. Diese Voraussetzungen bestimmen, inwieweit sich eine HR-Person im Unternehmen einbringen und sich Akzeptanz von der Linie und der Geschäftsleitung verschaffen kann.

Im Organigramm des Unternehmens ist der HR-Bereich meist als **Stabsstelle** oder Stabsabteilung aufgeführt. Die HR-Fachperson bietet der Linie ihre Dienstleistungen an und ist zudem Koordinationsstelle für sämtliche Fragestellungen oder Probleme, die nicht im direkten Zusammenhang mit den Fachkenntnissen des Mitarbeitenden stehen. Dennoch ist die HR-Person **mitverantwortlich** dafür, dass die strategischen und operativen Unternehmensziele beachtet und umgesetzt werden.

In der folgenden Tabelle bringen wir einige Beispiele für die Tätigkeit der HR-Fachperson.

Abb. [2-2]

Beispiele für die Tätigkeit der HR-Fachperson

Tätigkeit	Beispiel
Mitgestaltung und Umsetzung des Unternehmensleitbilds	• Die HR-Fachperson muss bei der Mitgestaltung des Leitbilds ihre fachspezifischen, psychologischen und arbeitsrechtlichen Kenntnisse einbringen. Sie ist auch mitverantwortlich dafür, dass das Leitbild in der Praxis gelebt wird. Sie hat meistens die Übersicht über das gesamte Lohnwesen und kann sich für die Lohngleichheit einsetzen. • Wenn auf «Work-Life-Balance» Wert gelegt wird, muss die HR-Person intervenieren, wenn in einer Abteilung die Arbeitsüberzeit ausufert.
Unternehmenskultur	• Die demografische Entwicklung geht weiter Richtung multikultureller Gesellschaft. Das bedeutet auch, dass in einem Unternehmen zunehmend verschiedene Kulturen zusammentreffen. Es ist die Aufgabe einer HR-Person, darauf hinzuwirken, dass keinerlei Repressionen wegen Überzeugungen von Mitarbeitenden erfolgen. Sie muss aber auch bei der Rekrutierung darauf achten, dass neue Mitarbeitende ins bestehende Team passen. • Wenn die HR-Person erfährt, dass ein Mitarbeitender gemobbt wird, ist es ihre Pflicht, umgehend einzugreifen und geeignete Massnahmen zu veranlassen. • In schwierigen Situationen des Unternehmens ist es klar, dass die HR-Person auch unpopuläre Massnahmen des Unternehmens unterstützt und dabei den Mitarbeitenden die notwendige Hilfe anbietet.
Arbeits- und Betriebsklima	Ein Unternehmen erwartet von seinen Mitarbeitenden eine bestmögliche Arbeitsleistung. Damit diese gewährleistet wird, sind die Arbeitsplätze und die Arbeitszeiten so zu gestalten, dass sie den Bedürfnissen der Mitarbeitenden weitgehend entsprechen. Die HR-Person unterstützt die Mitarbeitenden in den Grundbedürfnissen nach einem angemessenen und gesunden Arbeitsplatz, indem sie allfällige Mängel wahrnimmt und das Management darauf hinweist.
Erarbeitung neuer Strukturen	Jedes Unternehmen ist Veränderungen unterworfen und muss sich manchmal neue Strukturen geben. Diese werden von den Mitarbeitenden oft mit Ärger oder Missmut aufgenommen. Die HR-Person leistet hier wichtige Dienste, indem sie die neuen Regeln oder Massnahmen klar mitträgt und bei Bedarf die Linie bei der Mitarbeiterinformation unterstützt. Die HR-Person kann auch dabei helfen, die Ängste der Mitarbeitenden aufzufangen und zu vermindern. Wenn mit den neuen Strukturen arbeitsrechtliche Veränderungen tangiert werden, muss die HR-Person kontrollieren, ob diese vertretbar sind.

2.2.2 Die HR-Fachperson als Beraterin der Linie

Wir haben gesagt, dass die Personalabteilung eine Dienstleistungsstelle innerhalb des Unternehmens ist und eine beratende Funktion hat. Jede Abteilung kann ihre Dienste beanspruchen. Sie übernimmt sämtliche administrativen Aufgaben, die sich mit der Anstellung ergeben. Sie unterstützt die Linie bei Fragen der Personalentwicklung, Betreuung und auch bei psychischen Beeinträchtigungen. Für die Mitarbeitenden ist sie Anlaufstelle für alle personellen oder beruflichen Fragen. Die HR-Fachperson ist neutral und wird deshalb oft als Erste für ein erstes Gespräch aufgesucht. Das ihr entgegengebrachte Vertrauen darf sie keinesfalls missbrauchen. Sie muss sorgfältig abwägen, wie sie mit Vertraulichkeiten umgeht. Sie muss von den Mitarbeitenden das Einverständnis einholen, wenn ein Problem den Einbezug der Linie voraussetzt. Sie kann keine Entscheide alleine treffen.

Beispiel	Ein Mitarbeiter sucht die HR-Fachperson auf und möchte Hilfe für seine momentane, schwierige Situation. Er fühle sich ausgebrannt, müsse zu viel arbeiten und sei stets unter Stress. Sein Vorgesetzter sei ebenfalls nicht ansprechbar, immer unter Druck und er habe kaum Zeit für Gespräche. Er könne nicht mehr schlafen, trotz seiner Erschöpfung.

Nachdem die HR-Fachperson dem Mitarbeiter empathisch zugehört hat, wird sie ihn sicher fragen, welche Hilfe er von ihr erwartet. Sie wird ihm auch mitteilen, welche möglichen Mittel ihr zur Verfügung stehen. Sie werden gemeinsam das weitere Vorgehen besprechen, insbesondere das Gespräch mit dem Vorgesetzten. Erfolgt ein Gespräch zu dritt? Oder spricht der Mitarbeiter alleine mit seinem Chef? Wer gibt dann der HR-Fachperson das Feedback über den Verlauf des Gesprächs und die daraus abgeleiteten Massnahmen? Oder informiert die HR-Fachperson den Linienvorgesetzten direkt über die Probleme seines Mitarbeiters? Wer kümmert sich dann weiter um den Mitarbeiter und leitet die notwendigen Schritte ein?

Beispiel	Ein Linienvorgesetzter möchte einen Mitarbeitenden fördern und bittet die HR-Person um Unterstützung.
	Die HR-Person wird das Dossier des Mitarbeitenden studieren, die Ideen und Ziele des Linien-Vorgesetzten anhören und mit ihm geeignete Massnahmen besprechen. Möglicherweise weist sie auf Assessments für erste Abklärungen hin oder klärt entsprechende Schulungsmöglichkeiten ab. Sie unterstützt den Vorgesetzten auch bei der Prozedur der finanziellen Seite der Fördermassnahmen und wird dann auch nach Abschluss einer Schulung Kontrollgespräche durchführen. Das Personaldossier wird entsprechend ergänzt.

Es gibt kein Vorgehen, das für jedes Unternehmen anwendbar ist. In Gesprächen müssen Fragen gemeinsam geklärt und auch geprüft werden, ob sie tatsächlich für alle Beteiligten richtig sind.

Je nach Unternehmensgrösse werden die sozialen Dienste auch von Fürsorgeabteilungen übernommen. Dabei muss jede beteiligte Person sich ihrer Rolle bewusst sein und die ihr zustehenden Kompetenzen wahrnehmen.

2.2.3 Die Rolle der HR-Fachperson beim Gespräch mit Mitarbeitenden

Eine HR-Fachperson hat in psychologischer Hinsicht meist die bessere Fachausbildung als die Führungspersonen der Linie. Sie kann deshalb die **Führungsperson** wirksam bei Mitarbeitergesprächen **unterstützen.** Besonders bei der Vorbereitung des Gesprächs trägt sie zu einem guten Ergebnis bei. Ob die Mithilfe der HR-Fachperson von der Linie akzeptiert wird, hängt ebenfalls davon ab, wie gut sie im Bereich der Gesprächsführung ausgebildet ist.

Wie kann die Personalfachperson bei der Vorbereitung eines Gesprächs helfen? Wir haben einige Punkte zusammengestellt.

Mithilfe bei der Vorbereitung

- Daten und Fakten zusammentragen (Lebensläufe, Qualifikationen, Vorkommnisse usw.)
- Berücksichtigen der momentanen Situation der betroffenen Person
- Ziele des Gesprächs besprechen
- Fragenkatalog erstellen
- Gesprächsablauf der Fünf-Schritt-Methode (siehe Kap. 3.6.1) diskutieren
- Mögliche Konsequenzen erörtern

HR-Fachpersonen unterstützen die Führungspersonen bei Mitarbeitergesprächen.
Bild: www.fotolia.de

Wenn ein **Mitarbeitergespräch zu dritt** geführt wird, müssen vorerst sehr klar die Rollen vorbesprochen werden. Was spricht die Führungsperson an, was spricht die Personalfachperson an? Je nach Gespräch ist zu beachten, dass sich ein Mitarbeiter verunsichert fühlt, wenn er zwei Personen gegenübersteht.

Nachdem wir die Rolle und Aufgaben der HR-Fachperson besprochen haben, behandeln wir in den folgenden Kapiteln die Moderation und die Konfliktbearbeitung.

2.3 Moderation

Die HR-Fachperson bietet sich aufgrund ihrer Ausbildung sehr gut für eine Moderation an, sei es für eine Gruppe oder lediglich für die Beziehung zwischen zwei Menschen. Um diese Aufgabe kompetent auszuführen, muss sie in der Lage sein, sich möglichst objektiv ein Bild von der Situation zu machen.

Die ersten Fragen, mit denen ein Moderator konfrontiert wird, sind folgende:

- Welches Ziel soll erreicht werden?
- Was sind die Erwartungen der Gruppenmitglieder?
- Welche Mittel der Arbeitsmethoden können eingesetzt werden?

Während des Gruppenprozesses ist es die Aufgabe des Gruppenleiters oder Moderator den Prozessablauf zu beobachten. Dazu gehören folgende Punkte:

- Wie ist der Verlauf auf der Beziehungs- bzw. der Aufgabenebene?
- Wie ist die gegenseitige Akzeptanz?
- Wie ist die Beteiligung der Gruppenmitglieder?
- Werden die Ziele eingehalten?
- Welche Rollenpositionen werden eingenommen?
- Wie ist der Zusammenhalt, das Klima, der Umgangston in der Gruppe?
- Liegt möglicherweise Abwehr vor, z. B. Projektionsbildungen?

Eine Moderatorin muss fähig sein, zu sehen, zu hören, auch zuzuhören und sich wirksam auszudrücken. Sie muss sich davor hüten, selbst in dysfunktionale (störende) Verhaltensweisen zu verfallen. Wer sich in der Rolle der Moderation zurückzieht, zu viel redet, Konflikte anheizt, dauernd Witze macht, zynisch reagiert oder sich langweilt, tut besser daran, sich selbst zu hinterfragen und die Störung zu beheben. Die moderierende Person muss auch immer wieder das Gesagte zusammenfassen, konkretisieren, verstärken oder reflektieren. Dabei sind die Kenntnisse der Fragetechnik eine grosse Hilfe.

Eine gute Moderatorin weiss

- Allgemeines über Gruppendynamik aus eigener Bildungserfahrung und aus der Literatur und
- genügend über das Fachgebiet der Gruppe, die sie leitet, um die fachlichen Aspekte zu verstehen.

Sie ist zudem fähig,

- zu beobachten,
- aktiv zuzuhören,
- sich wirksam mitzuteilen,
- Gruppenprozesse zu kontrollieren und zu diagnostizieren,
- Ziele zu setzen und
- Entscheide herbeizuführen.

Ein guter Moderator ist

- interessiert und engagiert,
- optimistisch und betrachtet seine Teilnehmenden als entwicklungsfähig,
- ist anpassungsfähig und tolerant; er kann die Welt mit den Augen der Teilnehmenden sehen,
- mutig und stellt sich neuen Situationen und Konflikten, statt ihnen auszuweichen.

Ein derart überlegener Moderator ist in der Lage, einer Gruppe zu Höchstleistungen auf der Aufgabenebene oder zu konsensfähigem Verhalten auf der Beziehungsebene zu verhelfen.

2.4 Die Mithilfe bei der Konfliktbewältigung

HR-Fachleute werden in Konfliktsituationen oft zugezogen, weil sie meistens über psychologische Grundkenntnisse verfügen. Bevor wir in das Thema «Konfliktbewältigung» einsteigen, überlegen wir uns zuerst, wie Konflikte entstehen und was die Gründe dafür sind. Konflikte sind an und für sich **echte Herausforderungen, einen unbefriedigten Zustand zu analysieren und bessere, nachhaltige Lösungen zu finden.** Es kann sich dabei um innere und zwischenmenschliche Konflikte oder Sachkonflikte handeln.

Jeder Mensch hat eine innere Ordnung, die im Lauf seines Lebens entstanden ist. Er orientiert sich nach Leitbildern, nach Erfahrungen usw. Er weiss, wie etwas gemäss seinen subjektiven Empfindungen sein müsste oder sein sollte. Er versucht sein Leben so einzurichten, dass er diese Ordnung aufrechterhalten kann. Dazu muss er handlungsfähig sein. Sehr oft läuft im Leben nicht alles planmässig ab. Die innere Ordnung und Handlungsfähigkeit widersprechen sich.

Doch überlegen wir uns zuerst einmal, was man unter Konflikten versteht.

Eine einfache Definition, mit der man Konflikte umschreiben kann, ist folgende: Es sind **alltägliche, unausweichliche Ereignisse.** Oft sind zwei oder mehr Elemente beteiligt, die nicht gleichzeitig vereinbar sind. Die Inhalte solcher Elemente können gegensätzliche Wünsche, Ziele, Absichten, Werte, Interessen sein und es kann sich um Personen, Gruppen, Organisationen usw. handeln.

Konflikte können verschiedene Ursachen haben. Man unterscheidet innere, zwischenmenschliche und Sachkonflikte.

2.4.1   Die inneren Konflikte

Es gibt drei Arten von inneren Konflikten:

- wenn es zwei positive, einander ausschliessende Ziele gibt,
- wenn sich zwei negative Ziele bieten oder
- wenn es ein positives und ein negatives Ziel gibt.

Abb. [2-3]   Die drei Arten von inneren Konflikten

Konfliktart	Beschreibung	Beispiel
Zwei positive Ziele	Die Konflikte entstehen, wenn eine Person durch zwei positive, gleichzeitig einwirkende, jedoch einander ausschliessende Reize oder Ziele angezogen wird. Wenn die Person sich für das eine entscheidet, muss sie auf das andere (im Moment) verzichten.	• Ich fahre gerne Auto und trinke gerne Alkohol. • Ich möchte erfolgreich sein und gerne faulenzen. • A hat zwei tolle Stellenangebote erhalten, die ihn beide faszinieren.
Zwei negative Ziele	Innere Konflikte entstehen auch, wenn sich gleichzeitig zwei negative Zielreize darbieten. Ein Mensch muss sich zwischen zwei Situationen entscheiden, die für ihn beide nicht erstrebenswert sind und die er am liebsten vermeiden möchte. Konflikte dieser Art nennt man **Dilemma**; man fühlt sich in der Klemme. Wenn die Tragweite extrem gross ist, wird der Konflikt zur **Tragik**.	• In einer Reorganisationsphase gibt es die Möglichkeit, entweder mit weniger Lohn weiterzuarbeiten oder den geliebten Job aufzugeben. • Ein Mitarbeiter hat einen massiven Fehler begangen. – Der Vorgesetzte hat die Wahl, eine harte und unangenehme Auseinandersetzung mit dem Mitarbeitenden zu führen oder den Fehler selbst wieder in Ordnung zu bringen. • Eine Frau muss sich entscheiden, ob sie ein Baby mit schweren Behinderungen auf die Welt bringen oder eine Abtreibung vornehmen will.
Ein positives und ein negatives Ziel	Wenn ein Ziel gewählt wird, muss das andere Ziel ebenfalls angenommen werden. Man muss also neben dem Wertvollen auch das Übel akzeptieren, wie beispielsweise Liebe – Hass, Zuneigung – Widerwillen, Sympathie – Antipathie. Es sind emotionale ambivalente Gefühle vorhanden.	• Ich werde befördert und erhalte mehr Lohn, muss aber in Zukunft in einer unattraktiven Umgebung arbeiten. • Eine Person, die nicht gerne fliegt und Angst davor hat, erhält eine interessante Einladung zu einem internationalen Meeting in Australien. • Frisch Verliebte wohnen an unterschiedlichen Orten und müssen sich entscheiden zwischen einem Wohnortwechsel, der dafür die Karrieremöglichkeit verunmöglicht, und einem Verzicht, sich oft und regelmässig sehen zu können.

Konflikte **tauchen unverhofft auf**, ohne dass wir etwas dazu beigetragen haben. Manchmal schleichen sie sich langsam in unser Leben ein. Sehr oft sind wir selbst die Ursache dafür, dass Konflikte entstanden sind. Unser Verhalten, das uns meistens nicht bewusst ist, hat im Umfeld eine entsprechende Resonanz ausgelöst. Konflikte sind auch auf frühere Entscheide zurückzuführen, die seinerzeit als gut empfunden wurden. Tragweite und Auswirkungen eines Entscheids wurden damals anders interpretiert.

2.4.2   Die zwischenmenschlichen Konflikte

Zuerst einige Fragen: Wieso gibt es Menschen, die mit andern Menschen gut umgehen können? Was machen sie besser als andere? Je höher der Reifegrad eines Menschen ist, desto konfliktfähiger ist er auch. Das bedeutet, dass dieser Mensch mit seinen inneren Konflikten gut zurechtkommt und seine eigenen Schwächen nicht auf andere projizieren muss. Im zwischenmenschlichen Bereich werden Konflikte auf zwei Ebenen unterschieden. Es gibt die Beziehungsebene und die Sachebene. Auf der **Beziehungsebene** geht es um die gegenseitige Akzeptanz und auf der **Sachebene** geht es um die Ziele, die objektiven Werte, die Fakten. Zu diesen Themen finden Sie im Kapitel 2.4.5, S. 27, Konfliktbearbeitung weitere Einzelheiten.

2.4.3 Die Sachkonflikte

Sachkonflikte sind meistens Situationen, die unverhofft von aussen an uns herantreten. Sie haben nichts mit der eigenen persönlichen Entwicklung und mit zwischenmenschlichen Beziehungen zu tun. Sie beeinflussen jedoch unsere Ziele und können – sofern nicht Lösungen gefunden werden – zu zwischenmenschlichen Konflikten führen.

Beispiel	• Ein Regierungssturz gefährdet die innere Stabilität eines Landes. Mit diesem Land verbinden uns wichtige Wirtschaftsgeschäfte. Es geht um beträchtliche Geldsummen, die nun verloren gehen. • Ein Börsencrash hat sämtliche Aktien fast aller Unternehmen auf einen Tiefpunkt gebracht. • Der Geschäftsleiter eines Unternehmens geht nicht von den gleichen Informationen aus wie der Verwaltungsrat.

Bevor Konflikte bewältigt werden können, müssen die **Konfliktsymptome** erkannt werden. Dann bieten sie jedoch die Chance, einen unerfreulichen Zustand zu beheben. Gleichzeitig helfen sie, solche Situationen zukünftig zu vermeiden, oder tragen dazu bei, dass man auf Konflikte besser vorbereitet ist, wenn sie dennoch eintreten.

2.4.4 Ungelöste Konflikte in einem Unternehmen

Man erkennt diese an folgenden Symptomen, die auf Erfahrungswerten beruhen und nicht wissenschaftlich belegt sind:

Bei den **inneren Konflikten** wirken die Menschen unzufrieden, schimpfen über andere, machen Schuldzuweisungen, sind oft gereizt und aggressiv im Verhalten. Sie fühlen sich oft unwohl, sind fahrig, nervös, verstimmt, ängstlich und sind in Gedanken oft abwesend, nicht präsent. Es zeigen sich auch Zwanghaftigkeiten.

Bei den **zwischenmenschlichen Konflikten** zeichnen sich oft folgende Verhalten ab: Veränderungen werden abgelehnt, es erfolgt Dienst nach Vorschrift, kein Mitdenken, kein Einbringen von Ideen. Passive Widerstände, mürrisches, feindseliges und verschlossenes Verhalten auch Gleichgültigkeit gegenüber Menschen und Sachen häufen sich. Sturheit und auf Normen beharren sind weitere typische Verhalten ebenso psychische Störungen und **Burn-out-Syndrome**.

Sachkonflikte erkennt man daran, dass Ziele nicht eingehalten werden oder unklar formuliert sind und wichtige Entscheidungen ausstehen. Es liegen unterschiedliche Informationen vor, Fachkenntnisse der Verantwortlichen sind nicht genügend gut, die Unternehmenskonzepte sind nicht mehr zeitgemäss, Führungsrichtlinien werden nicht praxisgerecht umgesetzt, Signale aus Politik und Weltwirtschaft werden nicht wahrgenommen.

2.4.5 Die Konfliktbearbeitung

Es ist ein Privileg des Menschen, das ihn ganz wesentlich vom Tier unterscheidet, dass er fähig ist, Konflikte gewaltfrei zu lösen. Es gibt einen erfolgreichen Weg, der dies ermöglicht: den **Dialog** mit allen Konfliktbeteiligten.

Vorerst müssen aber die inneren Konflikte jedes Menschen bereinigt sein. Er muss sich selbst hinterfragen können und wissen, ob und inwieweit seine Person mitverantwortlich für Konflikte ist und ob er diese auch bereinigen kann und will.

Im zwischenmenschlichen Bereich braucht es folgende **Voraussetzungen auf der Beziehungsebene:**

- Eine gut geglückte Verarbeitung allfälliger Konfliktresten aus der eigenen Entwicklungsgeschichte
- Eine angstfreie Atmosphäre, in der es keine Tabus gibt und Konflikte angesprochen werden dürfen
- Beachten der Kommunikations- und Feedbackregeln
- Wahrung der gegenseitigen Achtung
- Respekt vor anderen Ansichten und Meinungen
- Bereitschaft aller Beteiligten, auf persönliche Macht und auf Prestigedenken zu verzichten
- Volle Willensbereitschaft zu einer Win-win-Situation

Wenn im zwischenmenschlichen Bereich die Sachebene betroffen ist, sind die Ziele und der Zweck klar zu definieren, die Informationen allseitig zur Verfügung zu stellen, fehlende Fachkenntnisse zu verbessern und die Abläufe, Strukturen, Zeitfaktoren und Lösungswege sind offen darzulegen.

Um Sachkonflikte lösen zu können, braucht es die dazu notwendigen Fachkenntnisse, Intelligenz, Fähigkeit wirkungsorientiert zu agieren und zu reagieren, neue Zieldefinitionen, Strategieentwicklungen und Lösungswege nachhaltig zu entwickeln und Schwachstellen emotionsfrei auszumerzen.

Geglückte Konfliktbewältigungen und das Wissen, wo, warum und wie Konflikte entstehen können, bilden eine Basis des Vertrauens und der Sicherheit bei den Mitarbeitenden in einem Unternehmen. Es entsteht eine Sensibilität bei allen Beteiligten, die Konflikte rechtzeitig erkennen und entsprechend darauf eingehen können, sodass Konflikte nicht zu emotionsgeladenen und gewalttätigen Eklats ausarten.

2.4.6   Teamentwicklung

Es kommt vor, dass eine ganze Gruppe sich nicht mehr versteht. Es wird aneinander vorbei geredet, nicht mehr zugehört und Aussagen werden anders interpretiert als mitgeteilt. Die Gruppe kann sich in eine Situation hinein manövrieren, die nicht mehr übersichtlich und kontrollierbar ist. Am Schluss weiss niemand mehr, wieso überhaupt ein Konflikt entstanden ist.

Die Teamentwicklung ist eine gute Voraussetzung zu lernen, wie Konflikte in einer Gruppe angegangen werden können. Voraussetzung ist, dass die Gruppe den Konflikt beheben will und ein geschulter Moderator die Gruppe leitet und eingreift, wenn der Gruppenprozess ins Stocken gerät.

Eine Teamentwicklung durchläuft **6 Phasen.**

Abb. [2-4]   Die 6 Phasen der Teamentwicklung

Phase	Beschreibung
1	Das Problem oder der Konflikt werden aufgezeigt.
2	Man stellt eine Prioritätenliste der Probleme auf
3	Man erstellt eine Ursachenanalyse
4	Es werden Lösungsvorschläge entwickelt
5	Die Lösungen werden durchgeführt
6	Erfolgskontrolle

Wir beschreiben die sechs Phasen im folgenden Text.

Phase 1

Das **Problem** oder der **Konflikt** in der Gruppe wird **aufgezeigt**. Es gibt verschiedene Möglichkeiten, um diese zu erkennen:

- Es werden «brainstormings» durchgeführt.
- Strukturierte Fragebögen werden ausgeteilt.
- Die Teilnehmer können sich in offenen Diskussionen äussern.
- Es werden Rollenspiele durchgeführt.
- Auf Pinnwänden werden die Probleme mittels Kärtchen dokumentiert.

Phase 2

Die Gruppe konzentriert sich auf eine **Prioritätenliste der Probleme**. Zunächst werden alle Probleme aufgelistet. Jedes Mitglied setzt nun eine Rangordnung fest. Es wird eine Punktegewichtung vorgenommen. Die drei meist genannten Probleme werden zuerst ausgewählt.

Phase 3

Nun erfolgt eine gemeinsame **Ursachenanalyse**. Jedes Mitglied äussert sich zum Thema und teilt mit, wie es das Problem von seinem Gesichtspunkt her betrachtet, bewertet und was seiner Meinung nach der Auslöser dafür war. Für den Moderator ist es nun wichtig herauszufiltern, inwieweit mögliche Ängste und Abwehr unter den Mitgliedern vorherrschen.

Phase 4

Die Gruppe entwickelt **Lösungsvorschläge**. Vorerst werden die Verhaltensregeln und gegenseitigen Erwartungen abgesprochen. Man kann z. B. vereinbaren, dass nur in der Ich-Form gesprochen wird oder dass keine persönliche Kritik und Bewertungen geäussert werden.

Phase 5

Die vereinbarten **Lösungen werden durchgeführt**.

Phase 6

Zum Schluss findet eine **Erfolgskontrolle** statt. Was hat die Gruppe erreicht, was hat geklappt, was nicht und wieso nicht? Soll der Prozess nochmals stattfinden, auf eine andere Art und Weise?

Die Teamentwicklung ist erfolgreich, wenn alle Mitglieder sich aktiv und mit Interesse an der Problemlösung beteiligen, in einer offenen Aussprache ihre Gefühle und Meinungen kundtun, sich gegenseitig akzeptieren und einander zuhören, konstruktive Lösungen beitragen und die Kommunikationsregeln beachten. Das Beachten der sechs Phasen bei der Teamentwicklung eignet sich übrigens auch in einer Zweierbeziehung.

Die **Personalpolitik** leitet sich von der Unternehmenspolitik ab. Sie bildet die Schaltstelle zwischen dem Unternehmen und den Mitarbeitenden und koordiniert und kontrolliert sämtliche Funktionen.

HR-Fachpersonen haben im Unternehmen meist eine Stabsfunktion. Sie bieten der Linie ihre Dienstleistungen an, beraten und unterstützen in allen Bereichen, die die Mitarbeitenden betreffen.

Der **Moderatorin** hat eine Führungsposition inne. Er muss die Ziele und Erwartungen der Gruppenmitglieder kennen und die richtigen Methoden einsetzen. Er beobachtet den Prozessablauf, fasst das Gesagte zusammen, verstärkt und reflektiert.

Konflikte sind Störungen der inneren Ordnung und der vorhandenen Begebenheiten. Man unterscheidet innere, zwischenmenschliche und Sachkonflikte.

Bei der **Teamentwicklung** versucht man, Probleme oder Konflikte einer Gruppe zu lösen. Sie läuft in sechs Phasen ab:

- Das Problem oder der Konflikt werden aufgezeigt
- Man stellt eine Prioritätenliste der Probleme auf
- Man erstellt eine Ursachenanalyse
- Es werden Lösungsvorschläge entwickelt
- Die Lösungen werden durchgeführt
- Erfolgskontrolle

Repetitionsfragen

6	In einer Gruppe herrscht Hochspannung. Man geht nicht aufeinander ein, kritisiert sich. Um was für eine Störung handelt es sich hier?
7	Sind Konflikte immer schlecht und müssen daher vermieden werden?
8	Nennen Sie vier Eigenschaften, über die der Moderator verfügen sollte.
9	Wie kann die HR-Fachperson die Linie bei der Vorbereitung eines Gesprächs unterstützen? Nennen Sie drei Punkte.
10	Die Mitarbeitenden im Unternehmen X sind unzufrieden und manchmal aggressiv. Sie sind nervös und oft in Gedanken abwesend. Sie schimpfen über andere und beschuldigen ihre Kollegen. Um was für Konflikte handelt es sich?

Teil B   Kommunikation

Teil B   Kommunikation

3   Kommunikationspsychologie

Kommunikation ist mehr als eine Reihe von beliebig aneinandergehängten Wörtern. Sie will stets etwas Bestimmtes aussagen, erklären und bewegen, ein Ziel erreichen und vor allem zu einem Dialog führen. Das heisst, unter Kommunikation versteht man ein sich **gegenseitiges Zuhören und sich Mitteilen**. Das Gegenteil davon wäre das Führen eines Monologs. Bei diesem Vorgehen trifft dann die Aussage zu: «Wer viel spricht, kann nicht zuhören.»

Um die komplexe Kommunikation etwas besser zu verstehen, betrachten wir sie von verschiedenen Seiten her. In der folgenden Abbildung haben wir die Themen dieses Kapitels zusammengefasst.

Abb. [3-1]   Themen der Kommunikationspsychologie

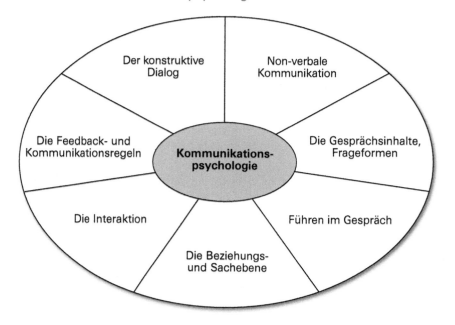

3.1 Der konstruktive Dialog

Wenn man Gespräche analysiert, findet man, dass es grundsätzlich zwei Haltungen gibt, aus denen heraus Gespräche geführt werden. Oft findet man Parallelen zum entweder autoritären oder kooperativen Führungsverhalten; es muss aber nicht zwingend so sein. Es gibt auch Gespräche, die zwischen Gleichgestellten stattfinden.

Jemand kann ein Gespräch mit dem Ziel führen, **seine Meinung darzustellen und sich mit ihr durchzusetzen.** Er will die Zustimmung seines Gesprächspartners, ohne dass er sich für dessen Ansicht zum Thema wirklich interessiert. Er hat beim Gespräch also primär sein Ziel im Auge. Sicherlich ist es richtig und zulässig, bei einem Gespräch ein bestimmtes Ziel zu verfolgen. Dennoch ist eine zweite grundlegend andere Einstellung möglich, nämlich diejenige, im Gespräch eine **Verständigung mit seinem Gesprächspartner** zu finden. Das schafft nicht nur eine ganz andere Ausgangslage, sondern bestimmt auch den Verlauf eines Gesprächs entscheidend.

Zwei unterschiedliche Meinungen beim Gesprächsbeginn führen oft zu der irrtümlichen Annahme: «Wenn meine Meinung richtig ist, dann muss die des anderen falsch sein. **(Ich bin o. k. – du bist nicht o. k.)** Wer so denkt, betreibt das Gewinner-Verlierer-Spiel mit dem Ziel zu siegen.

Auch wer davon ausgeht, dass bei zwei unterschiedlichen Meinungen die des anderen richtig ist **(ich bin nicht o. k. – du bist o. k.),** ändert nichts am Ergebnis, dass es Gewinner-Verlierer gibt. Er vermeidet lediglich eine Auseinandersetzung, die Harmonie ist nur oberflächlich. Die Chance, eine gemeinsame Lösung zu finden, wird in beiden Fällen vertan.

Wer solche Gespräche führt, vergeudet unnötig seine Zeit. Denn grundsätzlich führen Gewinner-Verlierer-Situationen am Ende zu Verlierer-Verlierer-Situationen. Wieso das? Wer sich wirklich als Verlierer fühlt, wird auf irgendeine Art und Weise versuchen, sich Recht zu verschaffen und das meist auf Kosten des Gewinners.

Ist es denn möglich, ein **konstruktives Gespräch** zu führen, wenn zwei unterschiedliche Meinungen vorliegen? Gibt es eine Win-win-Situation?

Beispiel

Herr Berger, der für die logistische Abteilung zuständig ist, kommt zum Abteilungsleiter, Herrn Korner.

Berger: Gestern Nachmittag war ich ausser Haus und habe Herrn Müller angewiesen, während meiner Abwesenheit die eingetroffene Ware einzuräumen. Nichts ist geschehen, nur weil man Herrn Müller ohne mein Wissen in den Versandbereich zum Packen abgezogen hat. Das geht nun wirklich nicht! Wenn man glaubt, dass wir in unserer Abteilung sowieso nichts zu tun haben, dann kann man mir ja gleich alle Mitarbeitenden abziehen.

Korner: Ihren Ärger kann ich gut verstehen; mich stört es auch immer ganz gewaltig, wenn man etwas über meinen Kopf hinweg tut. Ich bin aber nicht der Meinung, dass ich Ihre Abteilung als weniger wichtig anschaue. Möglicherweise empfinden Sie dies nun so. Gestern war aber eine aussergewöhnliche Situation. Eine sehr grosse Sendung musste unbedingt in kurzer Zeit fertig verpackt werden, weil der Kunde darauf angewiesen war, die Ware umgehend zu erhalten. Ich sah mich gezwungen, noch zusätzliche Mitarbeitende zu finden, die aushelfen konnten. Ich hätte Sie bestimmt darauf angesprochen, wenn Sie anwesend gewesen wären. Darf ich Sie fragen, wie Sie in meiner Situation reagiert hätten?

Was passiert hier? – Zunächst wird Herr Berger akzeptiert und seine Beschwerde als berechtigt angenommen. Herr Korner bringt auch seiner Erregung Verständnis entgegen. (Du bist o. k.) Erst dann grenzt er sich gegen ihn ab und legt das Geschehene aus seiner Sicht dar. Dabei stellt er klar, dass er das, was gestern geschehen ist, für richtig hält. (Ich bin o. k.) Der Gesprächspartner wird dann aufgefordert, sich zu überlegen, was für eine Lösung er vorgeschlagen hätte.

Was für Voraussetzungen sind nötig, damit Gespräche für alle Beteiligten konstruktiv verlaufen? Gemäss Carl R. Rogers müssen **drei** wichtige **Bedingungen** erfüllt werden:

- Die Beziehung
- Die Akzeptanz
- Die Motivation zur Veränderung

Wir gehen darauf in der Folge näher ein.

Die Beziehung

Eine wichtige Voraussetzung, um eine Beziehung herstellen zu können, ist, sich seiner Gefühle möglichst bewusst zu sein und sie auch zeigen zu können. Zudem soll das eigene Verhalten hinterfragt werden. Es führt zu nichts, die eigene Einstellung hinter einer Fassade zu verbergen. Man muss vielmehr anerkennen, dass jeder Mensch Stärken und Schwächen hat. Die Haltung muss echt sein und darf sich nicht in einem Rollenverhalten äussern. Verhalten und Gefühle sollten identisch, kontrolliert und bewusst sein.

Die Akzeptanz

Jemanden akzeptieren heisst, die Person als Individuum in ihrem Selbstwert anerkennen können. Das bedeutet der Person Respekt und Zuneigung entgegenbringen, Rücksicht nehmen auf ihre momentanen Gefühle und Einstellungen und dafür Verständnis haben. Auf diese Weise vermitteln wir dem Gesprächspartner Sicherheit und stärken damit sein Selbstwertgefühl. Es bedeutet hingegen nicht, ein rechtswidriges Verhalten zu tolerieren. Man muss zwischen Person und Verhalten unterscheiden können. – Die Person ist okay, aber das Verhalten ist schlecht.

Die Motivation zur Veränderung

Der Mensch ist ein Wesen, das sich in ständiger Entwicklung befindet. Er hat den Wunsch nach Selbstverwirklichung; er möchte seine Fähigkeiten ausdehnen, weiterentwickeln, autonom werden und reifen. Das bedeutet also, dass der Mensch sich mit anderen neuen Ansichten und Einstellungen auseinandersetzen möchte. Reifen heisst auch Ringen um neue Erkenntnisse. Diese findet er im Dialog mit anderen Menschen. Manchmal braucht es auch Mut, zu neuen Einstellungen zu stehen und auch zuzugeben, dass der Gesprächspartner vielleicht die besseren Ideen hat.

Es ist also möglich, Gespräche zu führen, die nicht im Streit und im «Türe-Zuschlagen» enden. Die Grundhaltung der **gegenseitigen Akzeptanz**, ich bin o. k. – du bist o. k., beeinflusst das Gesprächsklima und die Beziehung der Gesprächspartner und den Gesprächsverlauf positiv. Es entsteht eine Win-win-Situation (Gewinner-Gewinner-Situation).

3.2   Die nonverbale Kommunikation

Wenn zwei Menschen miteinander sprechen, teilen sie sich nicht nur mit Worten (verbal) mit, sondern auch durch ihre Körpersprache, die nonverbale Kommunikation. Darunter versteht man die Mimik, die Gestik und die Haltung. Diese Ausdrucksformen können stärker auf das Gegenüber wirken als das gesprochene Wort. Es ist sinnvoll, wenn die verbale Kommunikation mit der nonverbalen übereinstimmt.

Samy Molcho, der bekannte Pantomime, sagte dazu:

«Der Körper ist der Handschuh der Seele, seine Sprache das Wort des Herzens. Wenn wir offene Sinne und ein waches Auge für die Signale und Kommentare unserer Körpersprache haben, können viele Gespräche und Begegnungen leichter und erfolgreicher verlaufen. – Die Kenntnis der Körpersprache öffnet direkte Wege zueinander und einen freieren Umgang miteinander.»

Die nonverbalen Ausdrucksformen wirken manchmal stärker auf die Gesprächspartner als das gesprochene Wort. Bild: Kursiv / Bilderstock

Die **Körpersprache** ist unsere erste Sprache. Bevor das Kleinkind sprechen kann, drückt es mit seiner Körpersprache seine Gefühle und sein Befinden aus. Es lächelt, wenn es die Mutter erkennt; es strampelt vor Vergnügen oder windet sich, wenn es nicht mehr länger in den Armen gehalten werden will.

Im Verlauf der Entwicklung zeigen die Jugendlichen durch ihre saloppe Umgangsweise und auch durch ihre eigene Kleidermode, die meist von den Normen der Erwachsenen abweicht, was sie denken und fühlen. Auch erwachsene Menschen stellen oft mit ihrem äusseren Erscheinungsbild ihre Weltanschauung und ihre Haltung dar.

Der erste Eindruck, den man von einem Menschen erhält, ist sein Auftreten, seine Erscheinung, seine Körpersprache. Die Körpersprache ist also wichtiger als das gesprochene Wort, denn der erste Eindruck ist oft bedeutender als der zweite!

Man kann die **Körpersprache** lernen, oft ist sie uns aber unbewusst. Im Gespräch konzentriert man sich auf die verbale Mitteilung; meistens ist es unmöglich, auf die Dauer auch noch die Mimik und Gestik unter Kontrolle zu halten.

Mit Worten kann man sich diplomatisch, verschlüsselt oder sogar verstellt ausdrücken; mit der Körpersprache wird das kaum möglich sein.

Unter **Mimik** versteht man, Stirne runzeln, Mundwinkel verziehen, Augenbrauen zusammenziehen, lächeln, das Gesicht verspannen, mit den Augen zwinkern usw.

Unter die **Gestik** fällt die Art, wie jemand sitzt, steht, geht, mit den Armen gestikuliert, mit den Fingern spielt, den Kopf gerade oder geneigt hält, ob die Haltung aufrecht, gerade, verkrampft, lässig usw. ist.

- A sagt: «Könnte ich bitte dieses Buch haben?» Das ist eine verbale Aussage. Gleichzeitig könnte die nonverbale Aussage lächelnd, fordernd, böse blickend, fragend usw. sein.
- B sagt: «Hast du Lust, mit mir ins Kino zu kommen?» – verbal
  Dabei zwinkert er mit einem Auge. – nonverbal

Um auf den Gesprächspartner richtig eingehen zu können, muss man wissen, was in einem Menschen vorgeht, welche Teile seiner Psyche wirken, wenn er auf eine Situation so und nicht anders reagiert, z. B. wenn er sich ungerecht behandelt fühlt und sich aggressiv verhält. Alle Personen, die miteinander ein Gespräch führen, sind mit ihrer Psyche daran beteiligt. Viele Gespräche enden im Streit, weil die Gesprächspartner selbst nicht spüren, was für Prozesse bei ihnen und beim Gegenüber ablaufen. Streit muss nicht sein; meistens führt er zu nichts. Er hinterlässt Ärger, Wut, Trauer und sehr oft Verlierer.

3.3 Die Gesprächsinhalte

In den beiden vorhergehenden Kapiteln haben wir den konstruktiven Dialog und die nonverbale Kommunikation dargestellt. Wir haben gesehen, welche Voraussetzungen es braucht, um eine gemeinsame Ebene des Dialogs zu finden. Nun geht es um Inhalte. Wie kann ein Gespräch interessant, anregend, informativ und aufbauend geführt werden? Es stehen uns dazu verschiedene Mittel zur Verfügung.

3.3.1 Die Frageformen

Kleine Kinder haben die Begabung, ohne Hemmungen Fragen zu stellen; sie sind neugierig, wissbegierig und kennen keine Grenzen bei der Themenwahl. Erwachsene haben schon eher Mühe, weil sie vielleicht im Verlauf ihres Lebens gelernt haben, dass zu viel fragen oder falsch fragen Probleme und Konflikte schaffen kann. Schwieriger wird es, wenn man gar nicht weiss, **was** man fragen soll. Kann man also lernen, richtig zu fragen?

Es gibt verschiedene Formen von Fragen:

A] Geschlossene Fragen

Diese Fragen sind mit einem «Ja» oder «Nein» oder mit «Ich weiss nicht» oder «vielleicht» zu beantworten. Sie sind dann nützlich, wenn eine klare Stellungnahme gewünscht wird. Sie fördern aber das Gespräch nicht, sondern führen eher zu einem Verhör, wenn sie im Gespräch öfters angewandt werden.

Die Fragen beginnen folgendermassen: «Haben Sie, finden Sie, wollen Sie, kennen Sie, können Sie, sehen Sie eine Möglichkeit, legen Sie Wert auf», usw.

Sie haben gemerkt, dass alle diese Fragen entweder mit Ja oder Nein beantwortet werden. Wenn ein Gesprächspartner eher wortkarg ist, wird es schwierig, mit ihm ein Gespräch zu führen. Kommunikative Menschen werden neben dem Ja oder Nein möglicherweise noch Begründungen oder eigene Ansichten und Meinungen anfügen.

- Haben Sie schon gehört, dass die Arbeitszeit geändert wird?
- Wollen Sie diesen Auftrag übernehmen?

B] Offene Fragen

Offene Fragen sind Fragen, die mit einem Fragewort beginnen. Sie sind geeignet, den Gesprächspartner zum Sprechen anzuregen. Sie beginnen mit sogenannten W-Fragen, was, wie, wo, wann, warum, weshalb, wozu, wer, wen.

Beispiel	• Was halten Sie von der Einführung der neuen Arbeitszeit?
	• Welche Möglichkeiten sehen Sie, diese Situation zu verändern?
	• Weshalb haben Sie die Arbeit auf diese Art ausgeführt?

Offene Fragen zwingen auch uns selbst, unsere Aufmerksamkeit auf das Wesentliche zu konzentrieren. Mit offenen Fragen kann das Gespräch geführt und geleitet werden. Sie bereichern die Kommunikation; es findet ein Austausch statt und es besteht die Möglichkeit, einander besser zu verstehen.

C] Indirekte, reflektierende Fragen

Es kann natürlich vorkommen, dass der Befragte eine Frage nicht beantworten kann oder will. Der Befragte weicht vielleicht aus mit Bemerkungen «Ich weiss auch nicht weshalb.» oder «Ich kann das auch nicht verstehen.» usw. In diesem Fall eignen sich indirekte Fragen, um eine schwierige Situation zu klären.

Beispiel	• Jemand sagt: «Ich kann mir auch nicht vorstellen, wieso es passiert ist.»
	Die indirekte Frage: «Sie wissen also nicht, weshalb es passiert ist.»
	• A fragt: «Wo sehen Sie noch Möglichkeiten, um den Verkauf zu fördern?»
	B antwortet: «Ich sehe eigentlich keine mehr.»
	A stellt die indirekte Frage: «Sie sehen also gar keine anderen Möglichkeiten mehr, den Verkauf zu fördern?»

Die indirekten Fragen zielen darauf ab, den Gesprächspartner besser zu verstehen und ihn zu veranlassen, sich selbst bei der Lösung seines Problems zu helfen. Diese Art zu fragen ist auch sehr wirksam, um im Konfliktfall mit Provokationen fertig zu werden. Es wird Ihnen zum Beispiel vorgeworfen:

«Sie haben bisher überhaupt nichts zur Arbeit beigetragen!» Wenn es Ihnen gelingt, anstatt mit: «Sie auch nicht!» mit einer indirekten Frage, wie z. B. «Sie haben also den Eindruck, ich trage zu wenig zur Aufgabenlösung bei?» zu reagieren, bringen Sie vielleicht den Gesprächspartner dazu, Ihnen genauer zu sagen, was er von Ihnen will.

Beispiel	• A: «Ich muss einfach mehr arbeiten als die andern Kollegen.»
	B reflektiert: «Sie glauben also, dass Ihre Kollegen weniger arbeiten als Sie?»
	• A: «Sie mit Ihrem vielen Geld können sich eben alles leisten.»
	B reflektiert: «Sie sind der Meinung, dass ich so viel Geld habe, um mir allen Luxus leisten zu können?»

D] Richtungsweisende Fragen

Es kann vorkommen, dass Gespräche sich im Kreis drehen, man kommt dem Ziel nicht näher. Mit richtungsweisenden Fragen kann ein Schwerpunkt in der Diskussion aufgegriffen werden, z. B. «Wir haben jetzt so viel über Zusammenarbeit gesprochen. Wie sollen wir nun vorgehen, um die Zusammenarbeit zu verbessern?»

Beispiel	• «Aus Ihrem Argument geht hervor, dass Sie der Meinung sind, dass die Qualität der Arbeit zukünftig besser wird.»
	• «Wie stellen Sie sich nun den Ablauf dieser Situation vor?»
	• «Wo sehen Sie nun konkret das Problem bei der Beschaffung der Informationen?»
	• «In welcher Hinsicht sehen Sie Veränderungsmöglichkeiten?»

E] Alternativfragen

Sie dienen dazu, dem Partner die Entscheidung zu erleichtern. Es kann vorkommen, dass sich ein Gesprächspartner für ein bestimmtes Thema oder Vorgehen nicht entscheiden kann oder er findet oder sieht für sich keine Lösung. Dann ist es sinnvoll, wenn man dem Gesprächspartner nicht offene Fragen stellt, sondern Alternativfragen. Man bietet ihm damit Denkhilfen an.

Beispiel

- «Sollen wir uns am Mittwoch oder Donnerstag treffen?»
  Die offene Frage wäre: «Wann sollen wir uns treffen?»
- «Möchten Sie diese Arbeit jetzt sofort machen oder nach Feierabend?»
  Die offene Frage wäre: «Wann wollen Sie diese Arbeit machen?»
- «Wollen Sie den Verkauf durch ein zusätzliches Aktionsangebot oder durch ein weiteres Mailing fördern?»
  Die offene Frage wäre: «Auf welche Art wollen Sie den Verkauf fördern?»

Alternativfragen sollen nicht mit **doppelten Fragen** verwechselt werden, die eher zu vermeiden sind und den Gesprächspartner überfordern können, wie z. B. «Wo sehen Sie das Problem bei diesem Ablauf und wie wollen Sie vorgehen?»

F] Suggestivfragen

Diese Frageform wirkt manipulativ und sollte nur angewendet werden, wenn eine Situation verworren und der Gesprächspartner unschlüssig ist. Man muss darauf achten, dass auch bei dieser Frageform die Akzeptanz des Gesprächspartners gewährleistet ist.

Beispiel

- «Sie sind doch auch der Meinung, dass wir dieses Problem nun lösen müssen?»
- «Sie wollen doch auch, dass unsere Abteilung ein erfolgreiches Resultat erreichen kann?»

Mit diesen Frageformen zwingt man den Gesprächspartner fast, der vorgefassten Meinung zuzustimmen. Er wird möglicherweise mit «Ja» antworten, aber «Nein» denken. Es kann sehr leicht eine Gewinner-Verlierer-Situation entstehen.

Durch sinnvolles Fragen kann eine lebhafte Kommunikation entstehen, die allen Beteiligten Gewinn bringt. Sinnvoll fragen heisst: so fragen, dass in den Antworten möglichst viel verwertbares Material (echte Gefühle, zusammenhängende Sachinformationen) enthalten ist.

Jede Frageform ist an und für sich gut; eine einzige Frageform soll aber nicht das ganze Gespräch dominieren.

3.3.2   Killerphrasen

Die Killerphrasen sind todsichere Voraussetzungen dafür, dass ein Gespräch zu einer Gewinner-Verlierer-Situation führt. Sie demotivieren den Gesprächspartner und hemmen die Kreativität und das aktive Mitdenken. Sie müssen nicht böswillig erfolgen, sind aber stets unbedacht:

Beispiel

- Das geht bei uns nicht ...
- So haben wir das früher auch nicht gemacht ...
- Alles nur Theorie ...
- Klingt ja gut; aber ich kann mir nicht vorstellen, dass ...
- Was werden die andern von uns denken ...
- Das geht uns nichts an ...
- Das sind ja wohl Fantastische Ideen ...
- Ist alles Schnee von gestern ...
- Wenn die Idee so gut wäre, hätte man dies schon längst ausprobiert ...
- Wir haben nun wirklich schon alles ausprobiert ...

Diese Aussagen sind alle sehr bewertend und lassen keinen Spielraum mehr für weitere Diskussionen offen. Die gegenseitige Beziehung, Akzeptanz und Motivation zur Veränderung ist gestört. Man findet solche Aussagen vorwiegend bei autoritärem Führungsverhalten.

3.4 Führen im Gespräch

Wer redet, möchte irgendetwas bewirken oder ein Ziel erreichen. Das trifft auf jeden Menschen zu. Es ist also nicht das Privileg einer vorgesetzten Person, im Gespräch die Führungsrolle zu übernehmen. Um aber im Gespräch führend zu sein, bedarf es einiger Voraussetzungen:

- Fachliche Kenntnisse
- Klare Ziele verfolgen
- Bereitschaft zum konstruktiven Dialog
- Sich der nonverbalen Kommunikation bewusst sein
- Die passenden Frageformen anwenden
- Wissen, welche Form des Führungsverhaltens angewendet werden soll

In diesem Abschnitt gehen wir auf das Führungsverhalten ein und zeigen anhand von zwei Beispielen, wie sich das autoritäre und das kooperative Vorgehen auswirken kann. Beide Beispiele beziehen sich auf Mitarbeitergespräche, sie sind aber auch in andern Situationen anwendbar.

Das autoritäre Verhalten

Beim **autoritären Verhalten** werden die eigenen Ziele vertreten. Es mag wohl sein, dass die Ziele aus der Sicht der Führungsperson als bestes Vorgehen gelten. Die Haltung muss weder negativ noch abschätzend gegenüber dem Gesprächspartner sein. Es wird einfach erwartet, dass sich der Gesprächspartner anpasst und die Vorgaben wie gefordert auch akzeptiert. Manche Menschen sind froh über klare Richtlinien. Diese geben ihnen Sicherheit und schlussendlich auch eine Anerkennung, wenn sie sich danach richten. Menschen mit hohem Sachverstand tolerieren autoritäres Verhalten eher weniger; es sei denn, sie sind gleicher Meinung.

Lesen Sie das folgende Beispiel und beurteilen Sie das Verhalten von Frau Rieter, der Gruppenleiterin, und Frau Suter, der Sachbearbeiterin in der Einkaufsabteilung.

Beispiel		
	Rieter:	*Die Offertanfragen für die Kinder-Pullover müssen bis heute Abend unbedingt fertig erstellt werden.*
	Suter:	*Es ist mir kaum möglich, weil ich die neuen Adressen der Textilunternehmungen in Asien noch nicht erhalten habe.*
	Rieter:	*Dann beschaffen Sie sich eben diese Adressen umgehend.*
	Suter:	*Aber Herr Fheng ist heute in Singapur nicht erreichbar. Ich habe ihm schon zweimal ein E-Mail geschickt.*
	Rieter:	*Ich will keine Ausreden hören. Wir sind bereits zeitlich unter Druck. Heute müssen die Offerten raus; ich verlass mich auf Sie.*

Frau Rieter geht hier nicht auf die Probleme von Frau Suter ein. Möglicherweise steht sie selbst unter Druck, ist überfordert und gestresst. Mit ihrem Vorgehen belastet sie die Beziehung zur Mitarbeiterin und es ist fraglich, ob die damit ausgelösten Konflikte später wieder gelöst werden.

Zudem ist nicht gesichert, ob die Offerten tatsächlich verschickt werden. Frau Suter fühlt sich unter Druck gesetzt; sie hat ihrer Meinung nach alles versucht. Wenn es ihr nicht gelingt, den Auftrag auszuführen, wird sie bestimmt demotiviert nach Hause gehen. Möglicherweise hat sie auch noch Schuldgefühle oder ist wütend, weil sie trotz gutem Willen erfolglos in ihrer Zielerreichung war.

Ein autoritäres Vorgehen im Gespräch macht zwar dort Sinn, wo ein sanfter Druck nötig ist. Menschen glauben oft nicht an die eigenen Fähigkeiten und brauchen jemanden, der an sie Forderungen stellt. Sich autoritär zu verhalten, bedeutet ja nicht, unanständig oder verletzend zu sein.

Das kooperative Führungsverhalten

Lesen Sie nun ein Beispiel für ein **kooperatives Führungsverhalten**.

Rieter:	*Es ist wichtig, dass die Offertanfragen der Kinderpulli heute noch versandt werden. Ist das möglich Frau Huber?*
Suter:	*Ich habe bis jetzt die Adressen der Textilunternehmungen in Asien noch nicht erhalten.*
Rieter:	*Wo liegt denn das Problem?*
Suter:	*Herr Fheng ist in Singapur schlecht erreichbar; ich habe ihm schon zwei E-Mails gesandt.*
Rieter:	*Wer könnte ausser Herrn Fheng noch die Adressen kennen?*
Suter:	*Vielleicht seine Assistentin; ich werde sie anrufen.*
Rieter:	*Gut, machen Sie das, und geben Sie mir umgehend Bescheid, ob es geklappt hat.*

Auch in diesem Gespräch ist es das Ziel von Frau Rieter, dass die Offertanfragen noch am gleichen Tag verschickt werden. Es ist ihr ein Anliegen, **konstruktiv zu führen**. Sie konnte Frau Suter aber mit Fragen dazu bringen, dass sie eine mögliche Lösung des Problems finden kann. Wenn Frau Suter die Adressen mit ihrem Anruf beschaffen kann, wird sie abends mit Genugtuung und motiviert nach Hause gehen. Wenn nicht, werden die beiden Frauen nach weiteren Möglichkeiten suchen.

Denkfaule Mitarbeitende, die ein autoritäres Verhalten bevorzugen, werden mit kooperativem Verhalten in einen Denkprozess mit einbezogen. Sie entdecken neue Fähigkeiten an sich und wachsen über sich hinaus. Zugegeben, das kooperative Vorgehen ist zeitaufwendig und manchmal auch Energie raubend. Auf die Dauer macht es sich meistens bezahlt.

Oft geben Führungspersonen unter Zeitdruck oder aufgrund mangelnder Selbstreflexion detaillierte Anweisungen an Mitarbeitende über Aufgaben, die diese mit ihren Sachkenntnissen besser oder effizienter erledigen könnten. Viele Konflikte könnten verhindert werden, wenn im richtigen Moment das richtige Vorgehen gewählt würde.

3.5 Beziehungs- und Sachebene

Jedes Gespräch bewegt sich auf zwei Ebenen:

- Der Sachebene
- Der Beziehungsebene

Bei jeder Form von Kommunikation sind Menschen beteiligt, die irgendein Thema behandeln. Das Thema ist die Sache mit einem bestimmten Zweck und die Menschen haben eine Beziehung zueinander, die gut oder weniger gut sein kann. Es sind also immer zwei Ebenen, die parallel verlaufen. Es ist gut möglich, über ein Sachthema zu diskutieren, obwohl man sich «überhaupt nicht mag». In der Wirtschaft und in der Politik wäre es gar nicht möglich, zu irgendwelchen Zielen zu gelangen, wenn erst eine harmonisierende Beziehung hergestellt werden müsste. Eine Beziehung besteht trotzdem. Man kann nie ohne Beziehung sein.

Dennoch trifft zu: Wer ein erfolgreiches Gespräch führen will, muss beide Ebenen in einem **ausgewogenen Verhältnis** zueinander beachten. Erfolgreich ist ein Gespräch, wenn das Sachthema zielorientiert gelöst wird und beide Gesprächspartner mit einem guten Gefühl auseinandergehen.

Besteht eine gute und vertrauensvolle Atmosphäre zwischen den Gesprächspartnern, kann man direkt oder zumindest sehr schnell zum Sachthema kommen. Ist die Beziehung unklar oder gestört, ist es meist erforderlich, zunächst der Beziehungsebene mehr Beachtung zu schenken und eine konstruktive Basis für die Behandlung der Sachthemen zu schaffen. Dieser erste Schritt ist unumgänglich, wenn im weiteren Gesprächsverlauf Missverständnisse ausgeschlossen werden sollen.

Ein Gespräch, das sich nur auf der Beziehungsebene bewegt und keine Sachziele hat, ist kein Führungsgespräch; wir haben das Führungsgespräch ja in einen direkten Zusammenhang mit den Führungsaufgaben gestellt. Die **zielorientierte Themenbehandlung** mit der Fünf-Schritt-Methode ist dabei ein ganz zentraler Punkt. Wir beschreiben diese im Kapitel 4, S. 48. Falls sich die Gesprächspartner aber treffen, um ihre Beziehung zu klären, ist diese Beziehungsklärung Thema und Ziel des Gesprächs.

Auch wenn die Beziehungsebene nicht direkt angesprochen wird, bedeutet das nicht, dass sich das Gespräch lediglich auf der Sachebene bewegt. Selbst bei einer Aktennotiz in knapper, nüchtern-sachlicher Form kann die Beziehungsebene auf verschiedene Weise angesprochen werden; das zeigt sich in den Reaktionen, z. B. «Das hätte man mir auch persönlich sagen können!», «Warum stehe ich in der Verteilerliste erst an dritter Stelle?» usw.

Jedes Gespräch bewegt sich auf zwei Ebenen: der Sach- und der Beziehungsebene.
Bild: Kursiv / Bilderstock

Leider ist es so, dass eine einmal gefundene **Balance** nicht unbedingt während des ganzen Gesprächs erhalten bleibt; vielmehr müssen sich die Partner immer wieder neu darum bemühen, vor allem wenn unvorhergesehene Probleme auftauchen. Das kommt fast in jedem Gespräch vor – es macht gerade seine Lebendigkeit und Unmittelbarkeit aus. Eine solche Situation ergibt sich z. B., wenn einer der Gesprächspartner eine bestimmte Sachfrage ganz anders sieht als der andere; der andere kann darin einen Angriff auf seine Person, einen Vorwurf usw. sehen und hören, gleichgültig, ob es so gemeint war oder nicht. Eine zu Beginn unwesentliche Frage kann auch im Verlauf des Gesprächs plötzlich wichtig werden, z. B.: Wie steht der andere eigentlich wirklich zu mir? Akzeptiert er mich? Lehnt er mich ab? Was bezweckt er mit seinem Gespräch? Solche Fragen berühren das Sicherheits- und Selbstwertgefühl in der Beziehung zum Gesprächspartner. Will man die Aufmerksamkeit des anderen am Sachthema erhalten, ist es in dieser Situation wichtig, etwas für die gegenseitige Beziehung zu tun, z. B. die Zweifel auszuräumen. Dies muss nicht unbedingt verbal geschehen, sondern kann durch Mimik und Haltung signalisiert werden. In einem Gespräch muss also eine ständige **Prozesskontrolle** stattfinden, die nicht nur durch den Moderator, sondern von allen Beteiligten beachtet werden soll.

3.6   Das Führungsgespräch – die Interaktion

In einem Gespräch möchte man meistens auch ein Ziel erreichen. Dabei kann es darum gehen, unterschiedliche Meinungen, Verhalten, Wünsche, Veränderungen zu besprechen und auf einen gemeinsamen Nenner zu kommen. Ziele werden am besten in Etappen erreicht. Ein Gespräch verläuft erfolgreich, wenn es gut vorbereitet wird und gewisse Schritte eingehalten werden. In veralteten Schulbüchern kann man heute noch lesen, dass ein Gespräch wie folgt durchgeführt werden soll: – Zuerst mit dem Mitarbeiter über belanglose Themen diskutieren, um eine entspannte Atmosphäre zu schaffen, dann möglicherweise das unerfreuliche Verhalten kritisieren und zum Schluss den Mitarbeiter mit aufmunternden Worten wieder verabschieden.

Es ist ganz klar, dass in den modernen Unternehmungen solche Vorgehen überholt sind, da sie vom Mitarbeiter durchschaut und nicht mehr akzeptiert werden. Heute muss die Arbeitszeit effizient und für Wesentliches benutzt werden. Es gilt folgender Grundsatz:

Wenn Lob, dann Lob
Wenn Kritik, dann Kritik

Egal, was Sie in Ihrem Gespräch erreichen wollen, der Aufbau und die verschiedenen Schritte sind sehr ähnlich und ändern sich höchstens im Inhalt. Die Fünf-Schritt-Methode im Gespräch trägt dazu bei, dass das Ziel in nützlicher Frist erreicht werden kann und dass keine Gewinner-Verlierer-Situation entsteht.

Abb. [3-2]   Die Fünf-Schritt-Methode

Schritt	Beschreibung
1	Die Sachlage aufzeigen
2	Nach den Gründen fragen und den Erklärungen zuhören
3	Gemeinsam eine Lösung erarbeiten
4	Die getroffenen Massnahmen umsetzen
5	Für die aktive Zusammenarbeit danken und einen Folgetermin abmachen

Wir beschreiten die fünf Schritte im folgenden Text.

1. **Die Sachlage aufzeigen:** Es ist sinnvoll, dem Gesprächspartner gleich zu Beginn mitzuteilen, wieso man mit ihm reden möchte und was man ihm zu sagen hat. So entsteht Klarheit darüber, worum es geht. **Beispiel:** Frau X, ich möchte mit Ihnen über Ihre Überzeitstunden reden. Im letzten Monat haben Sie über 20 Stunden mehr gearbeitet. Ich bin etwas verärgert, weil Sie sich nicht an unsere Abmachung gehalten haben, die Stunden abzubauen. Nun haben Sie im Gegenteil wieder zugelegt.

2. **Nach den Gründen fragen und den Erklärungen zuhören:** Es ist wichtig, dass der Gesprächspartner seine Ansicht mitteilen kann. Er hat möglicherweise gute Gründe, wieso er sich so und nicht anders verhalten hat. Bei diesem Schritt geht es darum, dass man genau zuhört und versucht zu verstehen, was der Gesprächspartner sagt. **Beispiel:** Frau X, bitte sagen Sie mir, weshalb Sie wieder zu viel gearbeitet haben. Ich kann mir nicht vorstellen, dass Sie unser letztes Gespräch nicht ernst genommen haben. Es muss doch ein wichtiger Grund von Ihrer Seite vorliegen.

3. **Gemeinsam eine Lösung erarbeiten:** Wenn das Gespräch kooperativ geführt werden soll, um eine Win-win-Situation zu erreichen, müssen sich beide Gesprächspartner um eine Lösung bemühen. Mit offenen Fragen soll der Vorgesetzte im Gespräch versuchen, den Gesprächspartner dahin zu bringen, dass er den unerfreulichen Vorfall erkennen und Lösungen für eine Verbesserung anbieten kann. Dabei ist zu beachten, dass nicht vom Thema abgewichen wird und dass die gegenseitige Akzeptanz erhalten bleibt. **Beispiel:** Frau X, Sie haben gesagt, dass Sie für einen Kollegen Aufgaben übernehmen mussten, weil er einige Tage abwesend war. Es leuchtet mir ein, dass dies eine aussergewöhnliche

Situation war. Was hätten Sie trotzdem für Möglichkeiten gehabt, um Ihre Arbeitszeit einzuhalten?

4. **Die getroffenen Massnahmen umsetzen:** Die besprochenen Lösungen werden nach deren Tauglichkeit gewichtet. Im 4. Schritt wird festgehalten, wer was macht und in welchem Zeitpunkt. **Beispiel:** Frau X, Ihr Vorschlag einen Teil der administrativen einfacheren Aufgaben, die aber viel Zeit beanspruchen, vorübergehend an Ihre Lehrtochter zu delegieren, gefällt mir; einerseits, weil Sie so entlastet werden, andererseits weil die Lehrtochter profitieren kann. Also wie gehen Sie nun konkret vor?

5. **Für die aktive Zusammenarbeit danken und einen Folgetermin abmachen:** Am Schluss des Gesprächs ist es für den Mitarbeiter motivierend, wenn der Vorgesetzte ihm zeigt, dass er trotz der Fehlleistung oder des Fehlverhaltens akzeptiert und geschätzt wird, dass Fehler vorkommen dürfen und sie behoben werden können. **Beispiel:** Frau X, ich möchte Ihnen dafür danken, dass Sie sich im Gespräch so kooperativ verhalten haben. Ich bin froh, dass wir eine Einigung gefunden haben, und bin sicher, dass Sie Ihre Überstunden in den Griff kriegen. Ich möchte Ende Monat nochmals mit Ihnen zusammensitzen und von Ihnen hören, wie Sie mit der Arbeitszeit zurechtkommen.

Es liegt in der Natur des Menschen, dass er geliebt werden möchte. Auch in einem Kritikgespräch kann ich dem Gegenüber zum Ausdruck bringen, dass ich ihn trotz seines Fehlverhaltens als Mensch akzeptieren kann. Dies geschieht jedoch nicht mit einem Lob für irgendeine frühere Tat, die ja schon gewürdigt worden ist, sondern mit einer positiven, reifen und wohlwollenden Haltung dem Partner gegenüber.

Die Interaktions-Methode gilt für **alle Gesprächssituationen,** sei es in einem Kritikgespräch, einem Beratungsgespräch, einem Beförderungsgespräch, einem Feedback-Gespräch usw. Sie ist auch in einer partnerschaftlichen Beziehung sehr hilfreich. Der Aufbau und Ablauf des Gesprächs sind immer gleich.

Wir haben im Kapitel 2.2.3 beschrieben, welche Rolle die HR-Fachperson beim Gespräch mit Mitarbeitenden hat. Lesen Sie die Ausführungen dort nochmals nach.

3.7 Die Feedback- und Kommunikationsregeln

Im zwischenmenschlichen Bereich sind wir gezwungen, uns mit ständig neuen Situationen auseinanderzusetzen. Oft ist uns nicht klar, wie wir selbst auf andere wirken, und anderen ist nicht klar, wie sie auf uns wirken. Die **Selbstreflexion** ist meistens subjektiv und weniger objektiv. Menschen stufen ihr eigenes Verhalten meistens als «normal» ein. So, wie ich bin, ist es normal. Dann spielt im Gespräch oft ein weiteres Unikum mit. Wir sind zu wenig klar in unserer Aussage und denken, dass der andere denkt, dass wir denken … Wir denken also – aber meistens falsch. Es erfolgt keine Kontrolle der gegenseitigen Verständigung.

3.7.1 Feedback

Feedback ist ein gutes Mittel, um Klarheit zu schaffen, und ist stets ein Bestandteil der Kommunikation. Im Feedback geht man auf Unklarheiten ein, spricht unbewusste Konflikte an, fördert die gegenseitige Akzeptanz und das Vertrauen, bringt die Diskussion wieder in Gang und verhilft zur erfolgreichen Zielerreichung.

Es gibt Regeln für ein gutes Feedback.

Feedbackregeln

- Beschreiben Sie das Verhalten anderer, interpretieren Sie nicht. Treffen Sie keine eigenen Annahmen und sprechen Sie keine Mutmassungen aus.
- Seien Sie aktuell. Das Feedback soll möglichst schnell gegeben werden, sodass der Empfänger einen Zusammenhang zur Handlung sieht.
- Geben Sie Feedback zur rechten Zeit, nämlich dann, wenn es nützlich sein kann. Wenn der Empfänger gerade sehr aufgeregt ist, ist es sinnvoll einen geeigneteren Zeitpunkt abzuwarten.
- Sprechen Sie keine Zwänge zur Änderung des anderen aus. Feedback soll keine pädagogische Massregelung sein. Der andere kann selbst entscheiden, ob er aufgrund des Feedbacks an seinem Verhalten etwas verändern möchte.
- Teilen Sie Ihre eigenen Reaktionen mit. Damit meint man das eigene Gefühl und nicht das der anderen. Es wäre falsch zu sagen: «Ich glaube Ihr Verhalten stört die anderen in der Gruppe, mich aber nicht.»

In der folgenden Tabelle finden Sie Situationen, in denen sich ein Feedback aufdrängt, und Beispiele für mögliche Feedbacks.

Abb. [3-3]   Situationen, in denen ein Feedback nötig ist, und Beispiele für Feedbacks

Situation	Feedbacks
Eine Aussage wurde zu wenig klar oder zu wenig sachverständig formuliert.	<ul><li>Habe ich Sie recht verstanden, dass Sie mit Ihrer Aussage Folgendes denken?</li><li>Ich habe den Eindruck, dass Sie von meinem Vorschlag nicht begeistert sind.</li><li>Können Sie mir bitte Ihre Aussage nochmals erklären?</li></ul>
Eine Person reagiert aggressiv und greift verbal eine andere Person an.	Bei einem verbalen Angriff ist eine spiegelnde oder reflektierende Antwort erfolgreich. Man wiederholt mehr oder weniger wortgetreu die Aussage.<ul><li>Sie sagen: Ich habe zu wenig Erfahrung.</li><li>Sie glauben, dass Frau Meier ihren Aufgaben nicht gewachsen ist.</li><li>Gemäss Ihrer Aussage finden Sie, dass wir als Team faul und uninteressiert sind.</li></ul>
Jemand kann einen Fehler nicht erkennen. Das geschieht oft unbewusst, weil immer noch alte Verhaltensmuster nicht gelöst sind. Ursache ist meistens Angst, dass auf Fehler eine Bestrafung folgt.	<ul><li>Sie sind der Meinung, dass der Computer den Fehler gemacht hat.</li><li>Sie sehen die Ursache der Verkaufszahlen im schlechten Wetter.</li><li>Sie glauben, wenn Sie mehr Lohn erhalten würden, könnten Sie auch eine bessere Leistung erbringen.</li></ul>
In einer Diskussion werden die Aussagen nicht begründet, sondern nur als Floskeln oder Ratschläge eingebracht.	<ul><li>Ich sehe keinen Sinn in Ihrer Aussage.</li><li>Sie sagen, dass die Zahlen nicht stimmen. Welche Zahlen meinen Sie und wo sehen Sie die Ursache?</li><li>Auf mich wirkt Ihre Aussage nicht zutreffend.</li></ul>
Die Diskussion ist ins Stocken geraten. Man dreht sich im Kreis und versteht sich auch nicht mehr.	<ul><li>Ist es richtig, dass wir in dieser Hinsicht einer Meinung sind?</li><li>Mir scheint, dass wir die Ziele unterschiedlich verstehen. Ich würde diese gerne nochmals ansprechen.</li><li>Ich fühle mich überhaupt nicht mehr gut. Für mich stimmt unser Vorgehen nicht.</li></ul>

Kommunikationsregeln dienen im Gespräch ebenfalls dazu, Missverständnisse auszuschliessen. Sie erleichtern den Dialog und schaffen Klarheit. Wir besprechen diese im folgenden Kapitel.

3.7.2 Kommunikationsregeln

Regel 1

Sprechen Sie nicht mit «man» oder «wir», sondern sprechen Sie per «ich».
Sagen Sie nicht: «Wir brauchen eine Pause.»
Sagen Sie lieber: «Ich bin müde und möchte eine Pause.»

Regel 2

Machen Sie persönliche Aussagen und formulieren Sie diese nicht als Fragen.
Negativ ist: «Warum sagen Sie nichts?»
Positiv ist: «Ich möchte wissen, was Sie dazu meinen?»

Regel 3

Interpretieren Sie das Verhalten nicht.
Negativ ist: «Sie reden so wenig, weil Sie Angst haben vor Misserfolg.»
Positiv ist: «Mich würde Ihre Stellungnahme auch interessieren.»

Regel 4

Beachten Sie die Signale der Körpersprache.
Wenn jemand dauernd auf die Uhr schaut, kann ich ihn ansprechen: «Ich sehe, dass Sie auf die Uhr schauen. Müssen Sie weggehen?»

Regel 5

Hören Sie zu, was der andere sagt, und reflektieren Sie.
Ein Gruppenmitglied sagt: «Ich habe einfach zu viel Arbeit und kann nicht mehr.»
Antwort als Reflexion: «Du hast zu viel Arbeit und kannst nicht mehr.»

Die Form der Reflexion kennen Sie bereits vom Feedback her. Der Gesprächspartner erhält die Möglichkeit, sein Verhalten oder seine Aussage nochmals zu überdenken. Feedback- und Kommunikationsregeln sind wichtige Bestandteile eines guten Gesprächs. Sie sind lernbar und verhelfen zu geglückten zwischenmenschlichen Beziehungen.

Zusammenfassung

Gespräche sind ein wichtiges Führungsinstrument. Werden Gespräche dazu verwendet, die eigene Meinung durchzusetzen, entsteht ein Gewinner-Verlierer-Gespräch. Siege und Niederlagen belasten aber die Beziehungen zwischen den Gesprächspartnern. Um **konstruktive Gespräche** zu führen, müssen laut C. R. Rogers folgende drei Bedingungen erfüllt werden:

- Es muss eine ehrliche Beziehung hergestellt werden.
- Es muss eine Grundhaltung der gegenseitigen Akzeptanz vorhanden sein.
- Die Motivation zur Veränderung muss gegeben sein.

Sind diese Bedingungen erfüllt, entsteht eine Gewinner-Gewinner-Situation.

Unter **nonverbaler Kommunikation** versteht man die Körpersprache, die sich in der Haltung, der Mimik und der Gestik äussert. Sie sagt häufig mehr aus als die verbale Kommunikation. Verbale und nonverbale Kommunikation sollten übereinstimmen.

Ein Mittel bei der Führung von Gesprächen sind Fragen. Wir unterscheiden folgende **Frageformen:**

- Offene Fragen
- Geschlossene Fragen
- Indirekte, reflektierende Fragen
- Richtungsweisende Fragen
- Alternativfragen
- Suggestivfragen

Killerphrasen demotivieren den Gesprächspartner. Sie führen zu Gewinner-Verlierer-Situationen.

Der **Führungsstil** beeinflusst die Gesprächsführung. Grob kann man zwischen autoritären und kooperativen Führungsgesprächen unterscheiden.

Jedes Gespräch bewegt sich auf **zwei Ebenen:**

- Sachebene
- Beziehungsebene

Für den Aufbau eines Gesprächs empfiehlt sich die **Fünf-Schritt-Methode.** Sie besteht aus folgenden fünf Schritten:

1. Sachlage aufzeigen
2. Nach den Gründen fragen und Erklärungen zuhören
3. Gemeinsam eine Lösung erarbeiten
4. Die getroffenen Massnahmen umsetzen
5. Für die aktive Zusammenarbeit danken und einen Folgetermin abmachen

Feedback ist ein gutes Mittel, um Klarheit zu schaffen. Es gibt Regeln für ein gutes Feedback. **Kommunikationsregeln** dienen dazu, Missverständnisse auszuschliessen und den Dialog zu erleichtern.

Repetitionsfragen

11	Wieso soll eine autoritäre Gesprächsführung nach Möglichkeit vermieden werden?
12	Analysieren Sie folgenden Gesprächsausschnitt zwischen zwei Kollegen: «Ich finde, dass du immer noch keine Ahnung von diesem System hast. Das liegt wohl an deiner schlechten Ausbildung.»

13 Welche der folgenden Behauptungen ist korrekt?

Eine Gewinner-Verlierer-Situation entsteht, wenn

A] jemand versucht, den anderen zu überzeugen.

B] jemand seinen Gesprächspartner oder dessen Meinung als unvernünftig, unhaltbar usw. abqualifiziert.

C] jemand schon zu Beginn des Gesprächs eine eigene Meinung zum Thema hat.

14 Wie würden Sie reagieren, wenn jemand zu Ihnen sagt: «Sie als Frau können sich wohl zu wenig durchsetzen.»

| 15 | Nennen Sie drei typische Killerphrasen. |

| 16 | Welche Art von Fragen eignet sich in folgenden Situationen: |

A] Sie führen eine Meinungsumfrage zu einer klar definierten Frage durch.

B] Ihr Gesprächspartner kann sich nicht für das geeignete Vorgehen in einer Situation entscheiden.

C] Sie möchten die Diskussion über ein bestimmtes Thema in Gang bringen.

D] Das Gespräch dreht sich seit einiger Zeit im Kreis. Sie möchten es dem Ziel näher bringen.

E] Ihr Gesprächspartner will oder kann eine Frage nicht beantworten.

| 17 | Wieso kann ein Gespräch nicht nur auf der Sachebene geführt werden? |

| 18 | Frau Arnold hat Probleme mit ihrem Sachbearbeiter Herrn Brüderli. Er ist oft krank und nervös und findet, er sei immer mit Arbeit überlastet. Frau Arnold findet das unzutreffend, da sie den neuen Sachbearbeiter bewusst geschont hat und aus Erfahrung von den früheren Sachbearbeitern weiss, dass das Pensum zu bewältigen ist. Sie führt mit Herrn Brüderli ein Gespräch und versucht, ihm zu erklären, dass seine Sicht falsch ist. Sie beginnt damit, von den Vorgängern zu erzählen und von Kollegen, die wesentlich mehr von den Sachbearbeitern verlangen. Herr Brüderli hört zu und sagt dann entschuldigend, er habe ein Tief. Es tue ihm leid, dass er im Moment nicht mehr leisten könne. Frau Arnold spricht noch ein paar aufmunternde Worte und ist sicher, dass sich das Problem bald lösen werde. Herr Brüderli ist mit sich sehr unzufrieden und fühlt sich der Aufgabe noch weniger gewachsen. |

Welche Voraussetzung für ein konstruktives Gespräch fehlt hier?

| 19 | Sie erleben mit, wie ein schwieriger Kunde sehr aufgebracht und laut in Ihrem Geschäft einen Verkäufer anspricht und sich bei ihm beschwert. Ihr Verkäufer macht in seiner Reaktion ungefähr alles falsch, was man falsch machen kann, sodass der Kunde das Haus mit noch grösserem Ärger verlässt. |

Sie sprechen daraufhin mit Ihrem Verkäufer und wollen ihn zu Beginn Akzeptanz spüren lassen. Was sagen Sie ihm?

| 20 | Wie kann man anhand der nonverbalen Kommunikation erkennen, ob ein Gesprächspartner am Gespräch interessiert ist oder nicht? |

4   Gesprächsmodelle

Es gibt heute verschiedene **Gesprächsmodelle,** die Hilfe beim Lösen von schwierigen zwischenmenschlichen Kommunikationsstörungen anbieten. Wir besprechen in diesem Kapitel die Transaktionsanalyse, das Quadrat- oder Vierseitengespräch und die 5 Axiome.

Wir beginnen mit der Transaktionsanalyse von Eric Berne, auf der verschiedene weitere Modelle aufbauen.

4.1   Die Transaktionsanalyse

Die Transaktionsanalyse befasst sich u. a. speziell mit der Psychologie der Kommunikation und der Gesprächsführung. Sie ist eine Methode der humanistischen Psychologie, die hilft, sich mit dem eigenen Verhalten und den damit verbundenen Normen, Erfahrungen und Gefühlen auseinanderzusetzen. Sie hat ihre Wurzeln in der Tiefenpsychologie, genauer gesagt bei Sigmund Freud. Er hat mit seinen Theorien vom ES, ICH und ÜBER-ICH die Grundlagen zur Transaktionsanalyse geschaffen, die von Berne und seinen Anhängern weiterentwickelt worden sind.

Was sind die Ziele der Transaktionsanalyse?

Einfach ausgedrückt: **sich und den anderen besser zu verstehen.**

Im Einzelnen geht es um

- Selbsterkenntnis: Warum bin ich so, wie ich bin?
- das bewusstere Verhalten: Wie bewusst kann ich mich verhalten und entscheiden?
- die Autonomie: Wie selbstständig bin ich, inwieweit fremdgesteuert?

Die Transaktionsanalyse (TA) können wir in **drei Hauptteile** gliedern:

- Die **Struktur-Analyse:** Sie versucht zu verstehen, was in einem Menschen vorgeht, welche Teile seiner Psyche wirken oder reagieren.
- Die **Transaktion:** Sie behandelt das, was in der Kommunikation zwischen zwei Personen vorgeht.
- Die **Script-Analyse:** Sie befasst sich mit der Frage, wie viel Zuwendung ein Mensch braucht, bzw. was geschieht, wenn er zu wenig Zuwendung bekommt. Zuwendung ist ein zentrales Thema der TA. Sie analysiert in diesem Zusammenhang auch die Spiele der Erwachsenen. Gemeint sind psychische Spiele, z. B. der verdeckte, statt offene Ausdruck von Gefühlen und Bedürfnissen. Es ist das Lebensdrehbuch, dem der Einzelne folgt und nach dem er sich immer wieder verhält, da seine ersten Erfahrungen bis in die Kindheit zurückgehen und dort meistens ihre Wurzeln haben.

Wir behandeln nun die drei Teile detailliert:

4.1.1 Die Struktur-Analyse

Sie geht davon aus, dass unsere Persönlichkeit aus mehreren unterschiedlichen Schichten besteht. Freud nennt sie das ES, ICH und ÜBER-ICH. Die TA nach Eric Berne unterscheidet demzufolge auch drei Ich-Zustände.

- **Das Kind-Ich (K):** ist der Teil, in dem unsere Wünsche, Bedürfnisse und Gefühle zu Hause sind. Es ist zuständig für Freude, Glück, Liebe und Begeisterung, aber auch für Wut, Ärger, Trauer, Schmerz, Angst und Enttäuschung. In ihm finden wir auch die Gefühle der Neugier, der Entdeckungsfreude und der Kreativität.
- **Das Erwachsenen-Ich (ER):** ist derjenige Teil unserer Persönlichkeit, der leidenschaftslos, nüchtern, logisch, sachlich und zielorientiert arbeitet und handelt, mit dem wir Situationen und Gegebenheiten realitätsgerecht sehen können. Es ist der Sitz des Verstandes, der Vernunft. Das ER ist auch in der Lage, uns und unser Verhalten in den beiden anderen Ich-Zuständen zu erkennen und zu steuern.
- **Das Eltern-Ich (EL):** lobt und straft, ermutigt und kritisiert. Das Eltern-Ich ist das Ergebnis unserer Erziehung, der Fremdbeeinflussung also, die wir innerlich akzeptiert haben; es besteht ferner aus Verhaltensweisen, die wir von anderen übernommen haben (Identifikationen mit Lehrern, älteren Geschwistern usw.). Im Zustand des Eltern-Ichs verhalten, verhandeln, sprechen, reagieren, fühlen, denken wir so, wie wir glauben, dass unsere Eltern oder andere Autoritätspersonen sich verhalten hätten. Im EL sind unser Moral- und Wertsystem, unser Gewissen und unsere Idealvorstellungen verankert. Es umfasst das gelernte Lebenskonzept.

Diese verschiedenen Teile unserer Persönlichkeit sind alle gleich wichtig und haben alle ihre Berechtigung, ausgelebt zu werden. Sie sind mehr als nur oberflächliche Befindlichkeiten, es sind eigenständige Systeme von Gefühlen und Verhaltensweisen. Der Mensch kann sehr rasch von einem Ich-Zustand in den anderen wechseln, z. B. im Gespräch. Die einzelnen Ich-Zustände selbst sind festgefügt und in sich geschlossen und lassen sich nicht ohne Weiteres verändern. Sie sind bei jedem einzelnen Menschen unterschiedlich stark ausgeprägt. Es kann jedoch vorkommen, dass in einem Gespräch gleichzeitig verschiedene Ich-Zustände beteiligt sind.

Die Strukturanalyse versucht einen Weg aufzuzeigen, wie man sich und andere besser verstehen kann, indem man z. B. herauszufinden versucht, in welchen Situationen man aus welchem Ich-Zustand heraus zu reagieren neigt. Dabei werden die einzelnen Ich-Zustände noch weiter differenziert. Im Eltern-Ich wird unterschieden in den **fürsorglichen, unterstützenden (f-EL)** sowie in den **kritischen, kontrollierenden (k-EL) Teil.** Beim Kind-Ich kann man unterscheiden zwischen **angepasstem (a-K)** und **natürlichem,** freiem, spontanem, kreativem **Kind-Ich (n-K).**

Diese Ich-Zustände sind in den letzten Jahren von verschiedenen Autoren noch in weitere Ich-Zustände unterteilt worden, in den kleinen Professor, in das Lehr-Ich, in das rebellische Kind-Ich usw. Wir beschränken uns auf die wesentlichen Ich-Zustände.

Die Ich-Zustände werden in der TA üblicherweise wie folgt dargestellt:

Abb. [4-1]   Die Ich-Zustände der Transaktionsanalyse

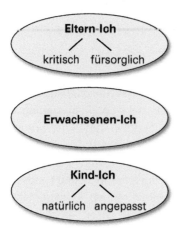

Jeder Ich-Zustand hat bestimmte Aufgaben:

Kritisches EL: für Ordnung sorgen, kontrollieren, beurteilen und bewerten; «du sollst», «du darfst», «du musst». Es kritisiert, wertet negativ, verallgemeinert, weist zurecht, schulmeistert, moralisiert, bestraft, befiehlt, denkt in Schwarz-Weiss-Kategorien; es gibt nur entweder – oder.

Fürsorgliches EL: pflegen, unterstützen, beraten, loben, umsorgen, trösten, zuhören, Verständnis und Geduld haben, beruhigen, ermutigen, positiv werten, helfen.

Erwachsenen-Ich: abwägen, analysieren, Daten sammeln, urteilen, Schlüsse ziehen, sachlich vorgehen, beobachten, wertfrei formulieren, überlegen, eigene Normen überprüfen, Probleme konstruktiv lösen.

Natürliches K: Gefühle erleben und ausdrücken, lachen, weinen, faulenzen, sich freuen, sich begeistern, spontan und impulsiv sein, kreativ, listig, rebellisch, aggressiv sein.

Angepasstes K: Gehorchen, sich anpassen und unterordnen, sich schuldig fühlen, schmollen, trotzen, sich auflehnen, nachgeben, hilflos sein, Angst haben, sich leid tun, abwarten, bis alles besser wird, sich an Normen orientieren.

Es ist gut, wenn es uns gelingt, jeweils aus demjenigen Ich-Zustand heraus zu reagieren, der in seinen Fähigkeiten am besten der gerade aktuellen Situation gerecht wird.

4.1.2   Die Transaktion

Was geschieht, wenn zwei Menschen miteinander in Kontakt treten? – Um das zu veranschaulichen, zeichnet die Transaktionsanalyse die Struktursymbole der beiden Gesprächspartner nebeneinander auf und gibt durch Pfeile die ablaufende Transaktion an, und zwar ausgehend von dem Ich-Zustand, aus dem heraus der eine Partner spricht, während die Pfeilspitze den Ich-Zustand kennzeichnet, der von ihm angesprochen wird. Die Erwiderung des Partners stellt bereits eine neue Transaktion dar (in der Abbildung die gestrichelte Linie) und zeigt, aus welchem Ich-Zustand heraus der Angesprochene antwortet und welchen Zustand beim Partner er seinerseits anspricht. Eine Transaktion kann verbal oder nonverbal sein.

Die TA unterscheidet drei grundlegende Typen von Transaktionen.

Abb. [4-2]   Transaktionsarten

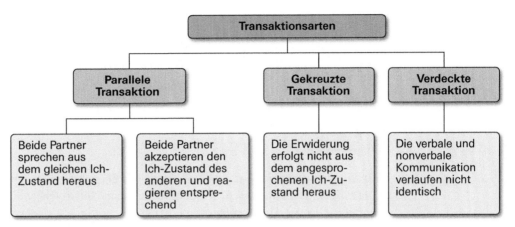

A] Die parallele Transaktion

- Wenn der Empfänger aus dem gleichen Ich-Zustand heraus antwortet, aus dem ihn der Sender angesprochen hat.
- Oder wenn er aus dem Ich-Zustand antwortet, in dem er angesprochen worden ist.

Lesen Sie dazu folgendes Gespräch:

    Ich komme hier mit dem Abschluss nicht klar, können Sie mir helfen?

Ja, ich mache das gerne für Sie.

Der Empfänger reagiert aus dem Ich-Zustand heraus, aus dem er angesprochen worden ist. Nachstehend noch einige weitere mögliche parallele Transaktionen.

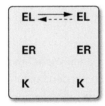   Es ist enorm, wie viel Taschengeld die heutigen Kinder besitzen.
Wenn ich Kinder hätte, würde ich ihnen weniger geben.

Sender und Empfänger befinden sich im Eltern-Ich.

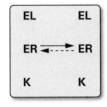   Wie beurteilen Sie dieses Vorgehen?
Ich denke, es ist gut, weil es sachlich ist.

Sender und Empfänger befinden sich im Erwachsenen-Ich.

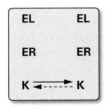   Ich habe grosse Lust, etwas Neues zu beginnen.
Ja, ich auch, komm, wir gehen das Risiko ein.

Sender und Empfänger befinden sich im Kind-Ich.

B] Die gekreuzte Transaktion

Von einer gekreuzten Transaktion wird gesprochen, wenn auf einen Reiz eine unterschiedliche, nicht erwartete Reaktion erfolgt.

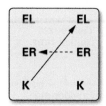 Ich komme hier mit dem Abschluss nicht klar, können Sie mir helfen?
Was ist Ihnen unklar, welche Informationen fehlen Ihnen?

Der Sender richtet sich aus dem Kind-Ich an das Eltern-Ich und jammert über seine Probleme. Der Empfänger reagiert nicht aus dem fürsorglichen Eltern-Ich, sondern will das Problem auf der Erwachsenen-Ebene behandeln und bietet Hilfe zur Selbsthilfe an.

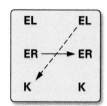 Ich möchte mit Ihnen über das Budget sprechen.

Da gibt es nichts zu reden! Sie kennen die Zahlen!

Der Sender möchte sachlich auf der ER-Ebene über das Budget reden. Der Empfänger reagiert unwirsch und vorwurfsvoll aus dem Eltern-Ich. Das ist eine negative Kreuzung, die zu Unfrieden führt.

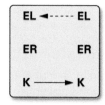 Komm, wir gehen in die Kantine, ich hab Lust auf einen Kaffee.
Zuerst müssen wir diese Arbeit fertig machen. Und zudem ist Kaffee trinken schädlich.

Das Kind wendet sich an das Kind-Ich der anderen Person. Diese reagiert jedoch aus dem Eltern-Ich und geht nicht auf ihren Wunsch ein.

Bei der gekreuzten Transaktion kommt es – wenn auch manchmal nur für kurze Zeit – zu einem **Zusammenbruch der Kommunikation** zwischen den beiden Partnern. Sie reden aneinander vorbei, statt aufeinander einzugehen. Dies stellt eine **kritische Phase** im Gesprächsverlauf dar. Im ungünstigsten Fall führt es dazu, dass man sich nicht mehr versteht, dass man auf verschiedenen Wellenlängen sendet. Die gekreuzte Transaktion trägt jedoch auch Chancen in sich, das Gespräch in eine andere Beziehungsform zu verlagern, z. B. von einer Transaktion auf der Eltern-Kind-Ebene in eine auf der Erwachsenen-Erwachsenen-Ebene. Dies ist dann erfolgreich, wenn der Gesprächspartner seinerseits bereit ist, nach einer gekreuzten Transaktion in seiner Erwiderung aus dem nun bei ihm angesprochenen Ich-Zustand heraus zu antworten und beim Partner den von diesem gewählten Ich-Zustand anzusprechen, sodass es dann wieder zu einer parallelen Transaktion kommt.

C] Die verdeckte Transaktion

Von einer doppelten oder verdeckten Transaktion spricht man, wenn die Kommunikation im Gegensatz zu den bisherigen Beispielen **gleichzeitig auf zwei Ebenen** verläuft; auf einer offenen und einer verborgenen. Die verdeckte Ebene ist oft nonverbal oder ihr Sinn lässt sich hinter den gesprochenen Worten nur erahnen. Man redet in diesem Zusammenhang auch von einem «Quadrilog», den zwei Gesprächspartner führen: Oberflächlich werden Argumente ausgetauscht und bestimmte benannte Ziele verfolgt. Dieser sichtbare Dialog wird jedoch durch einen zweiten Dialog ergänzt, der sich «unter dem Tisch» abspielt. Hier wird, nach aussen hin unsichtbar, gegen das Schienbein getreten oder versteckt die Hand gereicht. Statt eines Zweiergesprächs findet also in Wirklichkeit ein Vierergespräch statt.

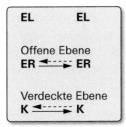

Offen: Ich möchte mit dir noch das Aussenlager kontrollieren.
Verdeckt: Bei dem schönen Wetter möchte ich hinausfahren.

Offen: Ja, die Prüfung ist schon überfällig.
Verdeckt: Au ja, wir machen einen Ausflug.

Bei der verdeckten Transaktion sind folgende Situationen zu unterscheiden:

- Beiden Gesprächspartnern ist die doppelte Kommunikation bewusst; sie verständigen sich offen und versuchen gleichzeitig, in ihren versteckten Absichten zu einer Übereinstimmung zu kommen.
- Die Ansprache ist zweispurig, wobei jedoch dem Angesprochenen die verdeckte Ebene nicht bewusst wird oder er nur die verdeckte, nicht aber die offene hört.
- Eine Botschaft wird offen gesendet, die wahre Absicht ist aber verdeckt. Der Empfänger hört nur die offene und reagiert darauf; die eigentliche, für den Sprechenden besonders wichtige, aber verdeckte Botschaft bleibt dabei ungehört und unerwidert.

Oft ist es unklar, ob die verdeckte Botschaft nicht gehört oder ob sie zwar gehört, aber wissentlich übergangen wurde. Wenn z. B. in unserem Fall die unterschwellige Botschaft «Bei dem schönen Wetter sollten wir hinausfahren» nicht gehört wird und die Antwort lediglich lautet «Wir haben noch einige Wochen Zeit, bis das Aussenlager kontrolliert werden muss», kann dies bedeuten, dass entweder das verdeckte Angebot nicht verstanden wurde oder aber durch eine aus dem Eltern-Ich kommende verdeckte Antwort gekreuzt wurde, etwa in der Art «Wir sind zum Arbeiten hier und nicht, um Ausflüge zu machen».

Damit es auf dieser verdeckten Ebene nicht zu Störungen des Kommunikationsablaufs kommt, ist es wichtig, auch diese verdeckten Botschaften – die Untertöne im Gespräch – zu hören. Nicht selten werden gerade die wichtigsten Anliegen in solche **verdeckten Botschaften** verpackt, was oft negative Folgen hat – die wichtigen Anliegen können so nicht realisiert werden.

Verdeckte und gekreuzte Transaktionen erschweren die Kommunikation; parallele Transaktionen zeigen einen ungestörten Kommunikationsverlauf an. Oft ist es wichtig, die Ebene der Kommunikation zu wechseln, um neue Impulse für das Gespräch zu erhalten. Gekreuzte Transaktionen können solche Wechsel herbeiführen, wenn beide Partner bereit sind, auf einer andern Ebene weiter zu kommunizieren.

Welches Ich soll in welcher Situation angesprochen werden?

Die Transaktionsanalyse zeigt, dass jede Person gleichzeitig drei bzw. fünf Personen verkörpert, d. h., sie kann aus fünf verschiedenen Ich-Zuständen heraus agieren und reagieren. Eine gute Kommunikation kann von verschiedenen Ich-Zuständen ausgehen, vorausgesetzt, dass der Gesprächspartner aus dem angesprochenen oder einem adäquaten Ich-Zustand heraus antwortet.

Wenn wir aus dem **kritischen Eltern-Ich** heraus ein Gespräch führen und dabei das Kind-Ich des anderen ansprechen, benützen wir bewertende, negative Botschaften, wie z. B. «Man sollte doch nicht …», «Wenn Sie nur richtig zugehört hätten …», «Ich erkläre Ihnen das nun zum letzten Mal …». Wenn sich der Gesprächspartner nicht in die Rolle des Kindes drängen lässt, kommt es zu einer gekreuzten Kommunikation. Sie kann negativ oder positiv sein. Negativ wäre sie, wenn der Angesprochene nun seinerseits aus dem kritischen Eltern-Ich heraus reagieren würde. Das Gespräch kann positiv weitergeführt werden, wenn aus dem Erwachsenen-Ich das Erwachsenen-Ich des anderen angesprochen wird.

Gespräche auf der **Erwachsenen-Ebene** sind sachbezogen, störungsfrei und informativ. Es müssen aber nicht alle Gespräche nur aus diesem Ich-Zustand geführt werden. Es können ohne weiteres auch andere Ebenen einbezogen werden. Zum Beispiel kann die **Kind-Ebene** zur Auflockerung beitragen. Auch bei der Suche nach verschiedenen Entscheidungsalternativen können wichtige neue Impulse zu kreativen Lösungen gegeben werden, wenn das kreative Kind angesprochen wird. Die Eltern-Ebene ist zuständig für die Werte, Massstäbe und Traditionen. Das Erwachsenen-Ich hat die Aufgabe zu kontrollieren, inwieweit das Kind-Ich und das Eltern-Ich zugelassen werden sollen.

Wichtig ist in jedem Fall, auf den Partner einzugehen und ihn dort anzusprechen, wo er sich befindet. Gespräche können nur dann erfolgreich sein, wenn alle beteiligten Ich-Zustände berücksichtigt werden.

4.1.3   Die Script-Analyse

Ein Script ist ein Drehbuch oder Lebensplan. Jeder Mensch wird sich wahrscheinlich einmal im Verlauf seines Lebens fragen: Wie verläuft eigentlich mein Leben, was habe ich für ein Schicksal, wieweit lasse ich mich treiben, fremdbestimmen? Kann ich das erreichen, was ich möchte.

Wir werden im Kapitel 10.2 noch vertiefter besprechen, dass die ersten Lebensphasen – die frühkindliche Entwicklung – unsere spätere Entwicklung fördern oder hemmen können. Sie gehören u. a. zu den Wurzeln von verschiedenen gesunden oder kranken Verhaltensnormen gehören. Weitere Faktoren für die Bildung unserer Persönlichkeit sind die Kräfte und Gaben, die uns die Natur mitgegeben hat (Erbgut), und nicht zuletzt auch die eigenen Lebensanschauungen, die eigenen Erfahrungen, die wir während unserer gesamten Entwicklung immer wieder gemacht haben. Was wir in der Vergangenheit erlebt haben, können wir nicht mehr rückgängig machen. Es hat uns geprägt und geformt.

Abb. [4-3]   Faktoren der Persönlichkeitsbildung

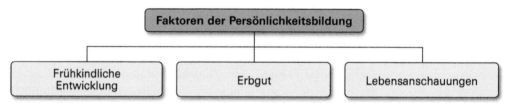

Damit ein Mensch sich körperlich gesund entfalten kann, braucht er Luft, Nahrung, Wärme, Licht, Hygiene usw. Für die **geistig-seelische Entfaltung** braucht er **positive Zuwendung**, Förderung und Gewährung. Liebe ist ein angeborenes Grundbedürfnis. Wenn die Eltern dem Kind die Botschaften mitgeben, du darfst spielen, lachen, strampeln, schreien, weinen, trotzen, entwickelt das Kind seine Gaben; es kann wachsen, stark, sicher und leistungsfähig werden. Es freut sich an neuen Erfahrungen, ist offen und versucht, das Leben mit Lust zu entdecken. Es lernt Probleme selbst zu lösen, es findet stets einen Weg, es kann Dinge in die Hand nehmen und etwas daraus machen. Oft sind es gar nicht gelernte Erziehungsmethoden, die die Eltern anwenden, sondern es ist ihre Haltung, ihre Zuneigung, ihr Wohlwollen dem Kind gegenüber. Sie geben ihm die Möglichkeit, sich in einem natürlichen kindlichen Entwicklungsprozess zu entfalten.

Aber nicht alle Eltern sind in der Lage, dem Kind durchwegs gute Botschaften mitzugeben. Es gibt auch Eltern, die selbst noch stark mit ihren eigenen Problemen aus ihrer Entwicklungsgeschichte behaftet sind. Ihr Verhalten ist ihnen möglicherweise oft gar nicht bewusst. So kommt es vor, dass sie aus eigener Unreife oder sonstigem Unvermögen heraus, die kindliche Entwicklung hemmen. Die kindliche Seele ist zart, empfindsam und sehr aufnahmefähig. Es ist auf die Eltern und deren Liebe angewiesen. Es übernimmt die Normen und Verhalten der Erwachsenen, weil es keine anderen Möglichkeiten sieht und hat. Wenn solche Normen aber nicht der kindlichen Entwicklung entsprechen, werden sie zu negativen Botschaften, zu **Bannbotschaften**. Diese führen dann nicht zu einem gesunden Wachstum, sondern zu Verwachsungen.

Bannbotschaften erkennt man z. B. an folgenden Aussagen:

- **Sei perfekt!**
  Das Kind darf keine Fehler machen, es darf nichts schief gehen, alles muss stets klappen. Tritt tatsächlich mal ein Fehler auf, wird das Kind kritisiert, eventuell sogar bestraft. Später kann sich das dann so auswirken, dass der Perfekte keine Arbeit richtig zu Ende bringen kann, weil er stets Angst hat, nicht zu genügen.
- **Streng dich an!**
  Ein Kind bringt möglicherweise nicht die gewünschte Leistung. Es wird mit anderen Geschwistern verglichen. Es muss immer besser sein als die anderen. Alles im Leben ist ein Wettkampf, den man gewinnen muss.
- **Sei stark, sei kein Kind!**
  Das Kind darf nicht weinen. Es heisst dann: «Ein Knabe weint nicht; aus diesem Grund weint man doch nicht.» Es kann auch sein, dass Eltern ihre kleinen Kinder mit Problemen der Erwachsenen belasten. Das äussert sich dann in Sätzen wie: «Als älteres Kind solltest du vernünftig sein» usw.

Diese Bannbotschaften lassen sich natürlich noch fortsetzen. Wir haben nur einige davon erwähnt. Es ist jedem selbst überlassen, sich zu fragen, was für typische Aussagen seine Entwicklung geprägt haben. Wie war die Haltung, die Einstellung der Eltern uns gegenüber als Kind; was durften wir, was nicht?

Warum ist es nützlich, diese Bannbotschaften zu kennen? Sie sind die **Ursache von Fehlverhalten,** das immer wieder zu Konflikten, Frustrationen und Blockaden führt. Jeder Mensch trägt gute und schlechte Botschaften in sich. Diese sind im Verlauf des Lebens zu festen Grundeinstellungen geworden und können sich in verschiedenen Situationen im Zusammenleben mit andern Menschen wie folgt äussern:

Ich bin o. k. – du bist o. k.

Ich bin o. k. – du bist nicht o. k.

Ich bin nicht o. k. – du bist o. k.

Ich bin nicht o. k. – du bist nicht o. k.

Ein erwachsener Mensch hat die Möglichkeit, seine Grundeinstellungen zu hinterfragen, sich zu überlegen, wieso er sich so und nicht anders verhält. Eine reife Form des Verhaltens wäre: Ich bin geprägt von meinen Botschaften und du bist geprägt von deinen Botschaften, wie können wir damit umgehen, damit es für beide o. k. ist?

Wenn ein Erwachsener sich so verhält, muss er auch keine Psycho-Spiele spielen, wie z. B. sich in emotionales kindliches Verhalten flüchten, sich als Verfolgter in einer Opferrolle darstellen und gar darauf lauern, endlich jemanden bei einem Fehler zu erwischen und es ihm gehörig heimzuzahlen.

Wir wollen noch ein weiteres Gesprächsmodell besprechen: das Vierseitengespräch von F. Schulz von Thun.

4.2 Das Quadrat- oder Vierseitengespräch

In der Umgangssprache ist dieses Gesprächsmodell besser unter dem Namen Vierohrenmodell von Friedemann Schulz von Thun bekannt. Es handelt sich dabei um ein Kommunikationsmodell, das die verschiedenen Ansätze der Psychologie, wie etwa die von Carl Rogers, Alfred Adler, Ruth Cohn, Fritz Perls, Paul Watzlawick u. a. einbezieht und verbindet, um so für die Praxis ein gültiges Modell der zwischenmenschlichen Kommunikation zu finden.

Beim Quadrat-Gespräch sind stets vier Seiten zu beachten und zwar einerseits beim Sender und andererseits beim Empfänger.

Beim Sender sind es der

- Sachaspekt
- Beziehungsaspekt
- Selbstoffenbarungsaspekt
- Appellaspekt

Beim Empfänger ist das

- Sachohr
- Beziehungsohr
- Selbstoffenbarungsohr
- Appellohr

Abb. [4-4]   Die Aspekte des Vierseitengesprächs

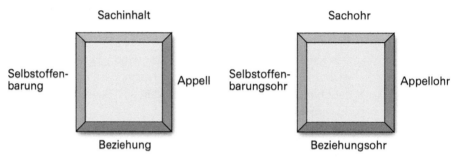

Was ist mit den vier Begriffen gemeint?

4.2.1   Sachaspekt – Sachohr

Bei der Sache geht es um den Inhalt der Nachricht. Worüber will ich informieren, wie kann ich mich ausdrücken, wie fähig bin ich, mich mitzuteilen?

Wir haben gelernt, dass zwischen dem Sender und dem Empfänger ein **Filter** liegt, der aufgrund der unterschiedlichen Erfahrungen getrübt sein kann.

Wie nimmt das Sachohr des Empfängers nun die Botschaft auf? Wird die Nachricht gefiltert oder wird sie so verstanden, wie sie mitgeteilt wird?

4.2.2   Selbstoffenbarungsaspekt – Selbstoffenbarungsohr

In jeder Nachricht liegen nicht nur Sachinhalte, sondern auch die Haltung und Einstellung des Senders. **Welcher Ich-Zustand** will sich präsentieren? Handle ich aus dem Eltern-, dem Erwachsenen- oder dem Kind-Ich? Wie ist die verbale – nonverbale Ebene? Welcher o. k.-Form bin ich verhaftet?

Wie nimmt der Empfänger meine Selbstdarstellung auf? Akzeptiert er meine Rolle? In welchem Ich-Zustand lebt er vorwiegend? Nimmt er die verbale und die nonverbale Kommunikation wahr?

4.2.3   Beziehungsaspekte – Beziehungsohr

Wie ist die Beziehung zwischen dem Sender und dem Empfänger? Ist die gegenseitige Atmosphäre vertrauensvoll und angstfrei? Ist bei beiden Seiten **Akzeptanz** vorhanden? Liegt die Bereitschaft vor, einander zuzuhören und sich einzufühlen? Wird **Feedback** verlangt und auch gegeben? Auf welcher Ich-Ebene wird kommuniziert, ist sie parallel oder gekreuzt?

4.2.4 Appellaspekt – Appellohr

Mit den meisten Nachrichten möchte man **auf den Empfänger Einfluss nehmen.** Dies kann offen oder versteckt gemacht werden, wie wir es in der Transaktionsanalyse gesehen haben. In jedem Gespräch möchte man ein Ziel erreichen, jemanden dazu auffordern zu reagieren, etwas zu tun oder Stellung zu unserem Sachinhalt zu nehmen.

Kann der Sender den Appell so formulieren, dass der Empfänger ihn deutlich wahrnimmt? Hört der Empfänger möglicherweise Appelle, die gar nicht abgeschickt worden sind?

Beispiel	**Sender: Kannst du bitte morgen diesen Brief auf die Post bringen?**
	Sachinhalt: Der Brief muss auf die Post.
	Selbstoffenbarung: Für solche Dinge habe ich keine Zeit.
	Beziehung: Du bist dazu da, um mir Dienstleistungen zu bieten.
	Appell: Bring morgen den Brief zur Post!
	Empfänger (hört mit seinen vier Ohren):
	Sachohr: Der Brief muss zur Post.
	Selbstoffenbarungsohr: Wie wenn ich nicht genügend anderes zu tun hätte, immer muss ich auch noch für die anderen den Dreck machen.
	Beziehungsohr: Er findet sich wieder mal zu wichtig, um solche Aufgaben zu erledigen.
	Appell: Wenn ich den Brief nicht zur Post bringe, wird es Probleme geben.

Es ist leicht ersichtlich, dass in diesem Beispiel die gegenseitige Akzeptanz nicht vorhanden ist. Es ist eine typische Eltern-Ich – Kind-Ich – Botschaft, eine verdeckte Transaktion, autoritär, bewertend, «Ich bin o. k. – du bist nicht o. k.-» Haltung.

Beispiel	**Sender: Oh, ich habe wieder Kopfschmerzen.**
	Sachinhalt: Mein Kopf tut mir weh.
	Selbstoffenbarung: Ich fühle mich nicht gut; es geht mir schlecht.
	Beziehung: Ich bin froh, wenn du für mich Verständnis hast.
	Appell: Sei lieb zu mir und gib mir eine Tablette.
	Empfänger (hört mit seinen vier Ohren):
	Sachohr: Sie hat wieder Kopfschmerzen.
	Selbstoffenbarungsohr: Sie braucht meine Hilfe.
	Beziehungsohr: Ihr häufiges Kopfweh macht mir Sorgen.
	Appellohr: Sie braucht nun Ruhe; ich bringe ihr eine Tablette.

In diesem Beispiel liegt beim Sender und Empfänger eine gegenseitige Akzeptanz vor. Sie können aufeinander zugehen, zuhören, sich in den anderen einfühlen. Gemäss Transaktionsanalyse wäre dies eine parallele Kind-Eltern-Transaktion.

Bei jedem Gespräch hat der Empfänger prinzipiell die freie Auswahl, wie er auf eine Nachricht reagieren möchte.

Beispiel	Ein Mitarbeiter geht zum Vorgesetzten und sagt: «Jetzt ist der PC schon wieder abgestürzt.»
	Wie reagiert nun der Vorgesetzte? Er hat verschiedene Möglichkeiten, wie er die Aussage interpretieren und entsprechend handeln kann.
	Sachinhalt: Er nimmt die Nachricht zur Kenntnis und fragt den Mitarbeiter, was er nun zu tun gedenke.
	Selbstoffenbarung: Das ärgert Sie sicher? Haben Sie wieder falsch manipuliert? Können Sie immer noch nicht besser mit dem Programm umgehen?
	Beziehung: Was wollen Sie von mir? Wie kann ich Ihnen helfen? Jetzt stören Sie mich schon wieder!
	Appell: Ich komme gleich! Ich ruf den Techniker an! Ich habe jetzt keine Zeit, um Ihnen zu helfen!

Die Ohren des Empfängers sind nicht immer alle gleich stark ausgebildet. Oft ist nur das eine Ohr auf Empfang. Dies führt dann unweigerlich zu Konflikten, weil beide Partner aneinander vorbeireden.

Es ist also wichtig, dass im Gespräch die gegenseitige Beziehung stimmt, eine parallele Transaktion stattfindet, die momentanen Gefühle angesprochen und angenommen werden können, die Einsicht und die Bereitschaft etwas zu verändern vorhanden ist und durch Feedback der Filter zwischen Sender und Empfänger transparent gehalten wird.

4.3 Die fünf Axiome in der Kommunikation

Paul Watzlawick (1921–2007) war ein österreichischer Kommunikationswissenschaftler, Soziologe, Philosoph und Psychotherapeut. Er schloss am C. G. Jung-Institut seine Analysenausbildung ab. Zusammen mit seinem Forscherteam hat er sich im Buch «Menschliche Kommunikation, Formen, Störungen, Paradoxien» mit Fragen auseinandergesetzt, die sich vertieft mit der Beziehungsseite der Kommunikation befassen. Das Ziel war, zu erforschen, was sich hinter einer Kommunikation verbirgt, wie sie funktioniert und was zwischen den Menschen abläuft.

Er ging davon aus, dass fünf verschiedene Grundannahmen, Axiome, eine hohe Wichtigkeit im Kommunikationsverlauf haben.

Abb. [4-5]   Die fünf Axiome in der Kommunikation

Fünf Axiome der Kommunikation
Man kann nicht nicht kommunizieren.
Jede Kommunikation hat einen Inhalts- und einen Beziehungsaspekt.
Kommunikation ist immer Ursache und Wirkung.
Kommunikation ist digital und analog.
Kommunikation ist symmetrisch und komplementär.

Wir beschreiben die fünf Axiome im folgenden Text in stark gekürzter und leicht verständlicher Form.

4.3.1   1. Axiom: Man kann nicht nicht kommunizieren.

Ob wir reden oder schweigen, aktiv sind oder nichts tun, unser Verhalten sagt stets etwas aus. Durch Gestik, Mimik oder die Körpersprache (siehe Kapitel 3.2) geben wir der Umwelt zu verstehen, was wir denken oder fühlen, teilweise bewusst, aber auch unbewusst. Wie der Gesprächspartner dieses Verhalten interpretiert, muss nicht deckungsgleich mit der tatsächlichen Haltung des Gegenübers sein.

Beispiel
- In den öffentlichen Verkehrsmitteln oder in einem Café kann man häufig beobachten, dass eine Person den Nachbarsitz mit Gepäck besetzt und so demonstriert, dass sie keine Gesellschaft wünscht.
- Eine Person wirkt in einer Sitzung abwesend. Die anderen Mitglieder interpretieren das als Desinteresse. Die Person hat aber etwas Trauriges erlebt, von dem sie gedanklich noch voll eingenommen ist.

4.3.2   2. Axiom: Jede Kommunikation hat einen Inhalts- und einen Beziehungsaspekt.

Wie schon im Kapitel 3.5 beschrieben, verläuft ein Gespräch stets auf zwei Ebenen, der Sach- und der Beziehungsebene zwischen einem Sender und einem Empfänger. Watzlawick nennt diese Ebenen die **Inhalts-** und die **Gefühlsebene** und sagt, dass die Gefühle das Gespräch dominieren, dass sie ein bedeutend höheres Gewicht haben als das gesprochene Wort. Wenn die Beziehung zwischen Menschen jedoch gut ist, treten die Gefühle in den Hintergrund und die Interaktion kann unbehindert fliessen. Bei einer gestörten Beziehung muss immer wieder geklärt werden, ob die Interaktion noch intakt ist. Man spricht mehr über die Beziehung als über das Thema, um möglichst Missverständnisse oder Streit zu vermeiden. Die Kommunikation wird auf einer höheren Ebene geführt, was auch als **Metakommunikation** bezeichnet wird.

Beispiel	<ul><li>Bei gegenseitiger Abneigung oder Missgunst müssen die beiden Gesprächspartner dauernd die jeweilige Aussage erklären, damit das Gespräch zum Ziel führt. Ähnlich wie etwa: «Ich meine das so – wie empfinden Sie es?»</li><li>Einen Redner, den man sympathisch findet, bewertet man in seiner Aussage höher, obwohl die anderen Redner bei Weitem interessantere Beiträge liefern.</li><li>Das Lob eines Vorgesetzten erhält nur die richtige Resonanz, wenn die Beziehungsebene zwischen dem Vorgesetzten und den Mitarbeitenden stimmt.</li></ul>

4.3.3   3. Axiom: Kommunikation ist immer Ursache und Wirkung.

Der Mensch geht normalerweise davon aus, dass seine Ansichten und Werte die richtigen sind. Er erwartet von seinen Mitmenschen nun ein dementsprechendes Verhalten. Wenn das nicht zutrifft, führt das zu Missverständnissen, da sein Gesprächspartner eben andere Werte hat, die für ihn nicht gelten. Auf alle Signale, die wir aussenden, entsteht eine Reaktion. Jede Aussage ist Auslöser und führt zu einer Wirkung, zu einer Konsequenz.

Beispiel	<ul><li>In einem Team haben zwei Mitarbeitende immer wieder verbale Auseinandersetzungen. Darauf angesprochen, meint die eine Person: «Wenn mein Kollege mich besser akzeptieren könnte, könnte ich ihn auch akzeptieren.» Die beiden Personen machen jeweils das Gegenüber für die Streitereien verantwortlich.</li><li>Eine Frau reagiert wütend, weil ihr Mann sich nicht an die Vereinbarung gehalten hat, die Kinder von der Schule abzuholen. Da er sich zwar seiner Schuld bewusst ist, aber den Gefühlsausbruch seiner Frau nicht passend findet, reagiert er ebenfalls mit Aggression. Diese Kommunikationsart kann sich in einer Spirale hochschrauben, die bis zu unkontrollierten Wutausbrüchen führt.</li><li>Ein positiv denkender Mensch verlässt das Haus am Morgen mit einem lächelnden Gesicht und strahlt die Menschen an. Diese nehmen den nonverbalen Gruss wohlwollend an und strahlen wahrscheinlich zurück.</li></ul>

4.3.4   4. Axiom: Kommunikation ist digital und analog.

Watzlawick versteht unter der digitalen Kommunikation die **verbale**, unter analoger die **nonverbale Kommunikation**. Diese beiden Formen der Kommunikation wurden auch in früheren Kapiteln behandelt. Eine erfolgreiche Kommunikation beinhaltet eine gut verständliche Ausdrucksweise, verbunden mit Frageformen, Reflexionen und Feedbacks, und wird durch eine Körpersprache nonverbal unterstützt, die mit der Aussage übereinstimmt.

Beispiel	<ul><li>In einem Beratungsgespräch zwischen einer HR-Person und einer Mitarbeiterin reagiert die HR-Person mit wohlwollendem Kopfnicken auf die Aussagen ihrer Gesprächspartnerin. Zudem fragt sie nach, vertieft und bietet Hilfe an.</li><li>In einer Warteschlange schubst eine Person die vor ihr stehende immer wieder in den Rücken und entschuldigt sich danach. Es ist aber offensichtlich, dass es ihr kaum leidtut. Sie will vordrängeln und schubst absichtlich. Die verbale Entschuldigung stimmt nicht mit dem nonverbalen Verhalten überein.</li></ul>

4.3.5   5. Axiom: Kommunikation ist symmetrisch und komplementär.

Dieses Axiom bezieht sich auf das Niveau oder die Unterschiede der Gesprächspartner. **Symmetrisch** bedeutet hier gleichartig oder deckungsgleich und **komplementär** heisst ergänzend. In einem Gespräch ist es also wichtig zu erkennen, ob Sender und Empfänger auf dem gleichen Kanal liegen. Will eine Person Macht über die andere ausüben oder will sich eine Person als schutzbedürftig präsentieren? Dieses Axiom wird auch in ähnlicher Form in der Theorie von Schulz von Thun beschrieben, die als das Vierohrenmodell bekannt ist. In der Transaktionsanalyse würde man von der ER-ER-Ebene und von der EL-K-Ebene sprechen.

Beispiel	
	• In einem Team werden neue Aufgaben besprochen. Wenn die Gruppe prozessorientiert handelt, aus der ER-ER-Ebene heraus, wird sie Konflikte erfolgreich meistern (symmetrische Kommunikation).
	• In einer Partnerschaft übernimmt die eine Person stets sämtliche Entscheidungs- und Führungsaufgaben. Die andere Person passt sich gerne an und lässt sich führen. Das wäre eine typisch komplementäre Beziehung, die früher oder später scheitern wird.

In all diesen Gesprächsmodellen, wie Transaktionsanalyse, Vierohrenmodell und die Axiome von Watzlawick und seinem Team, finden sich übergeordnet verwandte oder sogar identische Gedanken wieder. Alle drei Modelle basieren auf fundamentalen Studien und wurden durch neue Untersuchungen auf einen zeitgemässen Stand gebracht. Die Forschungsergebnisse dieser namhaften Wissenschaftler sind eine echte Hilfe in menschlichen Beziehungen und ermöglichen eine positive, störungsfreie und transparente Kommunikation. Wenn es gelingt, diese **Kommunikationsmodelle** in der Praxis anzuwenden, wird die Interaktion zwischen Menschen aller Kulturen erleichtert. In der folgenden Tabelle zeigen wir nochmals die wichtigsten Erkenntnisse über die Interaktion auf.

Abb. [4-6]   **Die wichtigsten Erkenntnisse über die Interaktion**

Themen	Autor / Theorie	Kommunikatonstechnik
Das eigene Ich-Verhalten beachten	• Carl Rogers: Die drei wichtigen Bedingungen für ein konstruktives Gespräch • Eric Berne: «Die Script-Analyse» • Friedemann Schulz von Thun: «Das Vierohrenmodell» • Paul Watzlawick: «Axiome 1 und 5»	
Die Einstellung, die Beziehung zum Du	• Carl Rogers: die «Motivation zur Veränderung» • Eric Berne: die «Ich-Anteile der Transaktionsanalyse» • Friedemann Schulz von Thun: «Sender-Empfänger-Situation» • Paul Watzlawick: «Axiom 2»	
Die Gesprächsinhalte	• Eric Berne: «Die Transaktionen» • Paul Watzlawick: «Axiom 3»	• Feedback- und Kommunikationsregeln richtig einsetzen und die Selbstreflexion anregen • Passende Frageformen anwenden
Vorgehen im Führungsgespräch	• Eric Berne: «EL-ER-K-Ich» • Paul Watzlawick: «Axiom 3»	Situationsbedingte Gesprächsführung, «autoritäre oder kooperative Führung»
Zielerreichung im Gespräch		Die 5-Schritt-Methode und das Lob und die Kritik
Die nonverbale Kommunikation	• Samy Molcho: «Die Körpersprache» • Friedemann Schulz von Thun: «Was wird gesagt – was wird gehört?» • Paul Watzlawick: «Axiom 4»	

Fazit: Alle diese Theorien wurden in langjährigen Studien und aufgrund von vielen Erfahrungswerten entwickelt. Wir müssen versuchen, diese Studien zu verinnerlichen und in die Praxis umzusetzen.

Zusammenfassung Ziel der **Transaktionsanalyse** ist es, sich und die anderen besser zu verstehen. Sie besteht aus drei Teilen:

- Strukturanalyse
- Transaktion
- Script-Analyse

Die **Strukturanalyse** geht davon aus, dass jede Persönlichkeit drei verschiedene Ich-Zustände enthält:

- Kind-Ich (K)
- Erwachsenen-Ich (ER)
- Eltern-Ich (EL)

Beim Kind-Ich kann man noch weiter in das natürliche und das angepasste K, beim Eltern-Ich in das kritische und fürsorgliche EL aufgliedern.

Es gibt drei Arten von Transaktionen:

- Parallele Transaktion
- Gekreuzte Transaktion
- Verdeckte Transaktion

Bei der **parallelen Transaktion** sprechen beide Partner aus dem angesprochenen und akzeptierten Ich-Zustand heraus. Bei der **gekreuzten Transaktion** erfolgt die Antwort nicht aus dem angesprochenen Zustand heraus und bei der **verdeckten Transaktion** verläuft die Kommunikation gleichzeitig auf einer offenen und einer verdeckten Ebene. Bei der parallelen Transaktion ist der Kommunikationsverlauf ungestört. Verdeckte und gekreuzte Transaktionen erschweren die Kommunikation.

Die **Script-Analyse** befasst sich mit der Frage, wie viel **Zuwendung** der Mensch braucht und was passiert, wenn er zu wenig Zuwendung bekommt. **Positive Zuwendung** ermöglicht dem Menschen, sich zu entwickeln. **Bannbotschaften** hindern den Menschen am Wachstum.

Das **Vierseitengespräch** von F. Schulz von Thun geht davon aus, dass beim Sender und beim Empfänger einer Nachricht folgende vier Seiten beachtet werden müssen:

- Sachaspekt
- Selbstoffenbarungsaspekt
- Beziehungsaspekt
- Appellaspekt

Ein Gespräch ist erfolgreich, wenn die gegenseitige Beziehung stimmt, eine parallele Transaktion stattfindet, eine gegenseitige Akzeptanz vorhanden ist und wenn der Filter zwischen Sender und Empfänger transparent ist.

Fünf Axiome der Kommunikation

- Man kann nicht nicht kommunizieren.
- Jede Kommunikation hat einen Inhalts- und einen Beziehungsaspekt.
- Kommunikation ist immer Ursache und Wirkung.
- Kommunikation ist digital und analog.
- Kommunikation ist symmetrisch und komplementär.

21	Was ist das Ziel der Transaktionsanalyse?

22	Wann ist es angebracht, eine gekreuzte Transaktion anzuwenden?

23   Welchen Ich-Zuständen würden Sie die folgenden Aussagen zuordnen?

A] «Das kann nicht so weitergehen. Auch Sie müssen sich den Regeln anpassen – wo kämen wir denn hin, wenn keiner sich an die gegebenen Arbeitszeiten halten würde.»

B] «Hurra, das Wetter wird schön für unseren Betriebsausflug.»

C] «Sie sehen so deprimiert aus. Was ist mit Ihnen los, kann ich Ihnen helfen?»

D] «Ich weiss nicht, was Sie von mir wollen. Immer ist es falsch, was ich mache.»

E] «Ach, das ist alles so schwierig, ich weiss überhaupt nicht, wo ich anfangen soll – das werde ich nie schaffen.»

F] «Also, dann gehen wir so vor: Zuerst laden wir die Leute zu einem Aperitif ein, dann zeigen wir die Kollektion …»

24   Welchen Transaktionsformen würden Sie die folgenden Fälle zuordnen? Aus welchen Ich-Zuständen heraus erfolgen die Transaktionen, welche Ich-Zustände werden angesprochen?

A] «Da liegen schon wieder Zigarettenkippen auf der Erde herum. Ich weiss nicht, was die Leute heute für eine Kinderstube haben.» – «Ja, man muss ständig aufpassen, von alleine hält niemand mehr Ordnung.»

B] «Herr Meier, wollen Sie sich nicht einmal mein neues Fahrrad anschauen?»
«Ja gern, Frau Roth. Ich habe mich schon immer für Fahrräder interessiert.»

C] «Die Jugend von heute hat auch vor nichts mehr Respekt.» – «Wir sollten einmal überlegen, woran das liegen könnte.»

D] «Wie konnten Sie dem Kunden nur ein solches Zahlungsziel einräumen?» – «Wenn Sie etwas mehr Ahnung hätten, was draussen auf dem Markt wirklich los ist, dann würden Sie sich wundern, dass wir nicht noch mehr Zugeständnisse machen mussten.»

E] «So, wie Sie den Werbetext gestaltet haben, geht das doch nicht.» – würden Sie mir helfen, ihn umzugestalten?»

F] «Wie ich von der Buchhaltung erfahre, hat Ihr Kunde Huber noch nicht bezahlt. Können Sie ihn nicht einmal daraufhin ansprechen, bevor die Buchhaltung Mahnungen herausschickt?» – «Es läuft gerade noch ein grösseres Angebot, über das die Firma Huber in den nächsten Wochen entscheiden will. Es ist besser, wenn wir mit der Mahnung noch etwas warten.»

25   Welche der folgenden Aussagen ist richtig?

A] Jeder Mensch verfügt grundsätzlich über die beschriebenen Ich-Zustände, aber in unterschiedlicher Ausprägung. Es kann auch nicht jeder Mensch mit allen gleich geschickt umgehen.

B] Eine Voraussetzung für eine gelungene Kommunikation ist es, situationsgerecht zu reagieren oder – transaktionsanalytisch gesprochen – mit jenem Ich-Zustand, der angesprochen oder passend ist.

C] Verdeckte Transaktionen laufen auf zwei Ebenen gleichzeitig ab. Wenn die verdeckte Ebene beiden Gesprächspartnern nicht bewusst ist, ist die Gefahr von Kommunikationsstörungen besonders gross.

26   Erklären Sie an einem Beispiel gemäss dem Quadrat-Gespräch, wie eine Aussage von Sender und Empfänger interpretiert werden kann.

27	Welchen Ebenen nach Schulz von Thun ordnen Sie die folgenden Begriffe zu:
	A] Vertrauen, Rang, soziale Stellung
	B] Thema, Sachinhalt
	C] Wunsch, Bitte, Befehl
	D] Ich-Botschaft, meine Meinung
28	Welche Aspekte könnten nach Schulz von Thun in der folgenden Aussage stecken:
	«In der letzten Woche flog ich dreimal von Zürich nach London. Beim dritten Mal wurde ich beim Zoll unheimlich gefilzt.»

5 Das Beratungsgespräch

Lernziele	Nach der Bearbeitung dieses Kapitels können Sie ...

- einige wichtige Voraussetzungen darstellen, die Ihnen in Ihrer Aufgabe als Berater oder Beraterin hilfreich sein können.

Schlüsselbegriffe

Ablauf eines Beratungsgesprächs, Akzeptanz im Gespräch, Beratungsgespräch, Beziehung in der Beratung, erste Kontaktaufnahme, Motivation zur Veränderung, Nachbetreuung, unterstützende Massnahmen

Stellen Sie sich folgende Situation vor: Eine Mitarbeiterin wendet sich an die Personalfachperson und bittet sie um Hilfe, weil sie nicht mehr ein und aus weiss. Sie leide an Dauererschöpfung, fühle sich überfordert und habe ständig Weinkrämpfe. Bei dieser Gelegenheit schluchzt sie und kann nicht mehr weitersprechen, weil sie von Emotionen überwältigt wird.

Solche Zustände sind Ihnen vielleicht bekannt und haben möglicherweise beklemmende Gefühle in Ihnen ausgelöst. Jemand bittet Sie um Hilfe und hofft, dass er die richtige Unterstützung für sein desolates Befinden erhält. Wie geben Sie nun die richtige Hilfe?

Helfen hat mit Geben zu tun. Wenn es Geber gibt, dann braucht es auch Nehmer. Oft ist Geben einfacher als Annehmen. Wer beschenkt wird, schenkt zurück. Wie funktioniert dies nun in einem Beratungsgespräch? Wer ist der Geber und wer der Nehmer? In einer erfolgreichen Beratung sind beide Gesprächspartner Geber und Nehmer. Wieso?

Nennen wir die Person, die um Hilfe bittet, der Einfachheit halber Klient und die angesprochene Person Beraterin. Für den Klienten braucht es grossen Mut und viel Anstrengung, bevor er es wagt, zur Beraterin zu gehen. Diesen Schritt unternimmt er nur, wenn er Vertrauen in die Beraterin hat und auch glaubt, dass sie ihm helfen kann. Der Klient gibt also Vertrauen. Kann nun die Beraterin dies annehmen und wie kann sie damit umgehen? Will sie dieses Geschenk denn überhaupt? Wird sie möglicherweise damit überfordert?

Was werden für **Voraussetzungen an die Rolle eines Beraters** gestellt? Wir möchten hier nochmals vertiefter auf die Erkenntnisse von C. R. Rogers eingehen, der drei wichtige Bedingungen stellt, die erfüllt werden müssen.

5.1 Drei Bedingungen für ein erfolgreiches Beratungsgespräch

5.1.1 Die Beziehung in der Beratung

Unter einer Beziehung wird u. a. eine Verbindung von Mensch zu Mensch verstanden. Beziehungen sind nicht an Zeiten geknüpft wie die einer Bindung, die längerfristig dauert und wichtige Voraussetzung einer Partnerschaft ist. Um in eine Beziehung zu treten, braucht es die innere Bereitschaft und das ehrliche Bestreben, auf die andere Person einfühlsam einzugehen und sie in ihrem Anderssein annehmen zu können. Die Beraterin muss zudem ehrlich sein und den Klienten schätzen. Falls die Beraterin ähnliche Probleme wie der Klient schon erlebt hat, darf sie diese nicht erwähnen und schon gar nicht darüber reden, wie sie sie gelöst hat. Es ist wichtig, dass sie sich abgrenzen kann. Es handelt sich um die Probleme des Klienten und nicht um ihre Probleme.

Im Ablauf des Gesprächs dürfen die Sorgen oder Probleme des Klienten nicht gewertet werden, weder positiv noch negativ. Ratschläge sind ebenso fehl am Platz wie Belehrungen. Die Sprache der Beraterin muss klar sein; sie darf nicht um den «Brei» herumreden, jedoch auch nicht verletzen.

Beispiel	

Klient: «Ich fühle mich so mies, ich glaube, ich werde gemobbt.»

Berater 1: «Das glaube ich nicht, das kann doch nicht sein.»

Beraterin 2: «Sie fühlen sich nicht akzeptiert und das macht Sie krank?»

Klient: «Mein Arbeitspensum wird immer grösser und der Druck nimmt zu.»

Berater 1: «Ja, ich verstehe Sie. Mir passiert das Gleiche in dieser Firma.»

Beraterin 2: «Sie leiden unter der zu hohen Arbeitsbelastung?»

Klient: «Ich kann mich einfach in diesem Grossraumbüro nicht auf die Arbeit konzentrieren.»

Berater 1: «Aber die andern Mitarbeitenden fühlen sich durch den Lärm auch nicht gestört.»

Beraterin 2: «Sie möchten eine gute Leistung erbringen und können es nicht, weil Sie sich abgelenkt fühlen?»

Sie können leicht nachvollziehen, wie sich der Klient nach den Bemerkungen des Beraters 1 fühlt. Mit diesen Killerphrasen ist die Grundlage für ein aufbauendes Gespräch beendet. Dem Berater ist es nicht geglückt, das Vertrauen als Geschenk anzunehmen.

Der Beraterin 2 ist es wahrscheinlich mit ihrer einfühlenden Art gelungen, eine Beziehung herzustellen. Sie bildet die Basis für den weiteren Gesprächsverlauf. Der Klient fühlt sich angenommen und ist bereit, Hilfe zuzulassen.

Wir haben bereits im Kapitel 3.1 die drei Bedingungen besprochen, die gemäss Carl R. Rogers erfüllt werden müssen, damit ein Gespräch konstruktiv verläuft:

- Beziehung
- Akzeptanz
- Motivation zur Veränderung

Wir betrachten die Akzeptanz und die Motivation zur Veränderung nochmals von einem anderen Blickwinkel.

5.1.2 Die Akzeptanz im Gespräch

Von **Sympathie und Antipathie** bleibt auch der Berater nicht verschont. Nicht jede um Rat suchende Person verfügt über ein gewinnendes Auftreten; möglicherweise hat sie durch ihr Verhalten schon Ärger bereitet oder im Team Konflikte verursacht. Es kann auch sein, dass sie überhaupt nicht ins Weltbild des Beraters passt. Solch ein Fall stellt hohe Ansprüche an einen Berater und setzt eine gereifte Persönlichkeit voraus. Hier braucht es sehr viel Kraft, um die eigenen Gefühle in den Griff zu kriegen und mit Objektivität auf den Klienten einzugehen und ihn in seiner Individualität anzunehmen.

Akzeptanz im Gespräch schaffen kann nicht nur verbal, sondern auch nonverbal geschehen, so z. B. durch Kopfnicken, Blickkontakt, aufmunterndes Lächeln (nicht Grinsen), gelegentliches Räuspern wie z. B. mm-hmm usw. Auch die ganze Körperhaltung durch ein sich dem Klienten wohlwollendes Zuwenden strahlt Akzeptanz aus. Dabei sind auch die Sitzordnung und der Abstand zu beachten. Zu viel Nähe kann Ängste auslösen, zu viel Distanz kann Verlorensein bewirken. Körperkontakt soll vermieden werden, da dies als Bedrohung oder als Einmischung in die Intimsphäre empfunden werden kann.

5.1.3 Die Motivation zur Veränderung im Gespräch

Menschen, die Hilfe suchen, leiden unter einer unerfreulichen Situation, die sie krank, hilflos oder unglücklich macht. Sie möchten diesen Zustand ändern, wissen aber nicht wie und sehen auch keine passenden Wege. Oft wollen oder können sie die Ursachen nicht erkennen; der Klient glaubt auch oft, dass die Umgebung schuld ist an seiner Misere. Er hat nicht die Kraft und das objektive Denken, um sich selbst zu hinterfragen oder von sich aus etwas an seinem Verhalten zu verändern.

Es ist eine gute Ausgangslage für das Beratungsgespräch, wenn die Beratenden die verschiedenen Gesprächstechniken und die Gesprächsmodelle der Transaktionsanalyse und des Vierohrenmodells kennen. Wir wollen nun aber noch vertiefter auf dieses Thema eingehen, in eine Situation, in der die seelischen Stärken der beteiligten Personen ungleich verteilt sind. Was ist dabei zu beachten?

5.2 Ablauf eines Beratungsgesprächs

5.2.1 Erste Kontaktnahme

Zuerst muss man das eigene Verhalten betrachten. Wie ist meine Einstellung der Klientin gegenüber? Wie ist mein persönliches Befinden? Was weiss ich über die Klientin? Was kann ich für Hilfe anbieten? Wie viel Zeit steht mir zur Verfügung? Während des Gesprächs darf es keine Störungen von aussen geben.

Manchmal platzt der Klient auch einfach in das Büro der Beraterin hinein, vielleicht sogar zu Unzeiten. Wie soll sich die Beraterin dann verhalten – ohne Vorbereitung und möglicherweise in Zeitknappheit? Wer den Klienten dann wegschickt, hat ihn wahrscheinlich verloren.

Im Beratungsgespräch soll der Klient in die Lage versetzt werden, sein Problem selber zu lösen.
Bild: www.fotolia.de

Beispiel	Klient: «Kann ich mit Ihnen sprechen? Mir reicht es nun langsam!»
	Beraterin: «Setzen Sie sich doch bitte und erzählen Sie, um was es geht. Ich habe zwar nur zehn Minuten Zeit, möchte Ihnen aber gerne so lange zuhören. Nach dem Interview habe ich aber dann genügend Zeit zur Verfügung. Geht es Ihnen um 11.00 Uhr?»

In zehn Minuten kann ein Klient erstaunlich viel erzählen. Die Beraterin soll lediglich zuhören und aufnehmen, möglicherweise reflektieren, sich aber noch auf keine Beratung einlassen. Sie muss dem Klienten auch sagen, dass sie nur zuhören und noch keine Stellung beziehen will. Wichtig ist, dass die Beraterin das Gespräch nach zehn Minuten abbricht und dafür dankt, dass der Klient zu ihr gekommen ist. Das Nachfolgegespräch muss zum ersten freien Termin erfolgen.

5.2.2 Unterstützende Massnahmen

Dem Klienten fällt es oft nicht einfach, über seine Probleme zu reden. Aufmunternde Worte, wie z. B. «Sie möchten mir etwas mitteilen, was Sie bedrückt. Sie dürfen mit mir über alles sprechen», geben ihm Mut sich auszudrücken und beweisen aktives Zuhören.

Reflektierende, zusammenfassende Fragen helfen, die Beziehung aufrechtzuerhalten. Auch wenn man nachfragt und nach weiteren Erklärungen bittet, erhält man genauere Informationen über die Sorgen und Ängste. Man kann z. B. fragen: «Verstehe ich Sie recht? Was meinen Sie genau damit? Wie haben Sie dies erlebt und wie haben Sie sich dabei gefühlt?»

Richtungsweisende Fragen, wie z. B. «Was erwarten Sie nun von mir? Was glauben Sie, was ich für Sie tun kann? Was möchten Sie verändern können? Wie wollen wir nun weiter verbleiben? Wie lange können Sie diese Situation noch aushalten?» sind auch zielführend.

Manchmal bedarf es auch ganz konkreter Fragen, wie z. B. «Haben Sie schon einen Arzt aufgesucht? Entstehen für Sie materielle Probleme? Wissen Ihre Angehörigen Bescheid? Möchten Sie eine externe professionelle Beratung beanspruchen?»

Je nach Schicksalsschwere ist damit zu rechnen, dass der Klient in Emotionen ausbricht. Es ist wichtig, ihm Zeit zu lassen, denn Weinen oder Schimpfen kann die seelische Verkrampfung lösen. Die Beraterin muss diesen Zustand aushalten können und ruhig bleiben. Es ist aber ihre Aufgabe, den Klienten nach einer gewissen Zeit, aus diesem Zustand herauszuführen, indem sie z. B. sagt: «Es tut gut, sich ausweinen zu können, denn dann fällt es einfacher wieder weiterzugehen. Geht es wieder, können Sie weitersprechen? Möchten Sie einen Kaffee, ein Mineralwasser?»

Beratungsgespräche erfordern sehr **viel Zeit.** Dennoch sind sie **begrenzt.** Sobald es zu Wiederholungen kommt, weil Klient und Berater ermüden, und wenn erhoffte Ziele nicht erreicht werden können, ist es zweckmässig, das Bisherige zusammenzufassen und einen nächsten Termin zu vereinbaren. Es macht Sinn, dem Klienten auch das Thema vorzugeben, das im zweiten Gespräch erarbeitet werden soll. Er kann sich so gut vorbereiten und sich in der Zwischenzeit seelisch erholen. Der grösste Druck ist mit dem ersten Gespräch nun weg. Das Gespräch kann wie folgt beendet werden: «Ich denke, dass wir heute viel erreicht haben und Schluss machen sollten. Ich spüre, dass Sie nun müde sind, und möchte das Gespräch an einem andern Termin weiterführen. Ich sehe, dass die vereinbarte Zeit nun vorbei ist und wir zu einem andern Zeitpunkt weiterreden sollten.»

Eine Klientin stellt womöglich die Fragen: «Was soll ich nun tun? Was raten Sie mir?» Die Beraterin darf und soll auch **mehrere Wege aufzeigen,** die aus ihrer Sicht zu einem Ziel führen könnten. Ob diese auch für die Klientin gangbar sind, muss gemeinsam mit allen Vor- und Nachteilen erörtert werden. Dabei ist zu beachten, dass die Impulse vom Klienten ausgehen und dass er die verschiedenen Facetten erkennt.

Wie geht der Berater vor, wenn der Klient im **Selbstmitleid** versinkt, sich nicht aktiv an seiner Problemlösung beteiligen und gar seine Probleme an die Beraterin delegieren will? In diesem Fall ist es angezeigt, die Problematik anzusprechen, das Verhalten zu spiegeln, klar und deutlich die Positionen festzulegen, konsequent in der Haltung zu bleiben und lediglich Hilfe zur Selbsthilfe anzubieten. Zum Beispiel: «Ich verstehe, dass Sie momentan die Kraft nicht haben, aus diesem Zustand herauszukommen. Wie lange denken Sie, brauchen Sie noch Zeit dafür? Sie sind der Meinung, dass der Konflikt nur durch die andern Kollegen entstanden ist und diese sich zuerst ändern müssen? Ich möchte jetzt gerne von Ihnen hören, welche ersten Schritte Sie unternehmen können, um diese Probleme zu lösen.»

Menschen, die seelisch leiden, sind in ihrem **Selbstwertgefühl beeinträchtigt**, fühlen sich minderwertig und haben **Schuldgefühle**. Ein einziger Misserfolg macht alle anderen Erfolge nutzlos. Die Beraterin muss den Klienten verbal und nonverbal darin unterstützen, dass er o. k. ist, dass schwierige Zustände zum Leben gehören und dass er diese aber auch meistern kann. Zum Beispiel: «Sie glauben, im Leben versagt zu haben. Aber überlegen Sie sich doch mal, was Sie schon alles erreicht haben.»

5.2.3 Professionelle Betreuung

Was tun, wenn die eigenen Fähigkeiten für eine Hilfeleistung nicht genügen? Schwerwiegende seelische Probleme benötigen eine längere Genesungsdauer und sind nur therapeutisch zu beheben. In diesem Fall ist die Hilfe eines professionellen Beraters angezeigt, der speziell dafür ausgebildet ist. Es gehört zu den Aufgaben einer Personalfachperson, die nötigen administrativen und versicherungstechnischen Schritte einzuleiten und die Mitarbeiterin bei der Wahl der externen Fachperson zu unterstützen. Man muss mit der Mitarbeiterin vereinbaren, wann eine weitere Standortbestimmung stattfinden soll.

5.2.4 Schlussgedanke

Mit Mut, Zuversicht, Selbstvertrauen und Einfühlungsvermögen kann eine Personalfachperson erste Beratungsgespräche führen. Nicht immer geht es um bedrohende psychische Probleme. Oft sind es falsche Einschätzungen, Übermüdungen, fehlende offene Gespräche, die Schwierigkeiten bereiten. Man muss die Probleme der Mitarbeitenden jedoch ernst nehmen. Die beste Hilfe ist, wenn wir es schaffen, dem andern die Augen zu öffnen, seinen Blickwinkel zu erweitern, damit er sein Leben selbst meistern kann.

Kommen wir nochmals auf das Beispiel des Mobbings zurück und versuchen wir kurz durchzuspielen, wie das Gespräch verlaufen könnte (K. ist die Klientin und B. ist der Berater).

Beispiel	K. Haben Sie Zeit für mich? Es geht mir nicht gut.

B. Ja, natürlich kommen Sie nur. Ich habe erst in einer Stunde wieder einen Termin.

K. Ich kann nicht mehr, ich halte es nicht mehr aus, ich werde gemobbt. (Dabei bricht sie in Tränen aus.)

B. (etwas kurz abwartend) Ich sehe, dass es für Sie schlimm ist und dass Sie sich nicht gut fühlen. Möchten Sie etwas zu trinken? Können Sie schon sprechen? Ich möchte Ihnen gerne zuhören.

K. Ja, es geht wieder. Ich werde von meinen Kollegen ausgeschlossen. Ich erhalte sehr oft wichtige Mitteilungen nicht.

B. Wenn ich Sie recht verstehe, fühlen Sie sich übergangen?

K. Ja, genau so ist es. Alle andern wissen stets über alles Bescheid, nur ich nicht.

B. Hmmm. Können Sie mir etwas genauer erklären, was die andern mehr wissen?

K. Wenn zum Beispiel neue Kollektionen eintreffen, erfahre ich dies erst einen Tag später, oder wenn es um Sitzungstermine geht, werde ich einfach vor Tatsachen gestellt. Ich werde nicht gefragt, ob es mir dann passt.

B. Ich verstehe, dass Sie deshalb verunsichert sind. Glauben Sie, dass Ihre Kollegen dies böswillig tun?

K. Böswillig? Ich weiss nicht recht. Aber wieso verhalten sie sich denn so?

B. Irgendwie fühlen Sie sich bedrängt. Sie möchten nicht daran glauben, dass die andern böswillig sind, und trotzdem haben Sie ein unbehagliches Gefühl?

K. Es ist einfach nicht mehr wie früher.

B. Was war Ihrer Meinung nach denn früher besser?

K. Wir hatten mehr Zeit füreinander, trafen uns auch oft nach der Arbeit; es war irgendwie gemütlicher.

B. Und diese Gemeinsamkeiten fehlen Ihnen nun? Wieso denken Sie, ist es heute anders?

K. Alle sind überlastet, die ewigen Reorganisationen machen einen doch auch fertig.

B. Wie können Sie mit diesen Reorganisationen umgehen?

K. Ich? Ja, mir gehen sie auch auf die Nerven. Ich bin abends jeweils todmüde und will nur noch nach Hause.

B. Kann es sein, dass Ihre Kollegen dies ähnlich erleben?

K. Vielleicht schon, kann sein. Sie meinen, dass meine Kollegen auch ausgelaugt sind?

B. Dies wäre doch eine Möglichkeit. Haben Sie mit Ihren Kollegen schon mal darüber gesprochen?

K. Nein, natürlich nicht. Die sind doch nicht daran interessiert. Die haben doch gar keinen Gemeinschaftssinn mehr.

B. Es fällt mir auf, dass Sie keine sehr gute Meinung über Ihre Kollegen haben. Wie bezeichnen Sie Ihr eigenes Verhalten gegenüber Ihren Kollegen?

K. So, aha, also jetzt bin ich die Schuldige?

B. Nein, es geht nicht um Schuldige, sondern um eine Wiederherstellung der früheren guten Beziehungen, die Ihnen so viel gebracht haben. Wer müsste denn den ersten Schritt tun?

K. Ja, alle könnten diesen tun! Vielleicht könnten Sie mit den Kollegen reden.

B. Wie wäre es, wenn Sie sich überlegen würden, was für Sie möglich ist? Ich bin dann gerne bereit, mit Ihnen diese nächsten Schritte zu besprechen und Sie bei der Umsetzung zu unterstützen.

K. Ich weiss nicht recht, ob mir etwas einfällt.

B. Wie haben Sie es früher in den guten Zeiten gemacht?

K. Da war eben alles anders!

B. Ich denke aber, dass Sie es schaffen werden; Ihnen bedeutet doch das Team so viel. Wollen wir uns in einer Woche wieder treffen? Möchten Sie das? In der Zwischenzeit könnten Sie auch notieren, was alles negativ für Sie verläuft.

K. O. k., kann ich ja machen. Ich weiss zwar nicht, ob es etwas bringt.

B. Lassen wir uns überraschen. So schnell möchte ich nicht aufgeben. Falls aber etwas Schwieriges für Sie vor unserem Termin eintreffen sollte, kommen Sie doch vorbei. Ich werde Sie nicht im Stich lassen.

| Zusammenfassung | Im Beratungsgespräch ist es wichtig, den Klienten so zu begleiten, dass er sein Problem selber lösen kann. Jedes selbst gelöste Problem stärkt das Selbstwertgefühl und gibt Mut, sich weiteren Herausforderungen stellen zu wollen. Der Klient neigt gerne dazu, sein Problem delegieren zu wollen. Hier muss sich die Beraterin klar abgrenzen und in ihrer Haltung konsequent bleiben. Andernfalls wird sie zum Problemfall. |

Repetitionsfragen

29	Nennen Sie drei wichtige Voraussetzungen gemäss C. R. Rogers für ein Beratungsgespräch.
30	Wie soll eine Beraterin auf folgende Aussage eines Klienten reagieren: Klient: «Ich habe es nun endgültig satt, stets für die andern auch noch den Kopf hinzuhalten.» Beraterin: ...
31	Was versteht man in einem Beratungsgespräch unter «unterstützende Massnahmen anbieten»?
32	Wo liegen die Grenzen eines Beratungsgesprächs im Unternehmen?
33	Geben sie ein Beispiel für eine richtungsweisende Frage.

5 Das Beratungsgespräch

Teil C   Führung

6   Die Führungsperson

Lernziele   Nach der Bearbeitung dieses Kapitels können Sie ...

- erklären, welche Merkmale eine erfolgreiche Personalführung charakterisieren.
- die Theorie der Menschenbilder nach McGregor beschreiben.
- die vier Phasen von Gruppenprozessen darstellen.

Schlüsselbegriffe   Charisma, Fachkompetenz, Forming-Phase, Führungsaufgaben, Führungskompetenz, Führungsperson, Gruppenprozesse, Kompetenzen, McGregor (D.), Methodenkompetenz, Mitarbeiterorientierung, Norming-Phase, Performing-Phase, Selbstkompetenz, Sozialkompetenz, Storming-Phase, Suggestionskraft, Theorie der Menschenbilder, Theorie X, Theorie Y

Man war lange der Auffassung, Führung brauche sich nur mit einer Seite des Menschen auseinanderzusetzen – mit seiner Leistungsfähigkeit. Heute setzt sich mehr und mehr ein Führungsverständnis durch, das das Unternehmen als ein System in einer sich wandelnden Umwelt und den Menschen in seiner ganzheitlichen Energie betrachtet. Wie erfolgreich eine Führung schlussendlich ist, hat auch mit dem Reifegrad der Führungsperson zu tun und damit, wie sie die vorhandenen Führungshilfsmittel einsetzen kann.

6.1   Voraussetzungen für erfolgreiche Personalführung

Das Fundament jeder Führung ist der Mensch. Wie kann er mit sich selbst umgehen, hat er seine Impulse und sein Temperament im Griff, ist er konfliktfähig und schätzt er seine Fähigkeiten realistisch ein? Von ihm hängt es weitgehend ab, ob überhaupt, wie und auf welche Art die Ziele erreicht werden können. Zu Beginn dieses Kapitels wollen wir uns deshalb der **Person** widmen, die eine Führungsaufgabe übernimmt.

Ist die Fähigkeit zur Führung angeboren oder kann sie erworben werden? Es gibt Menschen, die das Talent und ein gutes Gespür besitzen, um im richtigen Moment die richtigen Entscheide zu treffen. Führung hängt aber von verschiedenen Faktoren ab. Es ist auch nicht erwiesen, dass bestimmte Eigenschaften für den Führungserfolg massgebend sind.

In der folgenden Abbildung sehen Sie die Voraussetzungen für eine erfolgreiche Personalführung.

Abb. [6-1]   Die Voraussetzungen für eine erfolgreiche Personalführung

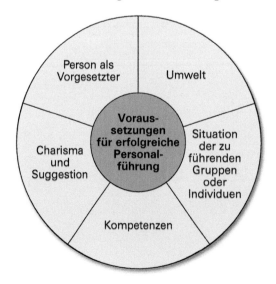

Wir beschreiben die einzelnen Voraussetzungen im folgenden Text.

A] Die Person als Vorgesetzte(r)

- Anlagen, Fähigkeiten, charakterliche Eigenschaften
- Entwicklungsgeschichte, Persönlichkeitsstruktur
- Einstellung, Menschenbild
- Führungserfahrung, Führungsverhalten

B] Umwelt

- Interne Organisation der Unternehmung
- Inhalt der Aufgabe
- Marktlage, gesellschaftliche Umwelt

C] Die Situation der zu führenden Gruppe oder Individuen

- Erwartungen, Bedürfnisse, Einstellungen der Mitarbeitenden
- Gruppennormen, Werte, Integrationsgrad
- Kultur der einzelnen Mitarbeitenden

Eine Führungspersönlichkeit ist dann erfolgreich, wenn es ihr gelingt, die leistungs- und auch die mitarbeiterbezogenen Ziele zu erreichen. Die Zielerreichung setzt voraus, dass der Vorgesetzte über folgende **Voraussetzungen** verfügt:

- Gute Fachkenntnisse, Wissen und Können
- Ist leistungsbezogen, kann fordern und fördern
- Kann sich verständlich mitteilen und ist beziehungsfähig

D] Die Kompetenzen

Aus all diesen Merkmalen heraus entwickeln sich im positiven Fall folgende Fähigkeiten oder Kompetenzen, die zum Erfolg führen:

Fachkompetenz

- Über das notwendige Wissen und Fachkenntnisse verfügen
- Praxiskenntnisse haben
- Fähigkeit, Informationen adressatengerecht weiterzugeben
- Sich weiterbilden

Selbstkompetenz

- Realistische Selbsteinschätzung und Selbstreflexion, sich der eigenen Stärken und Schwächen bewusst sein
- Selbstdisziplin
- Leistungsbezogenes Handeln
- Die Verantwortung für das eigene Verhalten übernehmen

Sozialkompetenz

- Beziehungsfähig sein, auf andere zugehen und zuhören können, Kontakte knüpfen
- Sich klar und verständlich mitteilen können, Richtlinien erstellen, Ziele aufzeigen
- Akzeptanz anderer Gesinnung, Kultur oder Meinungen
- Den eigenen Standpunkt vertreten und zur eigenen Meinung stehen

Methodenkompetenz

- Situationsgerecht, richtige Massnahmen ergreifen
- Prioritäten setzen, Wesentliches erkennen, Entscheide treffen
- Den Weg zum Ziel kennen, Theorien in eine praxistaugliche Form bringen
- Effizient mit Zeit und eigenen Kräften umgehen

Führungskompetenz

- Umsetzen der Leitideen und der Unternehmenspolitik
- Strategisches, zielorientiertes Führen
- Flexibilität, sich auf neue Situationen einzulassen
- Mitarbeitende ihren Stärken entsprechend einsetzen und sie dabei unterstützen, erfolgreich zu sein

Zwei weitere wichtige Charaktereigenschaften sind das **Charisma** oder die **Suggestionskraft**. Diese sind nicht einfach zu erlernen; sie sind ein Ergebnis einer besonderen Ich-Stärke.

E] Charisma und Suggestion

Charisma

Das Wort stammt aus dem Griechischen und bedeutet die Gnadengabe, die einem Menschen durch den Geist Gottes besondere Befähigungen vermittelt. Der Mensch verfügt dann über eine besondere Ausstrahlungskraft. Ein Mensch mit Charisma kann nur ein freundliches, wohlwollendes und gereiftes Menschenbild in sich tragen.

Suggestion

Menschen mit einer hohen Suggestionskraft verfügen auch über eine besondere Ausstrahlung, mit der sie andere in ihren Bann ziehen können. Suggestion ist eine Beeinflussung, die sich positiv und aufbauend oder aber vernichtend auf die Menschen auswirkt. Mit der Suggestion möchte man Menschen beeinflussen und sie dazu benutzen, die eigenen Ziele und Ideen zu verwirklichen, unabhängig davon, ob der betreffende Mensch das auch wirklich möchte. Es ist also wichtig unterscheiden zu können, ob eine Führungsperson über Charisma oder Suggestionskraft verfügt, bevor man ihr Vertrauen schenkt.

Eine weitere Eigenschaft, die sich auf die Führung auswirkt, ist das **Menschenbild eines Vorgesetzten**. Wie ist seine Einstellung den Mitarbeitenden gegenüber? Douglas McGregor hat eine Theorie über Menschenbilder entwickelt, die wir im folgenden Kapitel beschreiben.

6.2 Die Theorie der Menschenbilder gemäss D. McGregor

Welches Menschenbild haben Vorgesetzte von ihren Mitarbeitenden? Welche Grundmotive bringen die Mitarbeitenden dazu, sich für die Aufgabenerfüllung im Unternehmen zu engagieren? Mit diesen Fragen hat sich als einer der Ersten Douglas McGregor beschäftigt, dessen Theorien X und Y idealtypisch zwei entgegengesetzte Menschenbilder bzw. Motivstrukturen beschreiben.

In jeder Führungshandlung eines Vorgesetzten spiegelt sich das Menschenbild, das er von seinen Mitarbeitenden hat. Aber auch der Mitarbeiter hat ein Menschenbild von seinem Vorgesetzten, das einen entscheidenden Einfluss auf die Führung haben kann.

Theorie X

- Der Mensch hat eine angeborene Abneigung gegen die Arbeit und versucht, sie so weit wie möglich zu vermeiden.
- Deshalb müssen die meisten Menschen kontrolliert, geführt und mit Strafandrohung gezwungen werden, einen produktiven Beitrag zur Erreichung der Organisationsziele zu leisten.
- Der Mensch möchte gern geführt werden, er möchte Verantwortung vermeiden, hat wenig Ehrgeiz und wünscht vor allem Sicherheit.

Theorie Y

- Die Arbeit ist für den Menschen eine wichtige Quelle der Zufriedenheit.
- Wenn der Mensch sich mit den Zielen der Organisation identifiziert, sind externe Kontrollen unnötig; er wird Selbstkontrolle und eigene Initiative entwickeln.
- Die wichtigsten Anreize sind die Befriedigung von Ich-Bedürfnissen und das Streben nach Selbstverwirklichung.
- Der Mensch sucht Verantwortung. Er möchte seinen Einfallsreichtum und seine Kreativität möglichst aktivieren.

Abb. [6-2] Die Theorie X und die Theorie Y

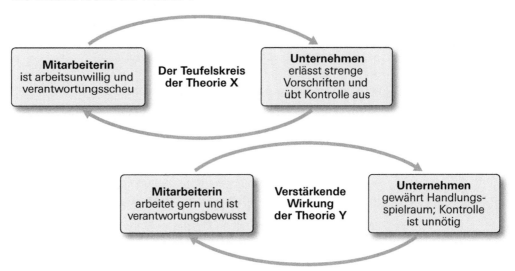

Die beiden Abbildungen zeigen die Auswirkungen der beiden Theorien. Bei **Theorie X** liegt ein Teufelskreis vor. Da der Vorgesetzte die Mitarbeiterin für arbeitsunwillig hält, erlässt er Vorschriften. Dies bewirkt, dass die Mitarbeiterin nicht gern arbeitet, sodass wiederum Vorschriften nötig sind. Bei **Theorie Y** hingegen geht der Vorgesetzte davon aus, dass die Mitarbeiterin gern arbeitet, und gewährt ihr Handlungsspielraum in ihrer Tätigkeit. Dadurch engagiert sich die Mitarbeiterin für die Arbeit und macht diese gern, sodass keine Vorschriften nötig sind.

Einstellungen werden beim Menschen durch Erfahrungen, Erlebnisse und durch seine eigene Entwicklung geprägt. Sie sind nicht von heute auf morgen entstanden, sondern wurzeln tief in der Vergangenheit und lassen sich nur schwer verändern. Die Einstellungen haben aber einen grossen Einfluss auf das Führungsverhalten.

Eine Führungsperson, die ein Menschenbild X oder Y in sich trägt, führt die Mitarbeitenden entsprechend diesen Vorstellungen und verhält sich danach. Das wirkt sich auf die Beziehung zu den Mitarbeitenden aus. Wenn ein Mitarbeiter von seinem Vorgesetzten als unfähig eingeschätzt wird – möglicherweise völlig unbegründet – erhält er keine Chance, sich zu entwickeln. Er bleibt unfähig; der Vorgesetzte fühlt sich in seinem Menschenbild bestätigt: Der Mitarbeiter ist faul und denkt nicht gerne mit. Hier liegt eine **selbsterfüllende Prophezeiung** vor. Das Menschenbild eines Vorgesetzten trägt massgebend dazu bei, ob seine Mitarbeitenden erfolgreich tätig sind oder sich weitgehend vor der Arbeit drücken.

6.3 Gruppenprozesse

Führungspersonen müssen nicht nur Einzelpersonen, sondern auch Gruppen führen. Das Führen einer Gruppe stellt hohe Anforderungen an den Vorgesetzten. Er muss jedem Mitarbeitenden gerecht werden und ihn möglichst situativ führen. Dazu kommt, dass er verantwortlich für die erfolgreiche Zusammenarbeit im Team ist. Die Mitarbeitenden stehen oft in einem Wettbewerb zueinander und jeder ist auf seine eigene Rolle konzentriert. Nicht nur bei einer personellen Veränderung im Team, sondern jeden Tag aufs Neue läuft deshalb ein Gruppenprozess auf der zwischenmenschlichen Ebene ab.

Im Gruppenprozess ergeben sich **folgende Fragen:**

- Wer bin ich und wie soll ich mich in der Gruppe verhalten?
- Welches ist mein Platz in der Gruppe?
- Wie werde ich von den anderen akzeptiert?
- Welches ist meine Aufgabe?
- Kann ich meine Ziele in der Gruppe verwirklichen?

Wir unterscheiden vier Phasen der gruppendynamischen Prozesse:

- Forming-Phase: sich orientieren
- Storming-Phase: sich auseinandersetzen, Konfliktphase
- Norming-Phase: sich finden, Konsens- und Kompromissphase
- Performing-Phase: Erfüllung der Aufgaben

Wir beschreiben die einzelnen Phasen im Folgenden:

6.3.1 Forming-Phase

Die erste Phase beinhaltet stets das Erkennen des eigenen Verhaltens und der eigenen Bedürfnisse sowie das Verhalten und die Bedürfnisse der andern. Es geht dabei um Fragen wie: Was will ich, was wollen die andern, stimmen die Wünsche überein, wie ist die gegenseitige Akzeptanz, was sind die unterschiedlichen oder gemeinsamen Ziele usw.? Der Umgang in einer neuen Gruppe ist vorerst höflich, abwartend und distanziert. Man möchte zuerst sehen, wo man steht, und vielleicht, wie man durch die anderen wahrgenommen wird. Oft spielen momentane Launen eines Gruppenmitglieds eine Rolle, die das Klima sehr stark beeinflussen können.

6.3.2 Storming-Phase

Die zweite Phase wird durch Konflikte und Konfrontationen verschiedener Meinungen geprägt. Oft reagieren die Teilnehmer ärgerlich, kritisch aufeinander, ja sogar feindselig. Das vorerst höfliche Verhalten macht Machtansprüchen Platz. Es liegt nun am Moderator darauf zu achten, ob Konflikte auf der Beziehungs- oder auf der Sachebene vorliegen.

Zur **Beziehungsebene** gehören die gegenseitige Akzeptanz, das Vertrauen in die eigenen Möglichkeiten und Fähigkeiten und diejenigen der anderen, die Offenheit, Gefühle und Wahrnehmungen zuzulassen und mitzuteilen und auch der Wille, die gemeinsamen Ziele erreichen zu wollen.

Zur **Aufgabenebene** gehören die Mittel, mit denen diese Ziele erreicht werden können und die Verfahren, die Methoden oder Techniken, mit denen gearbeitet werden soll.

In dieser Phase drücken die Teilnehmer einen Teil der aufgestauten Gefühle – feindselige Wettbewerbsgefühle, Unsicherheit, Selbstbehauptungstendenzen usw. – aus. Nachdem sie ihre Gefühle ausgelebt haben, sind sie in der Lage, sich auf einer anderen Ebene mitzuteilen. Sie realisieren, dass sie sich mit übertriebenem Konkurrenzverhalten selbst schaden. Die Kommunikation wird offener und die Reaktionen werden echter. Die Teilnehmer lernen sich besser kennen und verstehen. Sie können auf Wünsche, Bedürfnisse und andere Ansichten eingehen.

6.3.3   Norming-Phase

Im Bereich der Beziehungen entwickelt sich in dieser Phase ein grosses Mass an **Gruppenzusammenhalt**. Die Gruppe ist für die Teilnehmer attraktiv geworden. Es können Kompromisse geschlossen werden. Im idealen Fall kommt es sogar zur Konsensfindung.

Die Gruppe wird nicht länger als gefährlich erlebt, sondern als Einheit, die dem einzelnen Teilnehmer das Leben leichter und wertvoller machen kann. Die Mitglieder versuchen, einander zu respektieren und sich nicht gegenseitig auf die Füsse zu treten. Dies wiederum kann zu Spannungen führen und die Harmonie stören. Da fast keine Rivalität mehr ausgedrückt werden darf, zeigt sich eine gewisse Sterilität und Wirkungslosigkeit der Arbeit. Resistenz und Passivität vieler Teilnehmer blockieren weitere Fortschritte.

6.3.4   Performing-Phase

In den ersten drei Phasen wurden die Energien weitgehend für die Beziehungsebene verbraucht. In dieser vierten Phase kann die Kraft für die Aufgaben eingesetzt werden. Je nachdem wie die Gruppe gelernt hat, miteinander umzugehen, entwickelt sich eher eine technokratische oder eine prozessorientierte Gruppe.

Es ist die Aufgabe der Führungsperson oder allenfalls der Moderatorin, dafür zu sorgen, dass bereits in der ersten Phase keine Konflikte vorhanden sind oder dass sie allenfalls angesprochen werden. In jeder weiteren Phase muss interveniert werden, falls vom Ziel abgewichen wird oder wenn die Kommunikationsregeln nicht eingehalten werden. Diese Gruppenprozesse laufen immer ab, sowohl bei einer bestehenden als auch bei einer neu formierten Gruppe.

Erfolgreiche Personalführung ist von folgenden Merkmalen abhängig:

- Person des Vorgesetzten
- Umwelt
- Situation der zu führenden Gruppen oder Personen
- Kompetenzen
- Charisma und Suggestion

D. McGregor entwickelte die Theorie der Menschenbilder. Theorie X geht davon aus, dass der Mitarbeiter eine angeborene Abneigung gegen die Arbeit hat und daher kontrolliert und geführt werden muss. Theorie Y beruht auf der Annahme, dass der Mensch sich in der Arbeit verwirklichen will. Der Vorgesetzte fördert daher die Eigeninitiative und die Verantwortungsbereitschaft jedes Einzelnen.

Gruppenprozesse laufen in der Regel in vier Phasen ab:

- Forming-Phase
- Storming-Phase
- Norming-Phase
- Performing-Phase

In der Forming-Phase lernen die Gruppenmitglieder sich kennen und konzentrieren sich noch wenig auf die Aufgabe. In der Storming-Phase kommt es zu Konflikten und Konfrontationen mit den Meinungen der anderen Gruppenmitglieder. Es werden Machtkämpfe ausgetragen. In der Norming-Phase entwickelt sich ein Gruppengefühl. Es bilden sich von allen akzeptierte Normen und bestimmte Rollenverhalten. Bei der Performing-Phase steht die Erfüllung der Aufgabe im Vordergrund.

Repetitionsfragen

34	Wie sieht der Y-Kreislauf nach McGregor aus?

35 Für welches Menschenbild nach McGregor sind folgende Aussagen typisch:

A] Wenn ich meinen Mitarbeitenden nicht genau vorschreibe, was sie zu tun haben, machen sie gar nichts.

B] Meine Leute arbeiten selbstständig und sind motiviert.

C] Ich kann meinen Mitarbeitenden vertrauen, denn sie erbringen eine optimale Leistung.

D] Meine Untergebenen sind alle faul. Sie arbeiten nur, damit sie am Ende des Monats ihren Lohn kassieren können.

36 Nennen Sie die verschiedenen Phasen der Gruppenprozesse, die bei der Bildung von Gruppen zustande kommen, und beschreiben Sie diese mit einigen Stichworten.

37 Was versteht man unter

A] Charisma und

B] Suggestion?

38 Was versteht man unter Sozialkompetenz? Führen Sie drei Punkte auf.

7 Führungsstil und MbO

Lernziele	Nach der Bearbeitung dieses Kapitels können Sie ...

- die einzelnen Führungsstile unterscheiden.
- die Führungstechnik Management by Objectives beschreiben.

Schlüsselbegriffe	Aufgabenorientierung, autoritärer Führungsstil, Blake (R. R.), Charisma, eindimensionaler Führungsstil, Führen durch Zielvereinbarung, Führungsstil, kooperativer Führungsstil, Kritik, Management by Objectives, Managerial Grid, Mitarbeiterorientierung, Mouton (J. S.), Reifegradmodell, Reifestadien, situatives Führungsverhalten, Verhaltensgitter, zweidimensionaler Führungsstil

Mit dem Begriff Führungsstil wird die situationsbeständige, persönliche Grundeinstellung des Vorgesetzten bezeichnet, die sein langfristig relativ stabiles Führungsverhalten gegenüber den Mitarbeitenden bestimmt.

Wir werden in der Folge drei Arten von Führungsstilen besprechen:

- Der eindimensionale Führungsstil
- Der zweidimensionale Führungsstil
- Das situative Führungsverhalten

Danach besprechen wir die Führungstechnik Management by Objectives (MbO).

7.1 Führungsstile

7.1.1 Der eindimensionale Führungsstil

Man spricht von eindimensionalem Führungsstil, wenn **eine** Einflussgrösse im Führungsprozess den Stil bestimmt. So eine Einflussgrösse kann die **Ausprägung der Mitarbeiterbeteiligung an betrieblichen Entscheidungsprozessen** sein. Je nach dem Ausmass, in dem ein Vorgesetzter seine Mitarbeitenden an betrieblichen Entscheidungsprozessen teilnehmen lässt, ergeben sich dann der autoritäre und der kooperative Führungsstil.

Von einem extrem **autoritären Führungsstil** wird dann gesprochen, wenn der Vorgesetzte alle Entscheidungen im Unternehmen allein fällt, ohne seine Mitarbeitenden zu konsultieren. Der Chef entscheidet, setzt seine Entschlüsse durch und wacht über deren Ausführung. Alle Anordnungen kommen direkt von ihm und sind widerspruchslos zu erfüllen.

Was können die Ursachen dafür sein, dass ein Vorgesetzter vorwiegend autoritär führt?

- Die Unternehmensstruktur fördert und begünstigt die autoritäre Führung.
- Die Aufgaben lassen keine andere Führungsform zu.
- Es herrscht die Einstellung vor, die zu einem Menschenbild X geführt hat.
- Die Mitarbeitenden sind zu wenig geschult und wären mit einem kooperativen Führungsstil überfordert.
- Der Vorgesetzte ist unsicher, überfordert oder unfähig als Moderator oder Koordinator zu führen.
- Der Vorgesetzte hält an seiner Amtsautorität und seinem Machtstreben fest.
- Die Persönlichkeitsstruktur des Vorgesetzten weist noch Defizite aus seiner Entwicklungsgeschichte auf, z. B. die eines negativen Menschenbildes oder einer gestörten Beziehungsfähigkeit.

Anders verhält es sich beim **kooperativen Führungsstil**. Im Extremfall wirkt der Vorgesetzte hier lediglich als Koordinator, während die Entscheidungskompetenzen bei seinem Team bzw. den einzelnen Mitarbeitenden liegen. Die Führungsperson nimmt eine Art Drehscheibenfunktion ein und kümmert sich als Moderator vor allem um den Interessenausgleich unter seinen Mitarbeitenden. Zudem vertritt er seine Arbeitsgruppe nach aussen.

Was sind die **Voraussetzungen** dafür, dass ein Vorgesetzter kooperativ führen kann?

- Die Grundsätze der Unternehmensstruktur fördern und bedingen den Einbezug der Mitarbeitenden bei betrieblichen Entscheidungsprozessen.
- Vorgesetzte und Mitarbeitende aller hierarchischen Stufen stehen in einem ständigen ganzheitlichen Lernprozess.
- Es herrscht gegenseitige Akzeptanz zwischen Vorgesetzten und Mitarbeitenden.
- Der persönliche Reifegrad von Vorgesetzten und Mitarbeitenden ist hoch.

Im folgenden Beispiel bringen wir Aussagen, die auf einen kooperativen Führungsstil hinweisen.

Beispiel	Aussagen eines kooperativ führenden Vorgesetzten

- Ich nehme mir mindestens einmal pro Woche Zeit, um mit meinen Mitarbeitenden die laufenden Geschäfte zu besprechen.
- Ich informiere regelmässig und gebe konstruktive Feedbacks.
- Ich respektiere den Arbeitszeitplan meiner Mitarbeitenden.
- Meinen Mitarbeitenden sind ihre Aufgaben und Ziele stets klar und verständlich.
- Meine Mitarbeitende haben Mitspracherecht und dürfen auch Kritik anbringen.
- Ich kann von meinen Mitarbeitenden hohe Leistungen fordern.
- Sie erhalten dafür von mir die notwendige fachliche und menschliche Unterstützung.
- An mich selbst stelle ich ebenfalls hohe Forderungen und gehe mit gutem Beispiel voran.
- Ich überdenke mein Führungsverhalten regelmässig und bin auch fähig, etwas zu verändern.
- In meiner Abteilung fördere ich ein angstfreies Arbeitsklima.

7.1.2 Der zweidimensionale Führungsstil

Zweidimensionale Führungsstile charakterisieren den Führungsstil aufgrund von zwei Einflussgrössen: der Aufgaben- und der Mitarbeiterorientierung. Der Führungsstil wurde also im Vergleich mit dem eindimensionalen Führungsstil um ein Merkmal erweitert. Dabei stellt man sich die Fragen:

Was soll die Führung erreichen, welche Ziele stehen im Vordergrund? Sind für den Vorgesetzten eine hohe Leistung oder das Wohlergehen der Mitarbeitenden wichtig?

R. R. Blake und **J. S. Mouton** entwickelten das **Verhaltensgitter (Managerial Grid)**. Sie unterscheiden zwischen den beiden Dimensionen

- Beziehungs- bzw. Mitarbeiterorientierung und
- Sach- bzw. Aufgabenorientierung.

Bei der **Mitarbeiterorientierung** steht der Mitarbeiter im Mittelpunkt des Interesses; der Vorgesetzte sieht und behandelt ihn primär als Mensch mit persönlichen Wünschen, Anliegen, Sorgen usw. Er geht auf ihn ein und bemüht sich um ein gutes Verhältnis. Er unterstützt den Mitarbeiter und fördert ihn.

Bei der **Aufgabenorientierung** steht die Leistung im Mittelpunkt des Interesses; der Mitarbeiter wird in dieser Optik mehr oder weniger stark als Mittel zur Leistungserbringung gesehen. Das primäre Anliegen ist, den Auftrag zu erfüllen, das Leistungsziel zu erreichen. Der Vorgesetzte legt besonderen Wert auf die Arbeitsmenge und verlangt allgemein Höchstleistungen von allen Mitarbeitenden.

Abb. [7-1]   Verhaltensgitter von R. R. Blake und J. S. Mouton

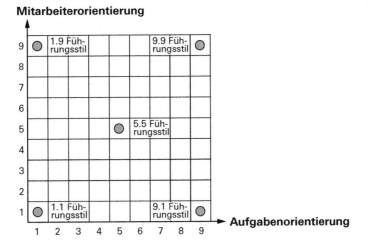

R. R. Blake und J. S. Mouton haben fünf bestimmte Verhaltensweisen besonders hervorgehoben und wie folgt beschrieben:

1.1.-Führungsstil

Dieser Vorgesetzte ist in keiner Weise engagiert, ihn interessieren weder die Arbeitsleistung noch die zwischenmenschlichen bzw. persönlichen Belange seiner Mitarbeitenden. Sein Verhalten entspricht dem Laisser-faire-Führungsstil. Er meidet Konflikte, entscheidet wenig und geht davon aus, dass der Mitarbeiter schon weiss, was seine Aufgaben sind.

9.1.-Führungsstil

Der 9.1.-Vorgesetzte legt grössten Wert auf die Erreichung der Leistungsziele. Er erwartet, dass seine Mitarbeitenden persönliche Interessen und Bedürfnisse zurückstellen. Wenn Konflikte auftreten, beseitigt er sie oder setzt sich durch.

1.9.-Führungsstil

Für diesen Vorgesetzten sind die zwischenmenschlichen Beziehungen sehr wichtig. Er achtet auf eine freundliche und entspannte Atmosphäre, unterstützt seine Mitarbeitenden und hilft überall mit.

5.5.-Führungsstil

Für diesen Vorgesetzten sind Aufgabenziele und Mitarbeiterziele gleich wichtig. Er selbst ist leistungsfähig und kann auf Mitarbeitende eingehen und sie fördern.

9.9.-Führungsstil

Der 9.9.-Vorgesetzte legt grossen Wert auf schöpferische Entscheidungen, die in gegenseitigem Einvernehmen getroffen werden. Er erwartet Höchstziele und unterstützt seine Mitarbeitenden so, dass diese sich in der Aufgabe selbstverwirklichen können und dadurch zu Erfolgserlebnissen kommen. Er gibt motivierendes Feedback. **Vorgesetzte** beurteilen ihren Führungsstil oft anders als ihre Mitarbeitenden, und verschiedene Mitarbeitende erleben denselben Vorgesetzten und sein Verhalten oft unterschiedlich. Das zeigt, wie sehr die Wirklichkeit von subjektiven Einflussgrössen und zahlreichen Wechselwirkungen bestimmt wird. Dennoch ist das, was wir modellhaft in der Führungspsychologie lernen, als Orientierungshilfe wertvoll. Deshalb ist es wichtig, dass ein Vorgesetzter eine offene Beziehung zu seinen Mitarbeitenden hat, sie zu Rückmeldungen ermuntert und diese auch beachtet. Nur so können Konflikte vermieden oder rechtzeitig und für alle Beteiligten befriedigend geregelt werden.

7.1.3   Das situative Führungsverhalten

Weder der eindimensionale noch der zweidimensionale Führungsstil müssen von einem Vorgesetzten statisch angewandt werden. In der Arbeitswelt gibt es immer wieder Situationen, die ein Umdenken oder ein anderes Führungsverhalten fordern.

In der Verkaufsabteilung hat der Vorgesetzte zusammen mit seinem Team die zu erwartenden Verkaufsziele gesetzt. Nicht alle Mitarbeitenden verfügen aber über die gleichen Qualifikationen; es ist ein bestimmtes Gespür notwendig, um herauszufinden, welcher Kunde auf welches Argument anspricht und sich zu einem Kauf entschliessen kann. Der Vorgesetzte führt seine Mitarbeitenden situativ; er geht auf den Reifegrad des Mitarbeiters ein. Das heisst, er muss nicht alle Mitarbeitenden seines Teams auf die gleiche Art führen.

Oder ein anderes Beispiel

Eine Sachbearbeiterin im Kundendienst erledigt ihre Aufgaben im Normalfall selbstständig und kompetent. Ihr Vorgesetzter lässt ihr weitgehend freie Hand. Bei einem sehr schwierigen Kunden hingegen greift der Vorgesetzte selbst in das Geschehen ein und verhandelt mit dem Kunden direkt. Danach informiert er seine Mitarbeiterin über die Ergebnisse.

P. Hersey und **K. H. Blanchard** haben das **Reifegradmodell** entwickelt. Sie gehen davon aus, dass der Vorgesetzte mithilfe von Tests oder Qualifikationen den Reifegrad eines Mitarbeiters bestimmt und ihn dementsprechend mehr oder weniger stark mitarbeiter- oder aufgabenbezogen führt.

Sie unterscheiden **vier Reifestadien:**

- Reifegrad 1:   geringe Reife – mangelnde Fähigkeit und Motivation
- Reifegrad 2:   geringe bis mässige Reife – vorhandene Motivation, mangelnde Fähigkeit
- Reifegrad 3:   mässige bis hohe Reife – Fähigkeiten sind da, Motivation fehlt
- Reifegrad 4:   hohe Reife – Fähigkeit und Motivation sind vorhanden

Hersey und Blanchard stellen in ihrem Reifegradmodell einen Zusammenhang zwischen dem Reifegrad des Mitarbeiters, dem Führungsverhalten des Vorgesetzten und der Effizienz der Führung her:

- Bei geringer Reife muss der Mitarbeiter aufgabenorientiert geführt werden (diktieren).
- Bei geringer bis mässiger Reife muss der Vorgesetzte aufgaben- und mitarbeiterorientiert führen (argumentieren).
- Bei mässiger bis hoher Reife ist der Vorgesetzte dann erfolgreich, wenn er sich mehr mitarbeiter- als aufgabenorientiert verhält (partizipieren lassen).
- Den reifen Mitarbeiter wird er am besten weitgehend selbstständig arbeiten lassen (delegieren).

Der Reifegrad ist dabei nicht absolut zu sehen, sondern stets in Relation zur gestellten Aufgabe. Ein und derselbe Mitarbeiter kann also zum gleichen Zeitpunkt eine geringe Reife im Hinblick auf eine Aufgabe und eine hohe Reife im Hinblick auf eine andere Aufgabe haben. Dieses Vorgehen stellt hohe Ansprüche an den Vorgesetzten und ist sehr zeitaufwendig. Viele Vorgesetzte führen situativ aus dem Gefühl heraus und aufgrund von Erfahrungen und Einschätzungen.

Abb. [7-2]   Reifegradmodell von P. Hersey und K. H. Blanchard

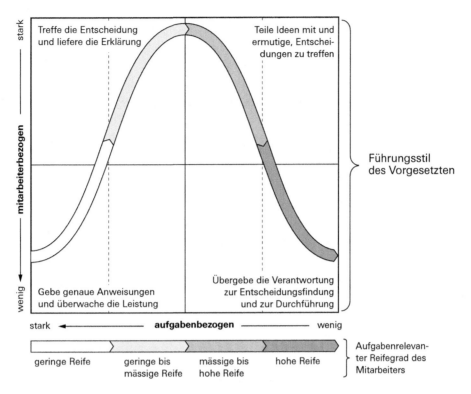

Nachdem wir die drei Arten von Führungsstilen besprochen haben, wenden wir uns nun der Führungstechnik des Führens durch Zielvereinbarung (Management by Objectives, MbO) zu. Führungstechniken sind Gestaltungsregeln für die Führung von Mitarbeitenden.

7.2   Führen durch Zielvereinbarung (MbO)

Was ist das MbO und wie wird es durchgeführt?

Führen durch Zielvereinbarung ist eine Führungstechnik, die den kooperativen, den zwei- und dreidimensionalen Führungsstil mit einschliesst. Vorgesetzte und Mitarbeitende legen gemeinsam die Mitarbeiterziele fest, stecken ihren jeweiligen Verantwortungsbereich ab und bewerten auf dieser Grundlage die Arbeitsleistung der einzelnen Mitarbeitenden. Das MbO beinhaltet einen kooperativen oder situativen Führungsstil. Es setzt voraus, dass der Vorgesetzte zudem seinen Führungsaufgaben gewachsen ist, sowohl auf der Aufgaben- wie auch auf der Beziehungsebene, und allgemein über die notwendigen Kompetenzen verfügt.

Beim MbO geht es darum, die übergeordneten Ziele des Unternehmens auf die nächstdarunter liegenden Stufen anzupassen. Auf jeder Stufe werden die Ziele neu formuliert und mit den jeweiligen Mitarbeitenden gemeinsam im Hinblick auf den Realitätsbezug besprochen.

Beispiel

Ein Unternehmen will im kommenden Jahr gesamthaft 10% der Unkosten einsparen. Dieser Entschluss kam auf der erweiterten Unternehmensebene zustande.

Alle Linienvorgesetzten des obersten Kaders werden nun diese erarbeiteten Ziele einzeln mit ihren Gruppenleiterinnen oder Fachleuten besprechen und gemeinsam neue Ziele auf dieser hierarchischen Ebene vereinbaren. In manchen Fällen können diese Ziele auf eine weitere untere Hierarchiestufe gebrochen werden.

Inhaltlich wird das MbO durch folgende **drei Hauptelemente** bestimmt:

- Es gilt das Prinzip der **Zielvereinbarung**. Vorgesetzte und Mitarbeiter bestimmen gemeinsam die vom Mitarbeiter zu erfüllenden Ziele.
    - Die Ziele müssen vom Mitarbeiter realisierbar und erreichbar sein und gleichzeitig eine Herausforderung für ihn bedeuten.
    - Der Zielinhalt muss quantitativ fassbar, also messbar sein.
    - Zeitpunkt oder Zeitraum der Zielerreichung müssen festgelegt sein.
    - Bei mehreren Zielen werden gemeinsam Prioritäten gesetzt.
    - Die Ziele sollten nach Möglichkeit schriftlich fixiert werden.
- Jeder Mitarbeiter erhält einen Delegations- und **Verantwortungsbereich**, in dem er unter Wahrung der unternehmerischen Vorgaben (Budget) frei entscheiden kann, mit welchen Mitteln er seine Ziele erreichen will.
- Die Zielerreichung wird mit regelmässigen Vergleichen zwischen Ist-Ergebnissen und Soll-Vorgaben überwacht. Die Ergebnisse der **Kontrollen** werden verwendet für
    - die Einhaltung der Zielvorgaben,
    - die Zielformulierungen für zukünftige Perioden,
    - Zielanpassungen bei Abweichungen und
    - die Mitarbeiterbeurteilung und daraus abgeleitete Massnahmen.

Im Kontrollsystem wird neben der Fremdkontrolle durch Vorgesetzte auch die Selbstkontrolle angemessen berücksichtigt.

Beispiel	Steigt die Ausschussquote in der Fertigung an und gefährdet so die Einhaltung der vorgegebenen Mengenziele, so wird der betreffende Meister dies durch geeignete Selbstkontrolle selber feststellen und aus eigener Initiative die notwendigen Massnahmen ergreifen, um die Ausschussquote unter die obere Toleranzgrenze zu senken.

Voraussetzungen für das MbO

- Analyse des Ist-Zustandes und Offenlegung der Stärken und Schwächen, aber auch der Entwicklungsmöglichkeiten der Mitarbeitenden
- Stufengerechte Integration der Unternehmensziele in ein hierarchisches System
- Klare Definition der Delegations- und Verantwortungsbereiche
- Gut organisiertes und leistungsfähiges Planungs-, Informations- und Kontrollsystem
- Objektive, zielgerichtete und transparente Beurteilung
- Leistungsorientierte Bezahlung
- Gemeinsame Erarbeitung der Ziele zwischen Vorgesetzten und Mitarbeitenden

Vorteile des MbO

- Förderung der Leistungsmotivation, Eigeninitiative und Verantwortungsbereitschaft
- Anerkennungs- und Selbstverwirklichungsbedürfnisse werden befriedigt
- Weitgehende Entlastung der Führungsspitze
- Schaffung von Kriterien für eine leistungsgerechte Entlohnung

Kritik am MbO

- Gefahr von überhöhtem Leistungsdruck
- Zeitaufwendiger und kostspieliger Zielbildungs-, Planungs- und Kontrollprozess
- Nicht oder schwer quantifizierbare Ziele werden nicht berücksichtigt

Abb. [7-3]   Der Prozess der Zielvereinbarung

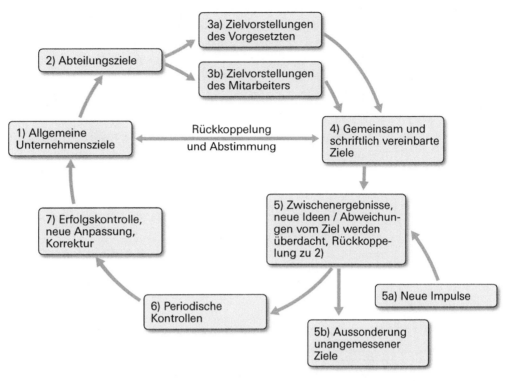

Wir bringen in der Folge ein **Beispiel** zum Prozess der Zielvereinbarung.

Beispiel   Das Unternehmen möchte den Gesamtumsatz eines Produkts steigern. Im Prozess der Zielvereinbarung wird nun ermittelt, welche Mitarbeitende des Unternehmens an der Realisation dieses Unternehmensziels beteiligt sind und welche Mitarbeiterziele sich daraus ergeben.

Abb. [7-4]   Beispiel zum Prozess der Zielvereinbarung

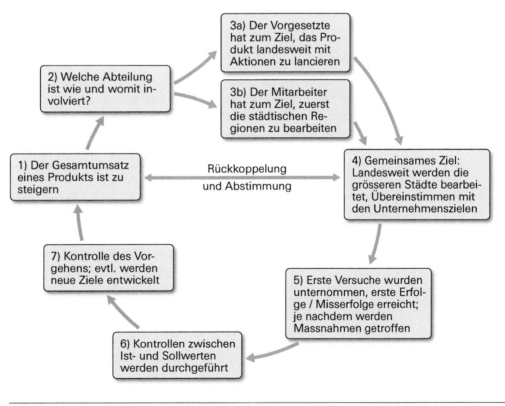

Zusammenfassung

Der **Führungsstil** ist die situationsbeständige, persönliche Grundeinstellung des Vorgesetzten. Beim **eindimensionalen Führungsstil** ist ein Merkmal des Führungsprozesses bestimmend für den Führungsstil. Ist dieses Merkmal die Mitarbeiterbeteiligung an den betrieblichen Entscheidungsprozessen, bilden sich der **autoritäre** oder der **kooperative Führungsstil**. Beim **zweidimensionalen Führungsstil** werden zwei Einflussgrössen als bestimmend für den Führungsstil berücksichtigt – die Aufgaben- und die Mitarbeiterorientierung. Die **Situation**, in der geführt wird, wirkt sich auf das Führungsverhalten und den Führungserfolg aus.

Beim **Reifegradmodell** von P. Hersey und K. H. Blanchard werden die Mitarbeitenden in **vier Reifestadien** eingeteilt. Danach wird ein Zusammenhang zwischen dem Reifegrad des Mitarbeitenden, dem Führungsverhalten des Vorgesetzten und der Effizienz der Führung hergestellt.

Beim **Management by Objectives** legen der Vorgesetzte und sein Mitarbeiter gemeinsam die Ziele fest, die erreicht werden sollen.

Repetitionsfragen

39	Nennen Sie in Stichworten die wichtigsten Vor- und Nachteile des MbO.

40   Was ist der Unterschied zwischen einem autoritären und kooperativen Führungsstil?

41   Skizzieren Sie ein Beispiel eines MbOs aus dem HR-Bereich.

42   Welche der folgenden Aussagen sind richtig?

A] Unter Führungsstil versteht man das Verhalten des Vorgesetzten, das in starkem Mass von der momentanen Arbeitssituation in der Abteilung geprägt wird.

B] Der Führungsstil ist ein einmal gewähltes Verhalten gegenüber Mitarbeitenden, das der Vorgesetzte niemals ändert.

C] Ein Vorgesetzter kann seinen Führungsstil nicht von einem Tag auf den anderen ändern, sondern nur allmählich.

D] Der Führungsstil eines Vorgesetzten kann sich, ohne unglaubwürdig zu wirken, nur im Rahmen und in dem Mass ändern, wie sich sein Menschenbild und seine Werthaltung ändern.

43   Eindimensionale Führungsstile werden häufig kritisiert. Wie können sie verbessert werden?

44   Wann ist ein situativer Führungsstil angebracht?

45   Ordnen Sie die folgenden Beispiele von Führungsverhalten einem der von Blake und Mouton beschriebenen Führungsstile zu:

A] Frau Albrecht findet, dass ein gutes Einvernehmen unter den Mitarbeitenden das Wichtigste ist und dass sich alles andere daraus ergibt.

B] Die Arbeitsgruppe von Herrn Buchwald ist gespalten: Die einen sind für eine vorgeschlagene Neuregelung, die anderen lehnen sie ab. Herr Buchwald löst den Konflikt, indem er sich als Chef für die Neuregelung entscheidet.

C] Herr Cornelsen diskutiert in der Situation B) weiter, bis sich ein Kompromiss ergibt.

D] Frau Daniel ist mit einem Mehrheitsbeschluss nicht einverstanden. Die Sache scheint ihr so wichtig, dass sie alle Mitarbeitenden auf einen Nenner zu bringen versucht, indem sie sämtliche Einwände prüft und das Konzept modifiziert, bis die Lösung alle überzeugt.

8 Die Führungsaufgaben

Lernziele	Nach der Bearbeitung dieses Kapitels können Sie ...
	• die Führungsaufgaben auf der Sach- und der Beziehungsebene darstellen.
Schlüsselbegriffe	Anerkennung, Beurteilungsgespräch, Beziehungsebene, Burn-out, Depression, Entlassungen, psychische Beeinträchtigungen, Führungsaufgaben, Gesundheitsmanagement, Information, Kritik, Mitarbeitergespräch, Panikattacken, Personalbetreuung, Psychose, Qualifikationsgespräch, Sachebene, Sucht, Umgang mit schwierigen Mitarbeitenden, Versetzungen, Work-Life-Balance

Nachdem wir nun die Führungsarten kennen, müssen wir uns überlegen, was für konkrete Aufgaben zum Führungsbereich gehören. Dabei sind drei Ebenen zu beachten:

- Die Aufgabenebene der Führungsperson
- Die Beziehung zu den Mitarbeitenden
- Das Gesundheitsmanagementt

Alle drei Elemente sind eng miteinander verknüpft und können gemeinsam zu einer erfolgreichen Führung beitragen. Alle drei sind gleich wichtig.

8.1 Die Aufgabenebene der Führungsperson

Was macht ein Vorgesetzter konkret, wenn er führt? Führen heisst u. a.: Ziele effizient, zeitgerecht und unter Ausnützung aller möglichen Ressourcen zusammen mit einem Team erfolgreich erreichen.

Planen – Entscheiden – Zielvorgabe

Ein Vorgesetzter muss grundsätzlich wissen, was sein eigentliches Stellenprofil beinhaltet, was seine Ziele sind und was von ihm erwartet wird. Er muss sich zuerst seine Absichten überlegen, dann planen und sich entscheiden, wie, wann, womit und mit wem er sein Vorhaben realisieren kann. Je exakter und klarer er das formulieren kann, umso besser sind die Grundlagen für die Realisierung und für eine laufende Kontrolle (Soll-Ist-Vergleich). Die Gestaltung dieser Phase kann ganz unterschiedlich sein. Der Vorgesetzte kann seine Mitarbeitenden mehr oder weniger in diese Phase einbeziehen. Sein Führungsverhalten wird durch seinen Führungsstil und sein Menschenbild bestimmt.

Aufgabenverteilung und Koordination

Der Vorgesetzte ist dafür verantwortlich, dass ein Gesamtziel für die Mitarbeitenden bzw. Mitarbeiterteams in Teilziele und einzelne Aufgaben gegliedert ist. Die Aufgaben müssen so verteilt werden, dass er sicher ist, dass die Mitarbeitenden dazu fähig sind, diese pflichtbewusst und effizient auszuführen. Zudem muss er stets den Überblick über sämtliche Tätigkeiten haben. In regelmässigen Mitarbeitersitzungen lässt er sich informieren und gibt weitere Anweisungen oder auch Unterstützung.

Andere zum Handeln veranlassen

Ein Vorgesetzter muss Aufträge erteilen, konkret fordern aber auch fördern können. Das kann im Extremfall durch Befehlen geschehen oder durch Motivation. Auch hier zeigt sich die gelebte Kultur in einer Abteilung oder einem Unternehmen. Inwieweit wird mehr auf leistungs- oder mitarbeiterorientierte Führung Wert gelegt? Oder welcher Mitarbeitende braucht welche Führungsart?

Kontrolle und Bewertung

Eine laufende Kontrolle ist erforderlich. Zwischenergebnisse geben Auskunft darüber, ob der Stand der Arbeiten mit der geplanten Lösung noch übereinstimmt und ob der Zeitplan eingehalten werden kann. Die Kontrolle ist eine wichtige Rückmeldung für Vorgesetzte und Mitarbeitende. Die Beurteilung der Leistungen der Mitarbeitenden ist eine wichtige Grundlage für eine sinnvolle Personalführung.

8.2 Die Beziehung zu den Mitarbeitenden

Die Führungsfunktionen können nur wahrgenommen werden, wenn der Dialog zwischen Vorgesetzten und Mitarbeitenden spielt.

8.2.1 Die Formen des Dialogs

A] Die Information

Information ist eine wichtige Voraussetzung für das Erreichen von Sachzielen. Die Mitarbeitenden müssen rechtzeitig, verständlich und zweckmässig informiert werden. Eine Möglichkeit der Rückfrage muss gegeben sein, um Missverständnisse zu verhindern.

Persönliche Informationen sind effizienter als Informationen via Intranet, weil sie weniger Anlass zu Missverständnissen geben. Gute Gründe für schriftliche Mitteilungen gibt es in folgenden Fällen:

* Das ganze Team oder eine ganze Abteilung braucht die gleiche Info gleichzeitig.
* Die Infos dienen als Arbeitsunterlage.
* Die Führungsperson oder der Mitarbeitende sind abwesend.
* Die Info muss wortgetreu weitergeleitet werden können.

B] Das Mitarbeitergespräch

Das Gespräch ist eine Grundform der menschlichen Verständigung. Es soll nicht nur leistungs- oder aufgabenbezogene Inhalte haben, sondern auch auf emotionale und soziale Themen eingehen. Wie ein Gespräch geführt wird, werden wir in späteren Kapiteln behandeln.

C] Das Beurteilungs- und Qualifikationsgespräch

In diesem Gespräch erhalten die Mitarbeitenden die Gelegenheit, von ihren Vorgesetzten zu erfahren, wie diese ihre Arbeitsleistung qualitativ und quantitativ beurteilen. Zudem werden das persönliche Verhalten der Mitarbeitenden gegenüber dem Unternehmen, die Arbeitseinstellung und die zwischenmenschlichen Beziehungen beurteilt.

Ein gutes **Beurteilungsgespräch** dient dazu, die Beziehung zwischen den Gesprächspartnern zu vertiefen, zu verbessern und allfällige Entwicklungsmöglichkeiten zu besprechen. Der Mitarbeitende kann ebenfalls seine Wünsche, Bedürfnisse und Anregungen vorbringen.

Das **Qualifikationsgespräch** findet in der Regel einmal pro Jahr statt. Dabei wird kontrolliert, ob die am Anfang des Jahres besprochenen Mitarbeiterziele erreicht worden sind. Auch die Stellenbeschreibung oder das Pflichtenheft sind eine ideale Grundlage, um die Leistungen zu messen. Beurteilt werden die **qualitative** und die **quantitative** Leistung sowie das **persönliche Verhalten** des Mitarbeiters gegenüber dem Unternehmen, die Arbeitseinstellung und die mitmenschlichen Beziehungen.

Es ist umstritten, ob das Beurteilungsgespräch Auswirkungen auf das Gehalt haben soll. In erster Linie dient es dazu, die Erreichung der Ziele zu bewerten, für die der Mitarbeiter ja entlohnt wird. Zudem lassen marktwirtschaftliche, betriebliche und ökonomische Einflüsse nicht immer eine Gehaltserhöhung zu.

Beurteilungsgespräche bilden eine gute Grundlage für die Personalentwicklung, für die Förderung der Mitarbeitenden und deren Weiterbildung. Sie sind ein wichtiges Motivationsmittel.

8.2.2 Die Themen der Beziehungsebene

A] Anerkennung und Kritik

Bei Anerkennungs- und Kritikgesprächen ist darauf zu achten, dass beides unverzüglich geschieht, d. h. möglichst im aktuellen Zeitpunkt des Geschehens und nicht 14 Tage später. Anerkennung und Kritik sollen in einem konkreten Zusammenhang stehen und für den Mitarbeiter verständlich sein. Sie müssen sachbezogen sein und dürfen sich nicht auf die Person als Ganzes beziehen. Beide Gespräche werden **nicht öffentlich** geführt.

Das Bedürfnis nach **Anerkennung** ist ein Grundbedürfnis des Menschen. Der Vorgesetzte soll nicht nur hervorragende Leistungen und Verhaltensweisen anerkennen, sondern auch für erwartete Leistungen ein positives Feedback geben. Anerkennung kann sich auf verschiedene Arten ausdrücken; durch ein «Dankeschön», ein gezieltes Lob durch Hervorheben der konkreten Leistung oder durch Übertragung selbstständiger Aufgaben mit mehr Eigenverantwortung.

Beispiel	Ich danke Ihnen für den ausführlichen Bericht, den Sie mir so schnell geliefert haben. Sie haben mir damit meine Aufgabe erleichtert.

Kritik darf nicht als Vorwurf oder persönlicher Angriff geäussert werden, sondern als Rückmeldung auf ein bestimmtes, unerwünschtes Verhalten. Es soll dazu dienen, eine Situation zu verbessern und die Zielerreichung zu gewährleisten.

Beispiel	Ich bin sehr verärgert. Ich habe mich darauf verlassen, dass Sie mir den Bericht bis heute Nachmittag vorlegen. Wir haben dies gemeinsam so vereinbart und Sie bestätigten mir Ihr Einverständnis. Warum haben Sie den Termin nicht eingehalten?

B] Versetzungen und Entlassungen

Reorganisationen, Umstrukturierungen und Firmenfusionen bringen es mit sich, dass Arbeitsplätze aufgehoben werden oder sogar ganze Berufszweige eine andere Bedeutung erhalten. Denken wir dabei daran, wie sich das Berufsbild der Sekretärin geändert hat. In den seltensten Fällen wird sie noch mit dem Stenoblock stundenlang im Büro ihres Vorgesetzten seine Korrespondenz aufnehmen. Solche Reorganisationen lösen bei den meisten Mitarbeitenden

Ängste und Unsicherheit aus. Wenn sie dabei den Arbeitsplatz verlieren, ist es die Aufgabe des Vorgesetzten, seine Mitarbeitenden bei der Suche nach einem neuen Arbeitsbereich zu unterstützen. Dabei helfen externe Fachleute mit dem Angebot einer **Outplacement-Beratung.** Darunter versteht man Hilfe zur Selbsthilfe nach der Kündigung eines Mitarbeiters. Es werden spezielle Beratungs- und Informationsmassnahmen angeboten. Zunächst werden durch Tests, Befragungen etc. die Stärken und Schwächen des Mitarbeiters ermittelt. Danach wird er in der Stellensuche geschult. Es wird eine Bewerbungsstrategie entwickelt und es werden Bewerbungsunterlagen erstellt. Der externe Berater kann auch geeignete Stellen vermitteln.

C] Die Personalbetreuung

Personalbetreuung beginnt nicht da, wo sich Probleme zeigen, sondern mit der Einführung neuer Mitarbeitender. Ihr erster Eindruck ist oft weichenstellend für die ganze weitere Anstellung. Eine planmässige Einführung ist daher unbedingt notwendig. Sie erfolgt bereits vor Arbeitsantritt mit der Vorbereitung von Arbeitsplatz und Arbeitsteam. Die eigentliche Einführung in die Arbeit ist Sache der Fachabteilung. Die Personalabteilung ist die Anlaufstelle für Fragen im Zusammenhang mit den Rahmenbedingungen und soll den administrativen Teil der Einführung zielführend und unter **Berücksichtigung der Unternehmens- und Mitarbeiterinteressen** gestalten.

D] Umgang mit schwierigen Mitarbeitenden

Konflikte innerhalb einer Abteilung, die von den Beteiligten und dem entsprechenden Vorgesetzten nicht selbst gelöst werden können, sind ein wichtiges und delikates Arbeitsfeld der Personalabteilung. Die Personalfachperson hat zu vermitteln und die Konfliktpartner in ihrer Problemlösung zu unterstützen, indem sie jedem Raum für die Darlegung seines Standpunktes gibt und den Dialog zwischen ihnen wiederherstellt. Sie muss die Ursachenanalyse und Lösungssuche manchmal zunächst getrennt, dann gemeinsam in Gang setzen, für ein offenes und konstruktives Klima sorgen und die Realisierung der Lösung überwachen. Die Personalfachperson soll Beraterin und keinesfalls Schiedsrichterin sein.

Es wäre verfehlt zu glauben, dass ein Vorgesetzter seinen Mitarbeitenden durch gutes Zureden heilen kann. Dazu braucht es gezielte Programme; in Zusammenarbeit mit Fachleuten wird ein gültiges Konzept ausgearbeitet. Die Personalabteilung übernimmt hier eine wichtige Aufgabe, indem sie die notwendigen Kontakte herstellt und die Zusammenarbeit zwischen Betroffenen, Vorgesetzten, Angehörigen und externen Instanzen aufbaut.

8.3   Das Gesundheitsmanagement

Die gesetzlichen Bestimmungen und auch die SUVA-Vorschriften schreiben klar vor, was für Vorkehrungen ein Unternehmen zum Schutz der Mitarbeitenden treffen muss. Beim **Gesundheitsmanagement** geht es unter anderem um die Einhaltung der Arbeitszeiten, um präventiv wirkende Massnahmen gegen Krankheiten und Unfälle sowie Sicherheitsnormen verschiedenster Art. Mitarbeitende dürfen nicht mental geschädigt oder ausgebeutet werden. Unternehmen und Vorgesetzte haben also die gesetzliche Pflicht, die **Verantwortung für das Wohlergehen und die Gesundheit** ihrer Mitarbeitenden zu tragen und auch Löhne zu bezahlen, die den Mitarbeitenden einen zum entsprechenden kulturellen Umfeld passenden Lebensstandard ermöglichen. Manche Absenzen am Arbeitsplatz durch Unfälle oder Krankheiten könnten verhindert werden, wenn die Führungspersonen ihre wichtige Aufgabe des Gesundheitsmanagements besser erfüllen würden.

In der Folge beschreiben wir einige **Krankheitsbilder,** denen wir im Berufsalltag begegnen. Die von Krankheiten betroffenen Mitarbeitenden oder Führungskräfte benötigen professionelle Hilfe und müssen an die richtigen Stellen begleitet werden.

8.3.1 Psychische Beeinträchtigungen

Wenn ein Mensch seelisch erkrankt, kann das mit dem Arbeitsplatz zu tun haben. Es spielen aber meistens sehr viele weitere Ursachen mit, die sehr komplex sind und mit der Entwicklungsgeschichte des Menschen und seinen Anlagen zu tun haben. Wir gehen in diesem Kapitel nicht darauf ein, woher die Erkrankungen kommen. Wir beschränken uns darauf, einige Krankheitsbilder kurz zu beschreiben. Eine Personalfachperson soll zwar erkennen, wenn es einem Menschen nicht gut geht; es ist aber nicht ihre Aufgabe, therapeutisch zu wirken. Menschen mit seelischen Beeinträchtigungen bedürfen einer Fachperson, um gesund zu werden.

Wir beschreiben die wichtigsten psychischen Beeinträchtigungen in der folgenden Tabelle.

Abb. [8-1]

Die psychischen Beeinträchtigungen

Psychische Beeinträchtigung	Beschreibung
Sucht	Suchtverhalten ist eine Abhängigkeit, die oft mit dem Verlangen nach einem Lustempfinden beginnt. Am Anfang war es nur ein gewolltes Erlebnis, das mit der Zeit in einen Zustand führte, der willentlich nicht mehr beeinflusst werden konnte. Suchtverhalten treten bei Alkohol, Tabak, Drogen, Essen, Sex, Geldspielen, Internetspielen, Chatten usw. auf.
Burn-out	Burn-out ist die Folge einer chronischen oder lang andauernden Überbelastung. Oft werden die Symptome lange nicht wahrgenommen und führen zu Erschöpfungszuständen, Schlafstörungen und depressiven Verstimmungen. Der kleinste Aufwand wird zu einem Stressfaktor. Denken und Handeln werden diffus, der Überblick über das eigene Leben schwindet. Wenn der Druck der belastenden Situation wegfällt, ist es möglich, dass die Symptome zurückgehen.
Depression	Eine Depression ist mehr als eine alltägliche Verstimmung. Sie ist eine länger andauernde Krankheit. Menschen verlieren jegliches Interesse an der Umgebung, sind niedergeschlagen, geben schnell auf, sind nicht motivierbar. Sie fühlen sich als Versager, haben Schuldgefühle und Selbstmordgedanken. Depressionen führen zu körperlichen Krankheitszuständen. Die Situation wird als ausweglos empfunden.
Psychose	Eine Psychose wird meistens durch Drogen ausgelöst. Sie führt zu Zuständen, die eine normale Orientierung und die geistige Klarheit beeinträchtigen und zu einer schweren Persönlichkeitsstörung führen. Sie kann einerseits durch die Substanzen der Drogen entstehen aber auch durch latent vorhandene Anlagen der Schizophrenie. Die betroffenen Kranken leben in Wahnvorstellungen; sie können nicht mehr zwischen Realität und ihrer Wahrnehmung unterscheiden.
Panikattacke	Panikattacken sind eine Angststörung. Der Mensch wird von einem plötzlichen Anfall von Ängsten überfallen, denen er ausgeliefert ist. Er fühlt sich gelähmt und versteht selbst nicht, weshalb diese Panik ihn befällt. Es müssen keine äusseren Umstände dazu führen.

Die fünf beschriebenen Krankheitsbilder gehören zu einer kleinen Auswahl von Beeinträchtigungen, die am Arbeitsplatz immer wieder anzutreffen sind. Auf weitere schwere Erkrankungen der Psyche wird hier nicht weiter eingegangen. Es ist aber wichtig, psychische Beeinträchtigungen als Krankheit zu betrachten, die immer ärztliche oder therapeutische Behandlung benötigen.

8.3.2 Work-Life-Balance

Damit die Work-Life-Balance stimmt, müssen Arbeit und Freizeit miteinander in Einklang stehen.
Bild: inkje / photocase.com

Unter Work-Life-Balance versteht man einen Zustand, bei dem Arbeit und Privatleben miteinander in Einklang stehen. Es sind also immer **zwei Komponenten**, die das Wohlergehen beeinflussen:

- Arbeitsplatz und
- Freizeit

Die Situation am Arbeitsplatz kann der Mitarbeitende nur bedingt beeinflussen. Er kann aber selbst bestimmen, wie er seine Freizeit gestalten will.

Im Arbeitsgesetz ist verankert, dass der Arbeitgeber das **physische und psychische Wohl** der Mitarbeitenden am Arbeitsplatz gewährleisten muss. Es ist folglich eine Aufgabe des Unternehmens, auf die **Gesundheit des Menschen** zu achten und diese zu schützen. Dieser Schutz bezieht sich jedoch lediglich auf die Arbeitszeit. Das heisst, die Mitarbeitenden werden **am Arbeitsplatz** nach Möglichkeit ihren Fähigkeiten entsprechend eingesetzt.

Wie kommt es dennoch dazu, dass Menschen einerseits durch die Arbeit krank werden und andererseits durch die Arbeit höchste Gefühle der Selbstverwirklichung erfahren?

Die Work-Life-Balance eines Menschen hängt von verschiedenen Faktoren ab:

1. Eine erste Voraussetzung ist die grundsätzlich anlagebedingte **körperliche, geistige und seelische Gesundheit.** Aber auch die persönlichen Lebensziele, die beruflichen und gesellschaftlichen Ambitionen und der Ehrgeiz eines Menschen können die Gesundheit beeinflussen. Wenn jemand aus Prestige oder Machtgefühlen heraus die eigenen Kräfte überschätzt oder wenn er aufgrund seiner Entwicklungsgeschichte aus Dranghaftigkeit stets neue Höchstleistungen erbringen muss, braucht das sehr viel Energie.

2. Die Ernährung, die Freizeitgestaltung, zwischenmenschliche Beziehungen und die Wohnsituation sind weitere Elemente, die sich je nach Qualität des Erlebens ebenfalls auf die Gesundheit auswirken. Lärm im Quartier mindert den Erholungswert. Wer familiäre Probleme hat, verbraucht einen Grossteil seiner Energien für diese Konflikte. Auch eine Freizeitgestaltung kann zu Stress führen, wenn sie durch Wettbewerb, Überkompensationen von Frust oder Suchtverhalten geprägt ist. Die gesamte Infrastruktur unserer Gesellschaft wie dichter Verkehr, Menschenmassen, Immissionen, Hektik und Mobilitätsansprüche können energieaufreibend sein.

3. Eine dritte Voraussetzung ist die Situation am Arbeitsplatz. Ob eine Sinnerfüllung am Arbeitsplatz möglich ist, ob die Arbeit mit den Fähigkeiten und Fertigkeiten übereinstimmt, wie sich die verschiedenen Beziehungen gestalten, wie die Unternehmenskultur gelebt wird, sind alles Faktoren, die sehr entscheidend auf den Menschen wirken.

Wenn die drei erwähnten Faktoren in einem ausgewogenen, guten Einklang stehen, sodass dem Menschen dadurch Energien zufliessen und dass sie ihn nicht auffressen, dann kann man von einer geglückten Work-Life-Balance reden. Das **persönliche Leben** oder das **Berufsleben** mit all den individuellen Wünschen und Bedürfnissen decken sich, ergänzen sich oder dienen der Weiterentwicklung.

Es gibt keine Rezepte, wie man eine Work-Life-Balance herstellt. Sie ist für jeden Menschen individuell und er muss sie selbst für sich entdecken können. Wenn auf längere Zeit keine Ausgewogenheit zwischen Beruf und persönlichen Lebenszielen besteht, führt diese Situation oft zu psychischen Beeinträchtigungen.

Zusammenfassung	Die **Führungsaufgaben** bewegen sich auf der Ebene der Aufgaben der Führungsperson, der Beziehung zu den Mitarbeitenden und der Verantwortung für Sicherheit und Gesundheit.

Die **Aufgaben der Führungsperson** umfassen Planen, Aufgabenverteilung, andere zum Handeln veranlassen und Kontrolle.

Auf der **Beziehungsebene** gibt es viele Formen des Dialogs: das Mitarbeitergespräch, das Beurteilungs- und das Qualifikationsgespräch. Versetzungen und Entlassungen sollten durch eine **Outplacement-Beratung** begleitet werden. Die **Personalbetreuung** beginnt mit dem Eintritt des Mitarbeiters in den Betrieb.

Das **Gesundheitsmanagement** beinhaltet die Verantwortung der Führungsperson für das Wohlergehen und die Gesundheit ihrer Mitarbeitenden und die Bezahlung von adäquaten Löhnen. Unter **Work-Life-Balance** versteht man einen Zustand, bei dem Arbeit und Privatleben miteinander in Einklang stehen.

Repetitionsfragen

46	Führen Sie drei Punkte auf, die für das Führen von Beurteilungs- und Qualifikationsgesprächen wichtig sind.
47	Welche Aufgabe übernimmt die Personalabteilung, wenn eine Mitarbeiterin sich am Arbeitsplatz schwierig verhält?
48	Ihre Firma muss einen langjährigen Mitarbeiter entlassen. Was können Sie unternehmen, damit der Mitarbeiter die Kündigung verkraftet und bald wieder eine Stelle findet?

8 Die Führungsaufgaben

Teil D Psychologie im Berufsalltag

95

9 Psychologische Grundkenntnisse

Lernziele	Nach der Bearbeitung dieses Kapitel können Sie ...
	• erklären, welche Bedeutung psychologische Kenntnisse für Personalfachpersonen haben.
	• die vier Arten von Triebregungen unterscheiden.
	• die drei Arten des Umgangs mit Triebregungen beschreiben.
Schlüsselbegriffe	Abwehr, Abwehrmechanismen, Abwehrstruktur, aggressive Triebregungen, Anlagen, Anpassung, biologische Wurzeln, blinder Fleck, Distanzierung von den Eltern, Identifikation, libidinöse Triebregungen, menschliche Bedürfnisse, Narzissmus, narzisstische Triebregungen, Personalarbeit, Projektion, psychische Störungen, Rationalisierung, Reaktionsbildung, Regression, Seelenleben, Selbsterhaltungstriebe, Selbstwert, Verdrängung, Verleugnung

9.1 Psychologie und Personalarbeit

Wieso soll sich eine Personalfachperson mit Psychologie befassen? Genügen all die administrativen, versicherungstechnischen und personalpolitischen Fachkenntnisse denn nicht? Urteilen Sie selbst, ob die folgenden Kapitel Ihnen zu weiteren Erkenntnissen verhelfen, ob Sie das eine oder andere Aha-Erlebnis dabei überrascht und ob Sie im zwischenmenschlichen Bereich daher eine Situation transparenter verstehen können.

Die Psychologie ist die **Lehre vom Seelenleben.** Was ist die Seele? Wir erfahren sie im täglichen Leben als einen Zustand der Gefühle, die Freude, Trauer, Ärger, Wut, Ängste, Kummer, Sorgen, Hoffnungen und Glück ausdrücken. Die **Seele** ist **nicht fassbar** und auch **nicht realistisch**; sie ist philosophisch zwar erklärbar und seit Menschengedenken eines der wichtigsten Themen. Verliebtheit und Glück zum Beispiel verleihen einem Menschen Flügel; er hebt ab und fühlt sich in einem unbeschreiblich leichten Zustand. Alles um ihn herum ist rosarot; Konflikte gibt es nicht. Anders ist es jedoch bei Kummer, Ärger und Sorgen. Diese drücken den Menschen zu Boden. Alles ist dunkel und schlecht und überall ist nur das Negative zu erkennen. Beide erwähnten Zustände sind nicht realistisch: Es ist immer nur ein **subjektives Gefühl**, das so stark ist, dass der Mensch die Umwelt nicht mehr klar erkennen kann. Ein gestörtes Seelenleben kann nachweislich Krankheitssymptome hervorrufen. Ein harmonisches Seelenleben fördert hingegen die Energie des Menschen.

Psychologische Kenntnisse gehören zum Fachwissen einer HR-Fachperson.

Das kann sich wie folgt auswirken:

- Der Zugang zum eigenen Ich wird erleichtert.
- Das eigene und zwischenmenschliche Verhalten ist besser zu verstehen.
- Die frühkindliche Entwicklungsgeschichte ist besser zu erkennen.
- Eigene Verhaltensmuster können verändert werden.
- Eigene Ziele sind leichter zu verwirklichen.
- Das Selbstwertgefühl und das Durchsetzungsvermögen werden gestärkt.
- Das Verständnis anderer Menschen und anderer Kulturen wird gefördert.
- Die Verhaltensmuster des Gesprächspartners sind leichter zu durchschauen.
- Gespräche können zielorientiert und effizient geführt werden.
- Gruppenprozesse und Rollenverhalten sind gut zu erkennen.
- Das Zusammenleben wird allgemein störungsfreier.
- Konflikte können ohne Streit und Aggressionen gelöst werden.
- Konsenslösungen können eher getroffen werden.

- Menschen können in ihren Fähigkeiten gefördert werden.
- Beratungsgespräche können kompetenter geführt werden.
- Hilfe zu echter Selbsthilfe wird möglich.

Beispiel	**• Teamarbeit**

Ein Team ist unfähig, gemeinsam ein Projekt zu erarbeiten. Es wird viel gestritten, Machtpositionen werden demonstriert und konstruktives Arbeiten wird blockiert.

Mithilfe einer Teamentwicklung und des Aufzeigens der Gruppenprozesse kann das Verhalten der Gruppenmitglieder transparent gemacht werden.

• Arbeitsbedingungen

Eine Mitarbeiterin beklagt sich bei der HR-Fachperson über die schlechten Arbeitsbedingungen. Ohne psychologische Kenntnisse würde die HR-Fachperson möglicherweise sagen: «Ja, das ist so in unserem Unternehmen.»

Dank psychologischen Kenntnissen wird die HR-Fachperson mithilfe ihrer Interaktions-Kenntnisse auf das Problem eingehen, zuhören, nachfragen, mögliche Ursachen herausfinden, eine Lösung anstreben oder entsprechende Schritte einleiten.

• Mangelnde Kenntnisse

Ein Absolvent einer Universität wird Vorgesetzter einer Abteilung. Er hat ein enorm grosses Fachwissen – aber keine Führungskenntnisse.

Eine HR-Fachperson kann ihn mit ihrem Führungsfachwissen unterstützen.

9.2 Die Anlagen – die biologischen Wurzeln

Wir werden in diesem Abschnitt stark vereinfacht auf die Entwicklung unserer Wurzeln eingehen. Man geht davon aus, dass unsere Erde vor ca. 4–5 Milliarden Jahren entstanden ist. Bis zur Entstehung der ersten menschenähnlichen Lebewesen, den Hominiden, vergingen weitere Milliarden von Jahren. In seiner heutigen biologischen Funktion existiert der Mensch seit etwa 100 000 Jahren.

Im Evolutionsgeschehen haben aber nicht nur biologische Veränderungen in der Körpergestalt stattgefunden. Auch das **Nervensystem** hat sich weiterentwickelt und damit verbunden die **Emotionen,** die Gefühlsseite im Lebewesen.

Wenn wir von Anlagen sprechen, ist es wichtig zu wissen, woher wir kommen, was unsere Herkunft ist. Es dient dazu, besser zu verstehen, dass wir ein Glied einer langen Kette von Entwicklungen sind, die nie abgeschlossen sein wird.

Der Mensch ist also Erbe von dem, was ihm ins Leben mitgegeben worden ist. Er trägt die Erbanlagen seiner Eltern, seiner Vorfahren über Generationen hinweg in sich. Die Form, das Ausmass und die Art der Anlagen können sich durch genetische Verbindungen verändern, entwickeln sich aber stets zu einem menschlichen Wesen.

Beispiel	**Die gemeinsamen Wurzeln innerhalb der eigenen Familie**

Man kann die Wurzeln innerhalb der eigenen Familie erkennen, indem man sich überlegt, ob man in der eigenen Familie (Eltern, Geschwister, blutsverwandte Tanten und Onkel, Cousinen und Cousins, Grosseltern) gemeinsame Wurzeln entdeckt. Dabei kann man zuerst versuchen, die äusseren sichtbaren Merkmale zu finden und dann überlegen, ob auch eine seelische, geistige Verwandtschaft vorhanden ist.

Man kann dabei folgende Merkmale mit denen von Verwandten vergleichen:

- Körpergrösse
- Körperbau
- Kopfform
- Gesichtszüge: Nase, Mund, Augenform etc.
- Verhalten
- Körperhaltung
- Mimik, Gestik
- Tonfall der sprache
- Stimme
- Partnerschaft
- Berufstätigkeit

Schliesslich kann man sich überlegen, was uns mit diesen Verwandten verbindet. Liegen gemeinsame Interessen im seelisch-geistigen Bereich vor? Sind Ihnen diese Verwandten sympathisch oder nicht sympathisch und aus welchem Grund ist es so?

9.3 Die menschlichen Bedürfnisse – Triebfedern des Verhaltens

Der Mensch ist in seiner Entwicklung von Anfang an von beidem abhängig: von Erbanlagen und von Umwelteinflüssen. Eine menschliche Entwicklung ohne Erbanlagen ist ebenso wenig möglich wie die Vorstellung, die Erbanlagen könnten quasi «aus sich heraus» etwas zustande bringen. Sie brauchen immer die «richtige» Umwelt, um sich optimal entwickeln zu können.

Nehmen wir das Beispiel einer Pflanze. Wenn wir wollen, dass sie gut gedeiht, werden wir uns fragen: «Was braucht sie?» Finden wir die angemessene Topfgrösse, die richtige Zusammensetzung der Erde, einen Standort mit guten Lichtverhältnissen, geben wir genügend Wasser usw., so wird sie wachsen und sich entwickeln.

Ebenso ist es beim Menschen. Er braucht für seine Anlagen das für ihn richtige Umfeld, damit er gedeihen kann. Zuerst müssen wir uns nun bewusst werden, was der Mensch denn braucht, damit er seine Bedürfnisse befriedigen kann. Soweit es sich um elementare, ursprüngliche, angeborene Bedürfnisse handelt, werden sie auch Triebe genannt. Darunter versteht man die Antriebe, die Energien. Oft haftet diesem Begriff aber etwas Geringschätziges an: Wer «triebhaft» handelt, hat sich nicht genügend unter Kontrolle. – Wir benützen hier deshalb den Ausdruck **Triebregungen,** um zu verdeutlichen, dass zwischen dem «erregten Trieb» der unbeherrschten Impulsivität und der Intensität eines Verhaltens unterschieden werden muss.

Anstelle des Begriffs «Triebregung» wird in der Psychologie sehr oft «Bedürfnis» gesetzt. Dieser Begriff ist aber in seiner Bedeutung derart verallgemeinert, dass wir ihn kaum mehr in einer wissenschaftlich präzisen Form verwenden können. Wenn die Werbung unsere Bedürfnisse für ein bestimmtes Produkt weckt, sind damit nicht die elementaren Triebregungen gemeint. Man unterscheidet deshalb auch zwischen den primären Bedürfnissen (elementaren Triebregungen) und den sekundären Bedürfnissen (Wunsch nach Luxusgütern).

| Beispiel | Wasser trinken entspricht der elementaren Triebregung; es ist Voraussetzung zum Überleben – Kaffee oder Wein trinken ist nicht lebensnotwendig; es ist ein sekundäres Bedürfnis und dient lediglich dem Wohlbefinden oder entsteht aus einer momentanen Stimmung heraus. |

Wir wollen zunächst bestimmte Kategorien von Triebregungen und deren Besonderheiten besprechen. Wir unterscheiden dabei

- libidinöse Triebregungen,
- aggressive Triebregungen,
- narzisstische Triebregungen und
- Selbsterhaltungstriebe.

9.3.1 Libidinöse Triebregungen

Libidinöse Triebregungen sind **positive, auf eine Beziehungsperson gerichtete Wünsche und Bedürfnisse.** Es ist uns angeboren, dass wir zwingend Liebe erfahren und auch Liebe geben können. Liebe hat mehrere Facetten, die gegenseitig ausgetauscht werden können. Dazu gehören u. a.:

- **Körperliche Liebe:** Sex, sanfte Berührungen, Streicheln, Umarmungen usw., immer vorausgesetzt, dass dies beidseitig gewünscht wird
- **Seelische Liebe:** Einfühlungsvermögen, Empathie, Mitfühlen, differenziertes Empfinden, andere Menschen verstehen wollen
- **Geistige Liebe:** Toleranz, Akzeptanz, Interessenverwandtschaft, gleiche Ideale und das Anerkennen der andern Person in ihrer Eigenart

9.3.2 Aggressive Triebregungen

Aggressive Triebregungen können – im Vergleich zu den libidinösen – als **negative, auf eine Beziehungsperson gerichtete Wünsche und Bedürfnisse** umschrieben werden. Auch diese Triebregungen können körperlich, seelisch und geistig ausgelebt werden. Wir unterscheiden dabei drei Ebenen:

- Körperlich: Gewalt ausüben auf jegliche Art
- Seelisch: fiese Machtspiele, Mobbing
- Geistig: persönliche Kritik, verbale Verletzungen

9.3.3 Narzisstische Triebregungen

Narzisstische Triebregungen beziehen sich auf den **Selbstwert.** Es ist dem Menschen angeboren, sich selbst in seiner Art mit all seinen Stärken und Schwächen anzunehmen und zu akzeptieren. Er soll Freude an seinen Begabungen und seinem Erfolg haben und bei Misserfolg den Glauben an die eigenen Fähigkeiten nicht verlieren.

Die narzisstischen Triebregungen sind also – und dadurch unterscheiden sie sich von den libidinösen und aggressiven Triebregungen – nicht auf eine Beziehungsperson gerichtet, sondern auf die **eigene Person,** auf das eigene Selbst. Auch hier werden sie auf den drei Ebenen ausgelebt:

- Körperlich: den eigenen Körper annehmen können
- Seelisch: sich ein Umfeld schaffen, das sich auf das Gefühlsleben positiv auswirkt
- Geistig: Fähigkeiten und Begabungen fördern und entwickeln können

In der Umgangssprache hört man oft den Ausdruck «Das ist ein Narzisst» und dabei schwingt ein negativer Beiklang mit.

Woher stammt der Ausdruck **Narzissmus** überhaupt? Er geht auf die griechische Sage des schönen Jünglings Narziss, des Sohnes des Flussgottes Kephisos, zurück.

Narziss verschmähte alle, die sich in ihn verliebten, bis er eines Tages im Wasserspiegel sein eigenes Antlitz erblickte. Von Liebe zu seinem Bild ergriffen, näherte er sich diesem – und ertrank. Die Götter aber liessen Narziss nicht ganz sterben, sondern verwandelten ihn in eine Blume, in die nach ihm benannte Narzisse.

Wieso ist es so weit gekommen, wieso erkannte Narziss die drohende Gefahr nicht? Dazu gibt uns die Sage eine Antwort. Sie erzählt, dass Narziss durch die Nymphe Echo an die Quelle gelockt wurde, die sich aus verschmähter Liebe an ihm rächen wollte. Die gekränkte Nymphe hatte ihre Fallstricke gekonnt ausgelegt und packte Narziss an seiner schwächsten Stelle, an seiner Selbstbezogenheit. Damit sind wir beim Kernpunkt: Narziss ist der **beziehungsunfähige Mensch, der sich abkapselt,** jede Annäherung von sich weist und sich selbst verfällt. Narziss ist zutiefst einsam, auch wenn er sich – oberflächlich betrachtet – unter Menschen bewegt.

9.3.4 Selbsterhaltungstriebe

Die Selbsterhaltungstriebe haben das **physische Überleben** zum Ziel. Sie bewirken Aktivitäten wie Essen und Trinken, Reaktionen auf äussere Gefahren und Ähnliches. Im Normalfall spüren wir diese Triebe nicht, weil in unserer Umwelt so vieles gesichert ist und wir die Bedürfnisse kaum wahrnehmen. Sie brechen aber im Fall einer Bedrohung- oder Paniksituation übermächtig durch. Auf den drei Ebenen sind sie wie folgt zu erkennen:

- **Körperlich:** Essen und Trinken, physische Bedürfnisse, medizinische Versorgung, Gesundheit, Sicherheit, Arbeit
- **Seelisch:** Würde des Menschen in seiner Eigenart wahrnehmen
- **Geistig:** Schul- und Ausbildung, Weiterbildung, Informationen

Die vier beschriebenen Triebregungen sind uns angeboren. Das heisst, dass sie zwingend befriedigt sein müssen. Andernfalls leidet der Mensch einen Mangel, der sich schädigend auf ihn auswirkt und längerfristig zu schweren Verhaltensstörungen oder Gesundheitsschäden führt und dadurch das gesellschaftliche Zusammenleben beeinflusst. Wie Kinder ihre ersten Lebensphasen durchlaufen, hat immer einen Einfluss auf das spätere Erwachsenenleben.

9.4 Der Umgang mit den Triebregungen

Triebregungen spontan ausleben, wäre die einfachste Form, um die Bedürfnisse zu befriedigen. Oft ist dies jedoch aus inneren und / oder auch äusseren Gründen nicht möglich. Sie werden dann vom Bewusstsein ferngehalten, es wird eine Abwehr entwickelt, damit sie nicht stören.

Beispiel	**Beispiel eines inneren Grundes**
	Eine Person hat sich verliebt. Sie getraut sich jedoch nicht, weder ihre Gefühle zuzulassen noch die andere Person anzusprechen. Sie hat Angst vor möglicher Blossstellung oder anderweitigen Folgen.
	Beispiel eines äusseren Grundes
	Eine Person möchte sich gerne weiterbilden und im Beruf weiterkommen. Sie ist offen und lernbegierig. Ihr Vorgesetzter sagt ihr jedoch stets, dass sie für eine weitere Karriere nicht geeignet ist. Er blockiert ihre Berufswünsche.
	Je nachdem, wie diese Person sich durchsetzen kann oder einschüchtern lässt, wird sie ihre Ziele erreichen oder eben nicht.

Die folgende Abbildung zeigt die drei möglichen Umgangsarten mit Triebregungen.

Abb. [9-1]   **Die drei Arten des Umgangs mit Triebregungen**

9.4.1 Befriedigung – die natürlichste und gesündeste Lösung

«Wie käme das wohl heraus, wenn jeder seinen Trieben freien Lauf liesse?» Solche Fragen und Befürchtungen gibt es in unzähligen Variationen. Die antiautoritär erzogenen Summerhill-Kinder zum Beispiel waren zu wenig frustrationstolerant, zu wenig aggressiv für die Anforderungen der Gesellschaft.

In der Kindererziehung gehört es zu den anspruchsvollen Aufgaben der Eltern, herauszufinden, wie viel Triebregung das Kind ausleben kann und darf. Denn alle vier Triebregungen müssen in dem Alter beachtet werden, in dem sie auftreten. Die Ansprüche eines Kleinkindes an Zuneigung und Liebe äussern sich zum Beispiel anders als beim Erwachsenen. Erst wenn die Triebregungen genügend ausgelebt sind, können sie aufgehoben werden. Für die weitere Entwicklung ist die Befriedigung notwendig; sonst bleiben «infantile Reste» zurück, die sich bis ins Erwachsenenalter auswirken können. Dann kann sich die Befriedigung des unzeitgemässen Bedürfnisses in der Gesellschaft störend auswirken.

Beispiel	• Die Konfrontation eines Kindes mit der Situation eines neugeborenen Geschwisters, das jetzt alle Liebe und Zuwendung der Eltern erhält, kann sich – wenn sie nicht bewältigt werden kann – im Erwachsenenalter darin äussern, dass z. B. neue Kollegen nicht anerkannt werden. • Kinder fühlen sich oft ohnmächtig gegenüber den Erwachsenen. Bei ständiger Unterdrückung oder Verletzung ihrer Gefühle entwickeln Kinder mit der Zeit starke Aggressionen gegenüber den Eltern und andern autoritären Stellen.

Triebregungen ausleben heisst, den jeweiligen Impulsen stattgeben, den Lust- oder Unlustgefühlen nachgeben. Unsere Gesellschaft hat sich ganz bestimmte Freiräume geschaffen, in denen wir die Bedürfnisse ausleben können, z. B. Vergnügungszentren, Sportanlässe usw.

Beispiel	• Sofort essen und trinken, wenn das Bedürfnis da ist. • Den Ärger lauthals zeigen; sexuelle Bedürfnisse ohne Rücksicht ausleben. • Lachen, weinen, je nach Stimmung, ob passend oder nicht.

Wenn Triebregungen ausgelebt werden können, ohne dass andere dadurch Schaden erleiden, ist dies aus psychologischer Sicht für den Einzelnen das Beste.

9.4.2 Abwehr als häufige Lösung

Wie wir bereits ausgeführt haben, ist ein freies Ausleben oft nicht möglich. Einerseits sind äussere Grenzen gesetzt und die Möglichkeiten und die Realitäten sind nicht vorhanden. Andererseits gibt es auch innere Grenzen. Diese können verschiedene Gründe haben:

A] Gründe für Abwehr

Angst vor Triebstärke, d. h. die Befürchtung, dass durch das eigene Verhalten Unheil angerichtet wird.

Beispiel	Ich kann die Aggressionen gegenüber dem unbeliebten Kollegen nicht ausleben, da ich möglicherweise die Grenzen überschreite und tätlich werde.

Angst vor Strafe, insbesondere in der ursprünglichsten Form als Liebesentzug durch die Eltern. Da das kleine Kind sein Selbstwertgefühl über die Zuneigung der Eltern definiert, heisst Liebesentzug gleichzeitig auch: Verlust des Selbstwertgefühls. – Übertragen auf das Erwachsenenleben heisst dies: «Ich kann mich selbst nicht mehr lieben und wertschätzen, wenn ich mich so oder so verhalte.» – Damit eng verbunden ist auch die Angst vor quälenden Schuldgefühlen.

Beispiel	• Wenn ich den Wünschen des Partners, der Partnerin nicht nachkomme, verliere ich dessen / deren Zuneigung und Liebe. • Wenn ich mich an der Spendenaktion nicht beteilige, wird mich vielleicht auch ein Unglück treffen.

Es sind also bestimmte oder diffuse Ängste, die von innen her den Triebregungen entgegenstehen. Für das Ich als Regulierungsinstanz wäre es ungeheuer belastend, dauernd die Spannungen zwischen den Triebregungen und diesen Ängsten auszuhalten. Das Ich wäre davon so absorbiert, dass es kaum noch seine anderen – schliesslich lebenswichtigen – Funktionen ausüben könnte. Deshalb benützt es bestimmte Mittel, um unzulässige Triebregungen und Affekte vom Bewusstsein fernzuhalten: die Abwehrmechanismen.

B] Die verschiedenen Abwehrmechanismen

Wenn eine Triebregung nicht ausgelebt werden kann, muss die Psyche Energie aufwenden, um diese Situation meistern zu können. Es stehen sich also zwei Energien gegenüber – die Triebregung und die Abwehr der Triebregung. Je intensiver die nicht ausgelebte Triebregung ist, desto intensiver wird die Abwehr; es kommt also zu einem hohen Energieverschleiss.

Das Ich lässt aber solche übermässigen Triebregungen nicht zu, da es für die eigene Entwicklung Energien braucht. Es schickt daher die Triebregungen ins Reich des **Unbewussten** zurück. Dort werden sie festgehalten. Das ist der Zweck der Abwehr. Aber auch der Prozess der Abwehr selbst ist unbewusst. Das ganze Kräftespiel Triebregung – Abwehr ist also der bewussten Ich-Kontrolle entzogen.

Es gibt verschiedene Formen der Abwehrmechanismen. Sie sind für uns kaum erkennbar, da sie dem Bewusstsein entzogen sind. Unsere Mitmenschen können bei genügendem Einfühlungsvermögen und psychologischer Schulung erkennen, dass unser Ich im Moment eine physisch oder psychisch belastende Situation nicht zulassen kann. Weshalb das Ich eine belastende Situation nicht zulassen kann, weiss die Umwelt hingegen meistens nicht.

Wir zeigen Ihnen in der folgenden Grafik die diversen Formen von Abwehrmechanismen und beschreiben diese anschliessend.

Abb. [9-2]   Arten von Abwehrmechanismen

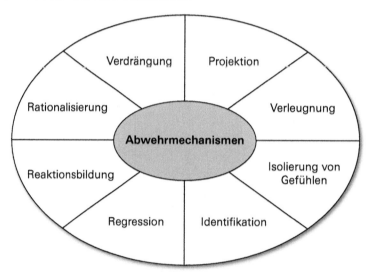

Die Verdrängung

Die Verdrängung könnte man am ehesten mit dem **Vergessen** vergleichen. Jemand muss z. B. eine unangenehme Aufgabe erledigen, die möglicherweise mit Ärger verbunden ist, und fühlt sich von dieser Aufgabe überfordert. Er wird sich nun mit Aufgaben beschäftigen, denen er gewachsen ist, und dabei tatsächlich seine Pflicht vergessen.

Ein anderes **Beispiel:** Eine Person hat Beziehungsstörungen in der Partnerschaft und flüchtet deshalb in die Arbeit oder in ein Hobby, wo diese Probleme nicht relevant sind.

Verdrängungen sind schwer erkennbar, da nach aussen gar nichts geschieht. Im ersten Beispiel ist die Person ja beschäftigt, sie arbeitet; im zweiten Beispiel könnte diese Person als sehr aktiv und initiativ gelten.

Die Verleugnung

Die Verleugnung ist ein **Verkennen der Realität in Richtung eines Wunschdenkens**, eine Blockierung gewisser Sinneseindrücke aus der äusseren Welt.

Einfache Beispiele kennen wir aus den Erzählungen der kleinen Kinder. In ihrer Fantasie basteln sie an ihrer eigenen Welt, wie sie sie gerne erleben möchten, die aber nicht der Realität entspricht.

Im Erwachsenenleben kommen auch ähnliche Beispiele vor: Der Umsatzschwund wird nicht zur Kenntnis genommen, die unrentablen Arbeitsabläufe werden nicht erkannt, die Beziehungsstörung in einer Partnerschaft wird ignoriert.

Weshalb geschehen solche Dinge bei rational denkenden Menschen? Das Erkennen einer solchen Situation würde doch Abhilfe schaffen und das Problem rechtzeitig lösen. «Vogel-Strauss-Politik» nützt eigentlich niemandem.

Der Betroffene kann den Konflikt nicht erkennen, weil er mit **unbewältigten Gefühlen aus seiner Entwicklungsgeschichte** belastet ist. Verleugnungen werden überall auch auf höchster Ebene in Wirtschaft, Politik, Kultur etc. angetroffen. Zu beachten ist:

Verleugnungen haben nichts mit Lügen zu tun.

Die Projektion

Dieser Abwehrmechanismus bewirkt, dass **ein eigener, unerwünschter Impuls einer anderen Person zugeschrieben** wird.

Die Projektion ist ein weit verbreiteter Abwehrmechanismus. Den Vorurteilen fremden Menschen und Gruppen gegenüber liegen oft Projektionen eigener unerwünschter Triebregungen zugrunde. Insbesondere in Gruppen mit grossem innerem Zusammenhalt werden «die anderen», die Aussenstehenden, leicht zu Projektionsträgern. Auch innerhalb einer Gruppe kann die Rolle des «Sündenbocks» als die des Projektionsträgers verstanden werden.

In der Familie kommt es zu Reibereien zwischen Eltern und Kindern, weil ein Elternteil seine Unzulänglichkeiten auf sein Kind projiziert.

Die Rationalisierung

Beim Abwehrmechanismus der Rationalisierung wird die **Wahrnehmung** einer Angst auslösenden Situation nicht einfach verweigert, sondern sie wird **reduziert, indem sie uminterpretiert wird.** Es wird eine Scheinerklärung gesucht und gefunden, mit der die Lage «entschärft» wird. Für Umsatzschwund werden Konjunktureinflüsse geltend gemacht; der Computer ist schuld, wenn Fehler entstehen; eine berufliche Weiterbildung ist für einen Elternteil nicht möglich, da die Kinder noch zur Schule gehen etc.

Die Reaktionsbildung

Unsere Gefühle anderen Menschen gegenüber können positiv (libidinös) oder negativ (aggressiv) sein. Darf aus irgendeinem Grund die eine Seite nicht zugelassen werden, so kann als Abwehr die Gegenseite verstärkt werden.

Liebesgefühle können einem geliebten Menschen nicht entgegengebracht werden; deshalb verhält man sich ihm gegenüber kaltschnäuzig. Ein Sprichwort sagt, «was sich liebt, neckt sich» und meint dabei ebenfalls unbewusste seelische Vorgänge.

Aggressiven Gefühlen gegenüber einem Menschen begegnet man mit überaus betont freundlichem Verhalten.

Angst vor dem Vorgesetzten bewirkt, dass der Mitarbeiter ihm gegenüber sehr unterwürfig wird.

Die Regression

Es gibt Situationen, in denen die Realisierung bestimmter Bedürfnisse auf dem Niveau des erreichten Entwicklungsstandes zu schweren Konflikten und Ängsten führen würde. Der Abwehrmechanismus der Regression ermöglicht es, **Befriedigungen einer vorangehenden Entwicklungsphase wieder aufleben zu lassen**, quasi als Ersatz für die «blockierten» eigentlichen Bedürfnisse.

- Manche Menschen konsumieren Süssigkeiten, wenn sie frustriert sind. Die Abwehr ist darin zu sehen, dass die Probleme auf der Suche nach echten Befriedigungen als unüberwindlich wahrgenommen und daher abgewehrt werden. Statt das Risiko zu wagen und auf die entsprechende Situation einzugehen, gibt man sich mit dem regressiven Konsum von Waren zufrieden.
- Ein Kadermitarbeiter wird Opfer einer betrieblichen Reorganisation und verliert seine Stelle. Da er den Glauben an sich und seine Fähigkeiten dadurch verloren hat, bewirbt er sich für eine Sachbearbeiter-Stelle.

Die Identifikation

Bei der Projektion wird das Unerwünschte auf einen anderen Menschen verschoben. Die Identifikation ist gewissermassen die umgekehrte Operation. Die **erwünschten Aspekte einer anderen Person werden der eigenen zugeschrieben.**

- Wenn bei einem Fussballspiel die bevorzugte Mannschaft siegt oder ein Tor erzielt, so wird dies wie ein persönlicher Erfolg erlebt.
- Eine Ehefrau – Hausfrau und Mutter – betont im Bekanntenkreis übermässig stark, wie extrem erfolgreich ihre Kinder in der Schule sind und welch grossen Einfluss ihr Ehemann im Beruf hat. Ihr unsicheres – ich bin ja «nur Hausfrau» – verschafft sich mit ihrem Verhalten einen persönlichen Halt.

Die Isolierung von Gefühlen

Durch Isolierung der Gefühle werden nicht psychische Inhalte, sondern die sie begleitenden unerwünschten Gefühle abgewehrt. Wahrnehmung, Erinnerung, Denken sind unbeeinträchtigt, aber es gibt keine emotionale Begleitmusik, die **Gefühle sind auf Eis gelegt.**

Dadurch ist die schmerzhafte Erinnerung nicht mehr schmerzhaft; das Angst auslösende Ereignis löst keine Angst mehr aus, aber auch die Freude über einen schönen Erfolg kann nicht erlebt werden. Man kann über solche Situationen sprechen, aber die Gefühle werden nicht zugelassen. Gelegentlich wäre es praktisch, ohne Gefühle funktionieren zu können. Wenn man aber Gefühle nicht ausleben kann, kommt es zu **psychischen Störungen.** Vorübergehende Isolierung kann helfen, unüberwindbaren Schmerz, z. B. beim Verlust einer lieben Bezugsperson, vom Gefühl fernzuhalten. Man spricht über die Trauer, kann aber nicht trauern, weil die Kraft dazu fehlt.

In der Umgangssprache spricht man auch vom **blinden Fleck** eines Menschen. Damit ist nichts anderes gemeint als die Abwehrmechanismen.

Wir haben nicht alle, nur die wichtigsten Abwehrmechanismen besprochen. Es stellt sich die Frage, wozu es wichtig ist, diese zu kennen, da sie ja unbewusst sind. Die Kenntnis der Abwehrmechanismen ist darum wichtig, weil die Abwehr für denjenigen, der sie entwickelt, zwar unbewusst ist. Sein Verhalten kann aber für die Aussenstehenden auffällig und unverständlich sein. Kennt man die Abwehrmechanismen, bringt man dem Betroffenen vermutlich mehr Verständnis entgegen.

Beispiel	• Wenn der fleissige Mitarbeiter stets die wichtigsten Aufgaben nicht erledigt; wenn der Geschäftsleiter sich um Details kümmert, die eigentlich den Sachbearbeiter angehen; wenn der beruflich stark engagierte Ehemann und Vater noch in unzähligen Vereinen tätig ist und leider keine Zeit mehr für die Familie hat, dann ist es gut möglich, dass Verdrängungen im Spiel sind.
	• Der Umsatzschwund ist aus Zahlen ersichtlich. Der Geschäftsleiter kann aber die Situation nicht erkennen; er kann die Gefahren eines möglichen Ruins nicht wahrnehmen. Die Angst vor dem Versagen ist zu gross. Er sieht das Problem nicht und verleugnet es. Die Mitarbeitenden hingegen wissen, dass etwas in der Unternehmung geändert werden müsste.

Abwehr ist nicht immer, aber häufig **von der Umwelt erkennbar**. Sie tritt kaum in ihrer ursprünglichen Form auf; meistens werden **mehrere Formen der Abwehr gleichzeitig** angewendet. Jeder Mensch trägt Abwehrmechanismen in sich. Sie sind lebensnotwendig und hilfreich. Sie übernehmen eine Schutzfunktion, um über Angst auslösende Situationen hinwegzukommen und um ein Weiterleben zu ermöglichen.

Beispiel	• Bei schwierigen persönlichen Konflikten und Lebensproblemen ist es dienlich, sich in die Arbeit zu flüchten, um die Probleme vergessen zu können.
	• Wenn junge Menschen sich mit ihrem Idol identifizieren – sofern das Idol eine positive Lebenseinstellung hat –, kann es ihnen helfen, die schwierige Pubertätsphase, wo es u. a. auch darum geht, die eigene Identität zu finden, zu überstehen.

Es ist wünschenswert für die Entwicklung, dass nicht zu viele und vor allem nicht zu starr eingeschliffene Abwehrreaktionen den Kontakt zur Umwelt und zur eigenen inneren Welt versperren.

Abgewehrte Triebregungen sind zwar vom Bewusstsein ausgeschaltet, aber sie hören damit nicht auf zu existieren; sie bestehen in unveränderter Form weiter. Verschiedene Abwehrprozesse ergänzen sich gegenseitig und bilden zusammen eine **Abwehrstruktur,** die im Normalfall eine dauernde, stabile Sicherheit und ein Gleichgewicht bietet. Die Grundlage ist aber dann die Abwehr und nicht eine bewusste Sicherheit und ein gereiftes Gleichgewicht.

Die Abwehrstruktur ist nicht in jedem Fall genügend stabil; sie kann gelegentlich ins Wanken geraten. Dies geschieht vor allem unter folgenden Bedingungen:

- Eine schwierige äussere Situation beansprucht psychische Kräfte, die der Abwehr entzogen werden.
- Bestimmte Ereignisse verstärken Konfliktsituationen, sodass die Abwehr mehr Energie beansprucht, die u. U. nicht vorhanden ist.
- Durch die Entwicklung kann der Druck der Triebregungen so stark zunehmen, dass die Abwehrkräfte nicht mehr genügen.

Unter solchen Bedingungen kann es zur Symptombildung kommen; es können **psychosomatische Störungen** entstehen. Wenn die Psyche ständig überfordert wird, führt dies zu körperlichen Schäden. Viele Krankheiten sind auf psychische Probleme zurückzuführen, u. a. sind es oft Herz-Kreislauf-Beschwerden, Kopfweh, Magenschmerzen, Zwanghaftigkeiten usw.

C] Was tun, wenn ein Mensch Abwehrmechanismen entwickelt?

Wie wir bereits ausgeführt haben, sind die Ursachen, die zur Abwehr führen, die Angst vor Triebstärke und die Angst vor Strafe. Es sind also stets Ängste vorhanden, die ihre Wurzeln möglicherweise bereits in der Kindheit haben. Der abwehrende Mensch kann die Angst auslösende Situation aber nicht meistern. Sie ist seinem Bewusstsein entzogen. Man kann ihm nur helfen, wenn seine Ängste reduziert werden können. Dies ist ein schwieriger Vorgang; denn man kann nicht einfach sagen: «Du musst keine Angst haben.» Oft ist es ein langer Prozess, der zum Abbau der Abwehr führt. Wir können unsere Vergangenheit nicht einfach wegstecken. Wir können das Erlebte nicht ungeschehen machen. Aber wir können lernen, uns zu hinterfragen, zu verändern, unser Ich neu zu finden und herzustellen. Erst wenn es uns gelingt, uns von möglichst vielen Ängsten und Abwehr zu befreien, sind wir fähig, unser Leben kreativ und lustvoll zu gestalten.

Beispiel	**Das eigene Verhalten im Kontakt mit der Umwelt**

Man kann versuchen, die eigene Persönlichkeitsentwicklung zu erforschen, die durch unsere Umwelt geprägt wird. Dabei kann man sich fragen, ob die folgenden Aussagen zutreffen:

- Ich kann gut auf andere Menschen zugehen und mich mitteilen.
- Ich kann Kritik annehmen und damit umgehen.
- Ich bin aktiv und unternehmerisch und traue mir zu, etwas Neues auszuprobieren.
- Wenn ich abends von der Arbeit nach Hause komme, bin ich zwar müde, aber nicht ausgebrannt.
- Ich kann mich für meine Ideen wehren und mich durchsetzen.
- Ich vertrete meine eigene Meinung und stehe dazu.
- Ich freue mich über ein Kompliment.
- Ich bin hilfsbereit und gebe meine Kenntnisse gerne weiter.
- Ich trage gern Verantwortung und erfülle diese auch mit Pflichtbewusstsein.
- Ich kann Kompromisse eingehen und bin auch konsensfähig.
- Mein Zeitmanagement ist im Allgemeinen effizient; ich kann Prioritäten setzen.
- Ich verstehe die unterschiedliche Leistungsart von Männer und Frauen und sehe das als eine Bereicherung an.
- Wenn mir etwas misslingt, analysiere ich den Vorfall und versuche, daraus Schlüsse zu ziehen.
- Ich kann zu meinen Fehlern stehen und nötige Verbesserungen einleiten.

Fazit: Wenn die meisten dieser Aussagen zutreffen, ist man vermutlich in einem gesunden Umfeld aufgewachsen oder hat im Verlauf des Lebens schon einige frühkindliche Konflikte gelöst. War man bei der einen oder anderen Aussage eher unsicher sind oder hat mit «nein» geantwortet, lohnt es sich zu überlegen, ob es nicht auch Möglichkeiten gibt, um etwas am eigenen Verhalten zu ändern. Wo könnten die Ursachen liegen, gibt es verbindliche Gründe, die einen daran hindern, sich anders zu verhalten? Natürlich sind die nebenstehenden Aussagen nicht umfassend für eine gültige Analyse. Die Beschäftigung mit diesen Fragen regt aber dazu an, vermehrt auf die verschiedenen Situationen zu achten und das Verhalten zu hinterfragen.

9.4.3   Anpassung – der Kompromiss zwischen Abwehr und Befriedigung

Wir haben bisher zwei verschiedene Arten – wie man mit Bedürfnissen umgehen kann – kennengelernt. Die Befriedigung und die Abwehr. Zwischen diesen beiden Polen gibt es eine weitere Form, die Anpassung. Es ist eine Mischung zwischen der Triebauslebung und der Triebabwehr. Das Ich lässt die Angst auslösende Situation zu und kann für sich eine abgeschwächte Form finden, um damit umgehen zu können.

Folgende Formen der Anpassung sind möglich:

- Die **aktive Auseinandersetzung mit der Umwelt,** wobei sowohl Situationen verändert wie auch persönliche Bedürfnisse mit unveränderbaren Gegebenheiten in Einklang gebracht werden. **Beispiel:** Viele Menschen lernen im Verlauf ihres Lebens, mit Frustrationen umzugehen, unerfreuliche Situationen zu meistern und entsprechende Veränderungen zuzulassen.

- Der **zeitliche Aufschub**, indem Bedürfnisse nicht sofort, sondern in günstiger Konstellation befriedigt werden; Abwehr wird dadurch unnötig und Befriedigung trotzdem erreicht. **Beispiel:** Die persönlichen Aktivitäten und Hobbys müssen zurückgestellt werden, weil die Arbeitsüberlastung enorm angewachsen ist. Es ist aber klar, dass dieser Zustand nicht andauern wird. Die Bedürfnisse können später wieder ausgelebt werden.
- Die **inhaltliche Verschiebung**, indem nicht realisierbare Ziele durch andere, realisierbare ersetzt werden. **Beispiel:** Ein ehrgeiziger Mitarbeiter möchte möglichst schnell Karriere machen. Es werden ihm aber «Steine in den Weg» gelegt, indem zu hohe Anforderungen verlangt werden, die er nicht mitbringt. Er findet für sich einen andern Weg, erhält neue Einsichten zu seiner Person und seinen Fähigkeiten und kann andere realisierbare Ziele anstreben.

Zusammenfassung	Die Eigenschaften und Verhaltensweisen des Menschen werden durch die Anlagen, die Umwelteinflüsse und durch biologische Voraussetzungen geprägt.

Unter **Triebregungen** versteht man elementare, angeborene Bedürfnisse.

Wir haben vier Arten kennengelernt:

- Libidinöse Triebregungen
- Aggressive Triebregungen
- Narzisstische Triebregungen
- Selbsterhaltungstriebe

Triebregungen werden entweder befriedigt, abgewehrt oder es findet eine Anpassung statt. Am natürlichsten ist es, wenn die Triebregungen ausgelebt, d. h. befriedigt werden können. Oft ist dies aber nicht möglich, weil äussere Grenzen gesetzt werden oder innere Grenzen vorhanden sind.

Es gibt verschiedene **Abwehrmechanismen.** Wir haben folgende kennengelernt:

- Verdrängung
- Verleugnung
- Projektion
- Rationalisierung
- Reaktionsbildung
- Regression
- Identifikation
- Isolierung von Gefühlen

Es kann auch zu einem Kompromiss zwischen Abwehr und Befriedigung kommen. Diese äussert sich dann als **Anpassung.** Durch aktive Auseinandersetzung mit der Umwelt, durch den zeitlichen Aufschub der Bedürfnisbefriedigung oder durch inhaltliche Verschiebung werden die inneren Bedürfnisse der Person an die äusseren Gegebenheiten einer Situation angepasst.

Repetitonsfragen

49	Worin unterscheiden sich die narzisstischen von den aggressiven Triebregungen? Nennen Sie je ein Beispiel für jede der beiden Kategorien.
50	Wieso entwickelt der Mensch Abwehrmechanismen?

| 51 | Welcher Abwehrmechanismus ist in den folgenden Beispielen beschrieben? |

A] Tobias Meier ist Vizedirektor einer grossen Bank. Er ist sehr häufig verreist und kann sich daher nicht mit den Schulproblemen seiner Tochter befassen.

B] Daniel Lange ist schwer krank. Da er schlecht aussieht, erkundigen sich die Freunde bei seiner Frau nach seinem Befinden. Diese weist alle besorgten Fragen zurück und beteuert, dass es Daniel sehr gut geht.

C] Albert Kohl hat bei einem Autounfall Verbrennungen im Gesicht erlitten, die ihn stark verunstalten. Sein Freund Beat sollte ihn schon lange im Spital besuchen. Da er aber im Geschäft so viel zu tun hat, findet der Besuch nie statt.

D] Jessica Freund kleidet sich wie ihr grosses Vorbild Nina Hagen und versucht auch, sich ähnlich wie diese zu benehmen.

| 52 | Was versteht man unter dem blinden Fleck und wie wirkt er sich in der Arbeitswelt aus? |

| 53 | Erklären Sie, was im psychologischen Sinn unter einer Anpassung verstanden wird. |

10 Entwicklung des Menschen

Lernziele	Nach der Bearbeitung dieses Kapitel können Sie ...
	• die Phasen der frühkindlichen Entwicklung beschreiben.
	• die Entwicklung der Leistungsfähigkeit erläutern.
	• die Lebensphasen des Erwachsenen unterscheiden.
Schlüsselbegriffe	Anpassung, Autonomie, Dreiecksverhältnis, Elektrakonflikt, frühkindliche Entwicklung, Funktionslust, gesunde Autonomie, Kompensationen, Konflikt, Lebensprozess, Leistungsfähigkeit, Machtkampf, mangelnde Autonomie, mangelndes Selbstvertrauen, Persönlichkeitsreife, Selbstwertgefühl, ödipaler Konflikt, spontane Resonanz, Störungen, Trotzverhalten, Vorurteile

10.1 Die Phasen der frühkindlichen Entwicklung

Wir wissen nun bereits, wie wichtig es ist, die psychische Entwicklung eines Menschen zu kennen. Jeder Erwachsene ist das Produkt seiner individuellen Geschichte und es ist heute unbestritten, dass die frühe Kindheit in dieser Geschichte eine ausserordentlich wichtige Rolle spielt. Diese Entwicklungen verlaufen nicht rein individuell. Es gibt **typische Phasen,** die jeder Mensch durchläuft und über die man Allgemeingültiges sagen kann.

In jeder Phase seiner Entwicklung steht der Mensch mit seiner Umwelt – insbesondere mit den Menschen seiner nächsten Umgebung, den Eltern und Geschwistern – in einer bestimmten Art von Beziehung. In der Entwicklung des Kleinkindes sind aber nicht nur die **Beziehungen** von Bedeutung, sondern auch die **eigenen Erfahrungen,** die das Kind in diesen ersten Lebensjahren prägen.

Es muss in dieser Zeit enorm viel lernen, das entscheidend ist für sein ganzes weiteres Leben. Je nachdem, wie die Phasen durchlebt werden, können sie zu einer gesunden oder kranken Entwicklung beitragen.

10.1.1 Die erste Phase – Vertrauenlernen durch die ersten Beziehungen

In den ersten Lebensmonaten erfährt der Mensch Prägungen, die für seine Entwicklung und seine Persönlichkeit als Erwachsener von grundlegender Bedeutung sind. Der Säugling erlebt seine ersten **Beziehungen,** insbesondere die Beziehung zur Mutter. Er erlebt diese Beziehung **total,** sie ist seine Welt. Er erfährt sie positiv als Empfangender, als Wärme und Geborgenheit; er erfährt sie aber auch negativ als Abhängiger, dem guten Willen der Eltern ausgeliefert. Er ist darauf angewiesen, um seiner selbst willen, also ohne Gegenleistung, geliebt zu werden.

In dieser Phase entstehen die grundlegenden Haltungen des **Vertrauens,** des Gefühls, dass in dieser Welt für ihn gesorgt wird, und des **Misstrauens,** der Ohnmacht und Hilflosigkeit, seine Bedürfnisse durchzusetzen. Wir alle haben aus dieser Phase beides mitbekommen; das Mischverhältnis unterscheidet sich von Mensch zu Mensch.

Die Bedeutung dieser ersten Lebensphase ist auch deshalb so entscheidend, weil **Störungen** – also ein Überwiegen des Misstrauens mit all seinen Nebenfolgen – bewirken, dass das Kleinkind bereits mit einem «handicap» in die folgenden Entwicklungsphasen gelangt. Die späteren Entwicklungsschritte werden erheblich erschwert, wenn in der ersten Phase das Gleichgewicht gestört wird.

Ungelöste Konflikte in dieser Phase äussern sich beim Erwachsenen in Selbstzweifeln, in Beziehungsstörungen (Misstrauen gegen andere, Verfolgungsängste, den andern nicht als eigenständige Person gelten lassen können) und in einem konflikthaften Verhältnis zu Passivität und Verantwortungsübernahme. Was haben die Psychoanalytiker über diese erste Phase zu sagen? Welche Bedürfnisse und Konflikte ergeben sich und welche Beziehungsmuster werden entwickelt?

A] Das Bedürfnis nach Zuwendung und Liebe

In dieser Phase sind nicht nur die körperlichen Bedürfnisse nach Nahrung, Pflege und Wärme zentral. Der Säugling braucht vor allem Liebe, und zwar in einer unbedingten, uneingeschränkten Form, vor allem in Form von Körperkontakt und gefühlsmässiger Zuwendung, Aufmerksamkeit. Er saugt – bildlich gesprochen – mit der Muttermilch das Wesen seiner Mutter ein (orale Introjektion), er fühlt sich mit ihr eins; er kann noch nicht unterscheiden zwischen dem Ich (Subjekt) und dem anderen (Objekt). Störungen in dieser Phase äussern sich später als Störungen des Selbstwertgefühls, als narzisstische Störungen. Diese umfassen als Symptome ein Gefühl der inneren Leere, Misstrauen hinsichtlich der eigenen Fähigkeiten und die Unmöglichkeit, sich selbst als gut und liebenswert zu erleben.

B] Die Ansprüche der Umwelt: Verzichtenlernen

Der Säugling wird aber noch mit andern Konflikten konfrontiert. Er muss lernen, sich in dieser Umwelt anzupassen; es gibt Zeiten, wo er Zuwendung, Pflege, Liebe erhält. Er erlebt aber auch, dass es Zeiten gibt, in denen er allein gelassen wird. Dies verursacht in ihm auch ein Gefühl des Verlassenwerdens. Er erlebt Ängste, nicht geliebt oder verlassen zu werden, und lernt in diesen ersten Beziehungen, Frustrationen zu ertragen.

C] Die Fähigkeit zu spontaner Resonanz

Der Säugling hat wenig Fähigkeiten, um auf seine Umwelt zu reagieren. Er kann eigentlich nur das, was ihm an Wärme und Güte zufliesst, zurückstrahlen.

Diese unmittelbare Resonanz wirkt auch im Erwachsenenleben: das Wohlwollen, das etwa ein Vorgesetzter seine Mitarbeitenden spüren lässt, kommt in der Regel wie ein Echo als Einsatzbereitschaft zu ihm zurück.

10.1.2 Die zweite Phase – Sich-Behaupten- und Sich-Anpassenlernen

Gegen Ende des ersten Lebensjahres beginnt das Kleinkind, eine gewisse Selbstständigkeit (Autonomie) zu entwickeln. Es lernt gehen, es entdeckt seine Welt, es macht eigene Erfahrungen, positive und negative. Die zweite Phase wird auch die anale Phase genannt.

In der zweiten Phase macht das Kind seine ersten eigenen Erfahrungen. Bild: luxuz::. / photocase.com

A] Das Bedürfnis nach Selbstständigkeit

Die neu entdeckten Fähigkeiten wollen geübt, geprobt und erweitert werden. Der Begriff der **Funktionslust,** die Freude, von den eigenen Möglichkeiten Gebrauch zu machen, ist für diese Stufe besonders kennzeichnend. Andererseits ist das Kleinkind aber noch sehr auf seine Eltern angewiesen; es schwimmt sozusagen immer in der Nähe des Ufers. Im Weggehen muss es die Gewissheit haben, jederzeit zurückkehren zu können. Es braucht auch für seine neuen Unternehmungen die Unterstützung und das Wohlwollen der Eltern.

B] Die Ansprüche der Umwelt; Gehorchenlernen

Zum ersten Mal stellen die Eltern jetzt auch **Forderungen an das Kind.** Sie beginnen mit der Reinlichkeitserziehung und steigern sich im zweiten und dritten Lebensjahr zu einem ganzen Katalog von Geboten und Verboten. Wesentlicher als die Inhalte dieser Anforderungen ist die Form, etwa die Strenge, mit der gefordert wird; die Belohnungen und die Bestrafungen, die an Gehorsam geknüpft werden. Der Grundsatz der Konsequenz ist dabei manchen Eltern heilig.

Eine rigide, unflexible Erziehungshaltung in dieser Phase begünstigt die Bildung einer zwanghaften Persönlichkeitsstruktur. Man könnte hier einwenden, dass ja auch die spätere Umwelt (des Schulkindes, des Mitarbeiters) voller Zwänge ist und dieser Erziehungsstil daher in unserer Gesellschaft der angebrachteste ist. Tatsächlich gilt in manchen Schulen und Firmen Pünktlichkeit mehr als eine kreative Idee.

C] Die Fähigkeit zur Abgrenzung: ich und die anderen

In dieser Phase lernt das Kind, sich selbst (als Subjekt) als getrennt vom anderen (Objekt) wahrzunehmen und zu erleben. Die Wünsche der Eltern entsprechen nun nicht immer seinen Wünschen. Dies führt zu offenen **Konflikten und Machtkämpfen** und äussert sich beim Kind in einem **Trotzverhalten.** Wenn die Erziehung auf die Unterdrückung und Brechung dieses aufkeimenden Willens gerichtet ist, wird die Freude an der eigenen Initiative, an der Entwicklung und Erprobung von neuen Fähigkeiten empfindlich gestört. Andererseits muss das Kind lernen, die Grenzen des anderen zu berücksichtigen und sich mit Einschränkungen, die ihm von aussen, durch die Eltern auferlegt werden, auseinanderzusetzen.

D] Sich behaupten und Grenzen respektieren

Die **Entwicklung der Autonomie** erfordert eine gewisse psychologische **Distanzierung von den Eltern,** deren **Schutz und Unterstützung** aber noch dringend gebraucht werden. Dieser Aspekt spielt auch im Berufsalltag eine äusserst wichtige Rolle. Wir sind einerseits abhängig von Kollegen, Vorgesetzten, anderen Abteilungen, Kunden und Geschäftspartnern. Andererseits müssen wir immer auch ein gesundes Mass an Selbstbehauptung und an unabhängigem Willen bewahren.

Vielen Menschen macht gerade dieses Spannungsfeld Mühe. Extreme Eigenwilligkeit, die andere vor den Kopf stösst, deutet ebenso auf Entwicklungsmängel in dieser Phase wie devote Unterwürfigkeit und ängstliches Bemühen, es immer allen recht zu machen.

Ein anderes Konfliktfeld ist das **Weggeben und Behaltenwollen.** Dies hängt mit der Reinlichkeitserziehung zusammen, indem das Kleinkind seine Ausscheidungen rechtzeitig, zur Freude der Mutter, hergeben oder aber trotzig zurückbehalten kann. In der Fantasie des Kleinkindes sind diese Produkte ein Teil des eigenen Körpers – sie kommen ja aus dem Körperinneren. Die Beziehung zu Eigentum, Geld und Besitz erhält in dieser Phase eine entscheidende Prägung. Es sind keine besonderen Kenntnisse der Psychoanalyse notwendig, um zu erkennen, dass bei manchen Menschen Eigentum wie ein Teil des eigenen Selbst, des eigenen Körpers behandelt wird. Die Spannweite dieses in das Erwachsenenleben hineinreichenden, unverarbeiteten Konflikts reicht von Geiz bis zur Unfähigkeit, einen Monatslohn so einzuteilen, dass auch für die zweite Monatshälfte etwas übrig bleibt.

E] Die Angst vor Liebesverlust

In dieser Phase fürchtet sich das Kind am meisten davor, in seinen Autonomiebestrebungen missverstanden zu werden. Wenn Eltern dem Kind drohen, ihm die Liebe zu entziehen, gibt das Kind seine Bemühungen um Autonomie auf. Es entwickelt den Zwang, die Gebote der Eltern peinlich zu befolgen. Das führt dann zum bereits erwähnten Zwangscharakter.

Können die Konflikte dieser Phase nicht verarbeitet werden, so kann es zur Regression in die erste Phase kommen; zu den Zwängen gesellt sich dann die dort beschriebene Abhängigkeit.

F] Beziehungsmuster

Sie können folgende Ausprägungen haben: Autonomie, selbstständiges Entscheiden bzw. Kompensation mangelnder Autonomie in Machtansprüchen oder Überanpassung.

Die aus dieser Phase ins Berufsleben hineinwirkenden Beziehungsmuster sind abhängig vom erreichten Grad gesunder Autonomie. Mängel in diesem Bereich müssen im Umgang mit andern Menschen kompensiert werden. Die Unfähigkeit beispielsweise, einen Fehler einzugestehen, hat mit den bedrohenden Gefühlen von Scham und Zweifel an sich selbst zu tun. Diese Gefühle werden erst richtig verstanden, wenn wir uns die enorme Hilflosigkeit des Kleinkindes angesichts all dessen, was es eben noch nicht kann, aber schon können sollte, vor Augen halten.

Mangelnde Autonomie wird oft durch Machtkämpfe ausgehandelt bzw. kompensiert. Das verzweifelte Beharren auf dem eigenen Standpunkt, die Rechthaberei, die Angst vor Prestigeverlust entbehren sehr oft der realen Grundlage. Zur Machtkompensation gehören auch verschiedene Prestige- und Statussymbole.

Abb. [10-1]   Spannungsfelder in der zweiten Phase

10.1.3   Die dritte Phase – Wissbegier und Neugierde in allen Bereichen

Charakteristisch für diese Phase, die im Alter von vier bis sechs Jahren beginnt, ist eine grosse Lernfähigkeit. Versuche haben gezeigt, dass Kinder in diesem Alter z. B. ungeheuer rasch lesen lernen können, wenn man geeignete Methoden anwendet. Das Kind erwirbt auch soziale Fertigkeiten. Es verlässt das Elternhaus und findet im Kindergarten neue Kameraden und muss dort eine neue Rolle finden. Es nimmt Beziehungen mit andern Menschen auf. In diesem Alter spürt das Kind auch seine Kreativität. Es beginnt zu basteln, will selbst etwas gestalten und eigene Ideen verwirklichen. Die Erlebnisse in dieser Phase sind wichtig für den Grad der Kreativität, der Öffnung zur Umwelt hin, der inneren Stabilität der Persönlichkeit und der Möglichkeit, echte Bindungen einzugehen.

In diese Phase fällt auch die Suche nach der eigenen Identität. Das Kind braucht Leitbilder, die für das eigene Geschlecht stimmig sind. Oft ist es ein Elternteil des gleichen Geschlechts, den man für sich gewinnen möchte. Dabei kommt es zu einem Dreieckskonflikt, da der geliebte Elternteil den andern Elternteil liebt. Das Kind muss damit zurechtkommen. Sigmund Freud spricht deshalb von der ödipalen Phase. Das Kind muss diesen Konflikt bewältigen. Es muss sich in diesem Dreiecksverhältnis behaupten.

Der zentrale Konflikt ist die **ödipale Situation**: Es ist ein dramatischer Konflikt, denn der ödipale Rivale ist ja zugleich ein geliebter Elternteil, auf den das Kind angewiesen und an den es auch gebunden ist. Er hat alle Eigenschaften, die das Kind selbst haben möchte: Grösse, Weitblick, Überlegenheit, Kraft – kurz: alles, was zur eigenen geschlechtsspezifischen Identität gehört.

Woher kommt der Ausdruck **ödipaler Konflikt?** Sigmund Freud sieht in der genitalen Phase des Kindes eine Parallele zur griechischen Sage des Ödipus:

Beispiel	Ödipus war der Sohn der Königin Iokaste und des Königs Laios von Theben. Ein Orakel hatte der Königin vorausgesagt, dass ihr Sohn einmal ihren Gatten töten werde. Bei der Geburt des Ödipus erinnerte sich die Königin an den Orakelspruch. Sie liess ihren Sohn in der Wüste aussetzen, damit sich diese Voraussagung nicht erfüllen könne. Ödipus wurde durch Hirten gerettet und in einem anderen Land dem dortigen König gebracht, bei dem er dann aufwuchs. Als er erwachsen war, erfuhr er, dass seine wahren Eltern in Theben lebten. Er machte sich auf den Weg dorthin. Unterwegs begegnete er einem Fuhrwerk, das nicht ausweichen wollte. Es kam zum Streit, wobei Ödipus einen Greis erschlug. Er wusste damals nicht, dass es sein Vater war.

In Theben angekommen, fand er eine unglückselige Situation vor. Eine Sphinx hockte auf einem hohen Felsen und trieb ihr böses Unwesen. Sie tötete junge Menschen, die ihre Rätsel nicht lösen konnten. Es gab nur eine Möglichkeit, das Land von diesem Ungeheuer zu befreien. Nur wer fähig war, ein Rätsel zu entschlüsseln, konnte der Retter des Landes sein. Zur Belohnung versprach der Fürst Kreon seine verwitwete Schwester Iokaste demjenigen zur Frau, der das Land von diesem Ungeheuer befreien könne. Ödipus hörte von dieser grausamen Sphinx und begab sich zu diesem Felsen. Die böse Sphinx wollte dem jungen schönen Fremdling Ödipus ein besonders schwieriges Rätsel aufgeben:

«Was ist das? Es ist am Morgen vierfüssig, am Mittag zweifüssig und am Abend dreifüssig.»

Ödipus lächelte und fand die Lösung: «Dein Rätsel ist der Mensch», sagte er. «Das Kleinkind geht auf allen Vieren, der erwachsene Mensch geht auf zwei Beinen und im Alter benötigt er einen Stock.»

Als die Sphinx hörte, dass jemand die Lösung herausgefunden hatte, wurde sie so zornig, dass sie sich in einen Abgrund stürzte und den Tod fand. Ödipus erhielt aber als Dank für die Befreiung des Landes von diesem Ungeheuer die Königin Iokaste – Witwe des Laios – zur Gemahlin. Beide Mutter und Sohn erkannten einander nicht.

Freud sieht die **Parallele** darin, dass die Mutter für den kleinen Knaben die erste Liebe in seinem Leben darstellt. Er möchte sie für sich alleine besitzen und empfindet deshalb seinen Vater als **Rivalen**. Gleichzeitig ist der Vater jedoch für ihn die **Identifikationsfigur**. Dies alles ist dem kleinen Knaben jedoch nicht bewusst. Es spielt sich in seinem **Unbewusstsein** ab.

Die Gefahren dieses Entwicklungsabschnitts liegen auch in der Möglichkeit der **Regression auf die anale Position,** wenn aufgrund einer ungünstigen Vorgeschichte des ödipalen Konflikts nur eine resignative Lösung möglich ist, wenn z. B. das Kind auf starke Ablehnung beider Elternteile stösst. Das Kreativ-Schöpferische wird dann überlagert von Zwanghaftem. Das Kind muss sich stets beweisen, um die Gunst der Eltern zu gewinnen.

In der **Konfliktsituation bei den Mädchen in der Beziehung zu den Vätern** kann eine ähnliche Situation entstehen. Für Mädchen sieht Freud eine Parallele zum **Elektrakonflikt**. Hier hat nicht Elektra ihre verhasste Mutter umgebracht, sondern sie hat ihren Bruder Orest zum Mord angestiftet.

In der Regel hat das Kind zwei mögliche Lösungen für den Umgang mit seiner geschlechtlichen Entwicklung:

- Es kann sich mit dem **gleichgeschlechtlichen Elternteil identifizieren,** sich innerlich mit ihm gleichsetzen. Damit partizipiert es an seiner Grösse, übernimmt aber auch seine Haltungen, Ansichten und Verhaltensweisen. Es übernimmt seine Werthaltungen, seine Gebote und Verbote.
- Gelingt die Identifikation mit dem gleichen Geschlecht nicht, sucht es sich **Ersatz beim anderen Elternteil**. In diesem Fall fehlt die Grundlage für eine stabile Geschlechtsidentität.

Ein Mädchen sieht in ihrer Mutter nicht die Idealperson und bevorzugt ihren Vater als obere Instanz. Es wird das Verhalten und die Eigenschaften des Vaters annehmen.

Das Geschlechtliche hat für das Kind in diesem Alter eine grosse Bedeutung. Es nimmt zur Kenntnis, dass Menschen unterschiedliche Geschlechtsmerkmale aufweisen. Seine Neugierde nach allem, was mit dem Genitalbereich zu tun hat, ist gross. In diesem Alter spielen die Kinder auch gerne «Doktorspiele».

10.1.4 Bedeutung der ersten Lebensphasen für das Leben des Menschen

Alles, was der Mensch in diesen ersten Lebensphasen lernt, ist für das spätere Leben von grosser Bedeutung. Es sind seine ersten Erfahrungen, die ihn am meisten prägen. Später wird der Mensch immer wieder ähnliche Situationen im Leben antreffen. Je nachdem, wie er damals gelernt hat, seine **Konflikte zu meistern,** ist er auch fähig, im Erwachsenenleben damit umzugehen. Praktisch alle Menschen haben Konfliktstoff aus den einzelnen Entwicklungsphasen in sich. Sie haben dort ihren Sitz, begleiten uns das ganze Leben und enden erst mit dem Tod. Durch **kritische Auseinandersetzung** mit sich selbst und dem Umfeld können Konfliktreste grundsätzlich abgebaut und der Weg für eine **umfassendere Persönlichkeitsentwicklung** frei gemacht werden.

Mit folgenden Situationen wird der Mensch sein ganzes Leben lang konfrontiert:

- Frustrationen ertragen können
- Selbstvertrauen und Vertrauen in andere Menschen haben
- Beziehungen zu andern Menschen knüpfen
- Sich durchsetzen, behaupten können
- Geben und nehmen können
- Sich an Regeln und Normen anpassen können
- Die eigenen Grenzen kennen
- Die eigene Geschlechtsidentität finden
- Akzeptieren des andern Geschlechts
- Umgehen können mit Dreiecksverhältnissen[1]
- Bindungsfähig sein
- Der Umgang mit Autoritäten

10.2 Die Entwicklung der Leistungsfähigkeit – Störungen und Kompensationen

Für die Leistungsfähigkeit ist ausschlaggebend, ob jemand in der Lage ist, seine Intelligenz, sein Wissen und sein Können einzusetzen, d. h., ob nicht emotionale, entwicklungs- oder situationsbedingte Barrieren ihn daran hindern, sein Potenzial voll auszuschöpfen. Oft sagt ein Lehrer von einem Schüler, er sei zwar intelligent, habe aber eine schlechte Arbeitshaltung. Oder ein Vorgesetzter findet, sein Mitarbeiter habe zwar eine fundierte Ausbildung, gute Kenntnisse und Fähigkeiten, setze sich aber zu wenig ein und erbringe die erwarteten Leistungen nicht.

Wir werden in der Folge drei Entwicklungsformen der Leistungsfähigkeit besprechen:

- Die ungestörte Entwicklung der Leistungsfähigkeit
- Hemmungen der Entwicklung der Leistungsfähigkeit
- Die Entwicklung von kompensatorischer Leistungsfähigkeit

[1] Gemäss Freud versteht man darunter nicht die landläufig gemeinte ausserehehliche Beziehung.

10.2.1 Die ungestörte Entwicklung der Leistungsfähigkeit

Bei der Beschreibung der kindlichen Entwicklung haben wir gezeigt, dass das Kind in jeder Phase gewisse neue Fähigkeiten erwirbt. Tatsächlich scheint es so, dass der Mensch ursprünglich ein starkes Bedürfnis hat, seine Fähigkeiten zu entwickeln, zu erproben und zu verbessern. Wenn dieses Bedürfnis nicht gehemmt oder unterbunden wird, entwickeln sich die Fähigkeiten von selbst.

In der **ersten Phase**, in der **Vertrauen** in die anderen und in sich selbst entsteht, wird der Grundstein für die sozialen Fertigkeiten gelegt. Überall dort, wo Menschen mit anderen Menschen zu tun haben – bei der Teamarbeit, beim Kundenkontakt, bei Führungsaufgaben usw. – kommt es in erster Linie darauf an, mit einem gesunden Selbstvertrauen aufzutreten.

In der **Autonomiephase** wird aus dem Selbstvertrauen ein **Vertrauen in die eigenen Fähigkeiten**. Es bildet das Grundmuster für die Freude an der eigenen Leistung, insbesondere auch die Freude am Erwerb neuer Fähigkeiten.

Die **dritte Phase** ist gekennzeichnet durch Neugierde und Wissensdrang. Erhalten diese Bedürfnisse Nahrung und Förderung, so wirken sie in Zukunft als **Interesse und Lernbegierde** weiter. Auch die Beziehung und Akzeptanz zum andern Geschlecht ist unverkrampft.

10.2.2 Hemmungen in der Entwicklung der Leistungsfähigkeit

Mangelndes Selbstvertrauen aus der ersten Phase ist eine der verbreitetsten Leistungsbremsen; viele Fähigkeiten liegen brach, weil man es nicht wagt, sie einzusetzen und weil man denkt, die anderen könnten es besser. Auch die Fähigkeit, Beziehungen zu andern Menschen aufzubauen, ist gestört.

Der Konflikt der Autonomiephase besteht darin, **sich nicht durchsetzen zu können**; das Selbstwertgefühl ist wenig ausgeprägt und dadurch wird eine nicht gewollte Bescheidenheit ausgeübt. Konflikte mit Geben und Nehmen und evtl. Suchtprobleme können hier ihre Ursachen haben.

Die **Lernbegierde** der dritten Phase scheint äusserst störungsanfällig, weil sie durch den ödipalen Konflikt belastet ist. Lernen-Wollen, Gross-sein-Wollen, grosse Taten erbringen bedeutet auch (unbewusst, aber deshalb nicht weniger wirksam!), dass der Sohn den Vater bzw. die Tochter die Mutter besiegen oder überwinden will. Tatsächlich zeigt in unserem Wirtschaftsleben der Leistungswille oft solche **rivalisierenden Momente** – statt sach- oder aufgabenbezogen zu sein.

10.2.3 Die Entwicklung von kompensatorischer Leistungsfähigkeit

Grosse Leistungsfähigkeit und grosser Leistungswillen müssen nicht unbedingt mit problemloser Entwicklung gleichzusetzen sein. Auch Konflikte können zu Motoren für aussergewöhnliche Leistungen werden.

Beginnen wir mit der **ersten Entwicklungsphase**. Der Säugling ist der Zuwendung der Eltern ausgeliefert. Empfindet er diese Zuwendung als zu gering, kompensiert die Psyche die Gefühle der Ohnmacht durch Allmachtsfantasien. Charakteristisch ist ein unstillbarer **Hunger nach persönlicher Geltung**.

Bezogen auf die Leistungsfähigkeit bedeutet dies auch, ständig neue Leistungen zu erbringen, der Erste, der Beste zu sein, immer neuen Erfolg zu haben.

Die kompensatorische Leistungsmotivation aus der **zweiten Phase** bezieht sich vor allem auf die verschiedenen Aspekte des Zwanghaften und auf das Ausspielen von Macht.

Die Kompensation von Autonomie-Defiziten zeigt sich im Betrieb häufig auch als **Verteidigung des eigenen Aufgaben-Bereichs.** Ich muss meine Aufgaben so gut lösen, dass sich niemand einmischen kann. Die Kehrseite ist eine **Einschränkung der Fähigkeit zur Kooperation.** Eher werden Überstunden in Kauf genommen, als dass man Hilfe von anderen in Anspruch nehmen würde. Weitere Zwänge, um Höchstleistungen zu erbringen, liegen in den Schuldgefühlen, immer «ein gutes Kind» zu sein.

In der **ödipalen Phase** kommt ein weiteres Moment der Kompensation hinzu: die Rivalität mit einem übermächtigen Partner. Der ödipale Junge möchte seinen Vater ausstechen (oder Mädchen die Mutter), der ihm aber in jeder Hinsicht weit überlegen ist. Es kommt zu einer Neuauflage der **Ohnmacht-Allmacht-Problematik.** Neu kommt in dieser Phase das Geschlechtsspezifische hinzu. Der Junge oder das Mädchen fühlen sich in ein Rollenverhalten hineingedrängt, das nicht den Bedürfnissen entspricht.

Viel Leistungsantrieb kommt aus unbewältigten, psychischen Konflikten, weil wir uns oder anderen etwas beweisen wollen. Die Alternative wäre: Arbeiten aus Interesse an der Sache, aus Verantwortung fürs Ganze – aufgrund autonomer Entscheide.

10.3 Die Lebensprozesse im Erwachsenen-Alter

Wir dürfen nun nicht glauben, dass unsere seelische Entwicklung mit den frühkindlichen Erlebnissen und dem damals Gelernten abgeschlossen ist. Wir werden das ganze Leben mit diesen Konflikten konfrontiert. Die drei Phasen, die wir im vorschulpflichtigen Alter durchlaufen haben, hören nicht auf, sondern gehen weiter. Jede Person muss das ganze Leben hindurch Frustrationen ertragen können, sich durchsetzen und immer wieder die eigene Identität finden. Der Mensch durchläuft im Verlauf seines Lebens einen weiteren Entwicklungsprozess und erlebt diese Konflikte immer wieder auf neue Art, teilweise in schwächerer oder stärkerer Form.

Der Mensch steht sein ganzes Leben hindurch in einem ständigen **Wechselprozess zwischen seiner Person** und der Umwelt. Die Erfahrungen aus den verschiedenen Lebensprozessen, die teils bewusst, teils unbewusst wahrgenommen werden, beeinflussen unser Verhalten. Dieses wirkt sich wiederum auf die Umwelt aus.

Es ist wichtig zu wissen, dass der Mensch seinen **Interessen in seinen verschiedenen Reifeprozessen unterschiedliche Bedeutung** zumisst. Der junge Mensch, der nach Selbstständigkeit und Eigenverantwortlichkeit strebt, sucht sich ein anderes berufliches Umfeld als ein älterer Mensch, der die Verantwortung schon über lange Jahre hinweg getragen hat. Für ihn haben andere Werte eine grössere Bedeutung.

Abb. [10-2]   Die Lebensphasen

Alter	Lebensphase
0–14	Kindheit und Jugend
14–24	Erste Übernahme von Verantwortung
18–35	Die Frage nach Bindungen und Familie
30–55	Das Mitten-im-Leben-Stehen
50–60	Die Vorbereitung auf das Alter und das Ende

Wir wollen uns nun die einzelnen **Lebensphasen** detailliert anschauen:

Kindheit und Jugend (ca. 0–14 Jahre)

In diesem Alter spielt die Frage, wofür man leben will, noch keine grosse Rolle. Viele und unterschiedliche Aspekte des menschlichen Lebens werden gelernt und erfahren. Antriebsarten entfalten sich, Interessen, Fähigkeiten und Fertigkeiten werden gelernt bzw. ausgebildet und differenziert. Diese Phase ist sozusagen das Fundament, auf dem die andern Phasen aufbauen; hier wird die **Grundrüstung des gesamten Lebens** erworben. Da in den ersten Lebensjahren noch vieles unbewusst erlebt wird und die ersten Erlebnisse am meisten prägen, sind sie äusserst wichtig für die spätere Entwicklung.

Erste Übernahme von Verantwortung (ca. 14–24 Jahre)

Diese zweite Zeitspanne ist vor allem durch Versuche, sich frei und unabhängig zu machen, gekennzeichnet. In allen Lebenslagen wird **Selbstständigkeit** angestrebt; berufliche Weichen werden gestellt. Die Ablösung vom Elternhaus und auch das Infragestellen der erfahrenen Erziehung ist ein wichtiges Thema. Das Erwachsensein wird geübt. Es werden neue eigene Wege gesucht.

Die Frage nach Bindungen und Familie (ca. 18–35 Jahre)

In diesen Jahren werden oft erst die eigentlichen **Entscheidungen getroffen,** die dann für das ganze Leben ausschlaggebend sind. Themen wie Familie gründen, Kinder haben und Karriere machen erhalten einen wichtigen Stellenwert.

Das Mitten-im-Leben-Stehen (ca. 30–55 Jahre)

In der Mitte des Lebens, insbesondere die Zeit um 40 Jahre herum, werden die Ergebnisse der früheren Entscheidungen selbst zum Lebensthema. Bis zu diesem Alter hat jeder Mensch mehr oder weniger erfreuliche Erfahrungen gemacht. Fragen nach der Richtigkeit der früher getroffenen Entscheidungen treten auf, oft werden sie neu definiert. Die Frage nach dem **Sinn des Lebens** erhält einen neuen Wert. Leistung und Erfolg spielen eine grosse Rolle. Viele Menschen erleben im Alter von 40 bis 50 Jahren eine «Midlife-Crisis». Die ersten Anzeichen des Alters zeigen sich, gesundheitliche Störungen treten auf.

Die Vorbereitung auf die dritte Lebensphase (ab ca. 50 bis 60 Jahren)

In der letzten Zeitspanne finden die Vorbereitung auf das Ende, Rückblick auf das vergangene Leben und Vorausblick auf das möglicherweise Kommende statt. Es kommt zu einer **Umwertung des Lebens,** die häufig mit einer erhöhten Zuwendung zu geistigen Interessen und einer Lösung von vitalen Antrieben einhergeht. Hormonelle Veränderungen, Wechseljahrsymptome treten ein, die Kräfte lassen nach, die ersten Altersbeschwerden machen sich bemerkbar. Es werden weniger Risiken eingegangen; der Wunsch nach Sicherheit und Beständigkeit nimmt zu. Das, was erworben wurde, möchte man erhalten. Die Bedürfnisse nach Selbstverwirklichung können vermehrt zugelassen werden, sofern sie im bisherigen Berufsalltag nicht möglich waren. Viele Menschen entfalten im Alter noch eine hohe, differenzierte Aktivität.

10.4 Persönlichkeitsreife

Die Persönlichkeitsreife hat mit der **Entwicklung des Menschen** zu tun.

Schon im frühen **Kindheitsstadium** wird geprüft, ob die Fertigkeiten und das Verhalten eines Kleinkinds dem jeweiligen Alter entsprechen. Mit wie vielen Monaten kann es gehen, wann beginnt es zu sprechen und macht die ersten verständlichen Sätze? Dann folgen Abklärungen für die Einschulung des Kinds. Man untersucht, ob die kognitiven, motorischen oder mentalen Fähigkeiten des Kinds genügen.

Es wird also immer geprüft, ob Kinder, Schüler und Jugendliche den Anforderungen ihres Alters entsprechen. Man erwartet, dass ein Schüler der unteren Klassen bereits lernt, seine Hausaufgaben autonom zu erledigen, und in den oberen Klassen gelten eigene Antriebe und Motivation zur Lernbereitschaft als Normalität.

Jugendliche dürfen zudem pubertieren und eigene Ideale oder Wege finden, die den Eltern oder Erziehern widersprechen. Es ist richtig, dass junge Menschen das Umfeld kritisch oder hinterfragend betrachten, sich eigene Gedanken zum Sinn des Lebens machen und für sich eigene Werte finden. Wenn ein Mensch aber in dieser Phase stecken bleibt, alles Herkömmliche auf die Dauer konsequent aus Gründen eines Trotzverhaltens ablehnt und nicht versucht, andere Denkweisen zu untersuchen oder allenfalls zu verstehen, fehlt ihm die Fähigkeit des menschlichen Verstehens. Er sieht alles nur aus seiner Warte. Er hat noch nicht begriffen, dass Menschen in ihrer Art unterschiedlich sind, dass mehrere Wege zum Ziel führen können und dass Recht und Unrecht nicht subjektiv betrachtet werden dürfen.

Wenn ein junger Mensch keine Pubertät erlebt hat oder erleben durfte, fehlt ihm die Erfahrung, die eigenen Bedürfnisse kennenzulernen und auszuloten, was ihm gefällt oder nicht gefällt. Er wird in einem von seinen Eltern oder Erziehern auferlegten Muster weiterleben, vielleicht in einer Welt, die vor allem Wert auf Normen legt. Er unterliegt möglicherweise ständigen Zwängen und ist unfrei. Es ist aber auch ein bequemer Weg: Er muss nichts verändern, keine Risiken oder persönlichen Experimente eingehen und er bleibt sozusagen sicher im Laufgitter.

Sie haben in diesem Kapitel gelernt, dass die frühkindlichen Entwicklungsphasen massgebend das spätere Leben prägen. Wenn starke Störungen vorkamen oder noch nicht genügend verarbeitet werden konnten, führen diese zu seelischen Defiziten. Solche Defizite können den Menschen so beeinflussen, dass er regelmässig über seine eigenen Probleme stolpert. Er gerät stets in wiederkehrende Konflikte und weiss nicht, warum. Er wird sein eigenes Opfer.

Erwachsen ist man vom Gesetz her mit 18 Jahren. Also kaum der Pubertät entronnen, muss der junge Mensch die Verantwortung für sein Handeln selbst übernehmen. Oft befindet er sich noch stark in einem Veränderungsprozess und ist sich seiner Ziele noch nicht so klar bewusst. Je nachdem, was für Aufgaben er übernimmt, wird er daran gemessen, ob er die nötige Reife mitbringt.

Über Reife im Erwachsenenalter verfügen bedeutet u. a.:

- Seine Pflichten wahrnehmen
- Sich der Verantwortung stellen
- Ein autonomes Ich entwickeln
- Ein erträgliches Umfeld für sich und die anderen schaffen
- Mit Frustrationen umgehen können
- Entscheide sorgfältig prüfen
- Vor Konflikten nicht davonlaufen, sie aufarbeiten, Lösungen finden und Lehren daraus ziehen
- Offen sein und Neues wagen
- Veränderungen zulassen
- Das eigene Verhalten kritisch hinterfragen usw.

Menschen aller Schichten verfügen über Persönlichkeitsreife; sie ist nicht an eine Ausbildung oder eine Position gebunden. Man kann sie nicht einfach durch ein Studium erwerben. Reife passiert oder eben nicht, und zwar je nachdem, wie ein Mensch sich seinen täglichen Herausforderungen stellt und diese verarbeitet oder was für Schicksalsschläge er erleben musste. Ein ehemaliger Psychologie-Dozent definierte in seiner Vorlesung die Persönlichkeitsreife einmal so:

Definition	«Reifen kommt von Ringen.»

Persönlichkeitsreife erlangen bedeutet eine **kontinuierliche Arbeit** am Ich und in der Beziehung zum Du, damit alle genügend Raum zur weiteren positiven Entwicklung finden. Menschen mit Persönlichkeitsreife drängen sich nicht um der Macht willen in den Vordergrund, sondern weil sie mit ihren Fähigkeiten verantwortungsbewusst die gestellten Aufgaben erfüllen.

Zusammenfassung

Es gibt **verschiedene Phase der frühkindlichen Entwicklung.**

In der **ersten Phase** dominiert das Bedürfnis des Menschen nach **Liebe und Akzeptiertwerden.** Je nach den Erfahrungen, die er in seinen ersten Beziehungen damit macht, gewinnt er **Vertrauen in andere,** in die Welt und in sich selbst (bzw. Zweifel und Misstrauen). Er lernt in diesen ersten Beziehungen auch Frustrationen zu ertragen. Im Zentrum der **zweiten Phase** steht die **Auseinandersetzung mit den Grenzen,** vor allem den Anpassungsforderungen der Umwelt. In der **dritten Phase** versetzen neue Fähigkeiten (logisches Denken, bewusstere Selbst-Wahrnehmung, breite Lernmöglichkeiten) und das Bedürfnis nach Aktivität und Erkundung des Lebens das Kind in eine ganz neue Position; es bewegt sich von jetzt an als weitgehend eigenständige Person in einer nicht mehr behüteten, sondern in der normalen Welt. Durch **Identifikation mit dem gleichgeschlechtlichen Elternteil** erwirbt es seine Geschlechtsidentität und wesentliche Teile seines Selbst-Ideals. Die Erlebnisse in dieser Phase sind wichtig für den Grad der Kreativität, der Öffnung zur Umwelt hin, der inneren Stabilität der Persönlichkeit und der Möglichkeit, echte Bindungen einzugehen.

Bei der **Leistungsfähigkeit** geht es darum, Intelligenz, Wissen und Können einzusetzen. Kann sich die Leistungsfähigkeit **ungestört** entwickeln, entsteht die Leistungsfähigkeit in den einzelnen Phasen von selbst. Es wird dann in der ersten Phase das Selbstvertrauen, in der zweiten das Vertrauen in die eigenen Fähigkeiten und in der dritten Phase das Interesse an der Sache gebildet.

Der Mensch befindet sich das ganze Leben lang in einem **Entwicklungsprozess.** Die Erfahrungen, die er teils bewusst, teils unbewusst wahrnimmt, beeinflussen sein Verhalten. Die Interessen des Menschen haben in den einzelnen Lebensphasen eine unterschiedliche Bedeutung.

Die **Persönlichkeitsreife** beruht auf dem Entwicklungsprozess des Menschen. Menschen mit Persönlichkeitsreife erfüllen die ihnen gestellten Aufgaben aufgrund ihrer Fähigkeiten verantwortungsbewusst.

Repetitionsfragen

54	Beschreiben Sie die drei Lebensphasen in der frühkindlichen Entwicklung des Menschen.
55	Wie weit ist es möglich, Konfliktstoff aus den Entwicklungsphasen zu verarbeiten?
56	Welche bedeutenden Grundlagen für sein ganzes späteres Leben lernt der Mensch in den ersten Lebensphasen und warum sind diese ersten Lebensphasen so wichtig für die Entwicklung des Menschen?
57	Sybille Berg gehört zu den tüchtigsten und motiviertesten Verkäuferinnen im Unternehmen. Kann man dies auf eine problemlose Entwicklung ihrer Persönlichkeit zurückführen? Erklären Sie, was im psychologischen Sinn unter einer Anpassung verstanden wird.

11   Die Motivationspsychologie

Lernziele   Nach der Bearbeitung dieses Kapitel können Sie ...

- erklären, was man unter den Begriffen Motiv und Motivation versteht.
- das Motivationsmodell von A. H. Maslow darstellen.
- die ERG-Theorie von C. P. Alderfer erläutern.
- die Zweifaktoren-Theorie von F. Herzberg beschreiben.
- erklären, wie die Motivation als Führungsinstrument eingesetzt werden kann.

Schlüsselbegriffe   Arbeitszufriedenheit, Bedürfnis nach Achtung, Bedürfnis nach Anerkennung, Bedürfnis nach Selbstverwirklichung, Bedürfnislehre von A. H. Maslow, Defizitbedürfnisse, Demotivation, ERG-Theorie, extrinsische Reize, Frustrationstoleranz, Grundbedürfnisse, Herzberg (F.), Hygienefaktoren, intrinsische Reize, Job-Fit, Kontaktbedürfnisse, Kontext-Variable, Maslow (A. H.), Methoden der Motivfindung, Motiv, Motivation, Motivatoren, physiologische Bedürfnisse, Primärbedürfnisse, Sekundärbedürfnisse, Sicherheitsbedürfnis, soziale Bedürfnisse, Wachstums-Bedürfnis, Zweifaktoren-Theorie

Motivation ist ein gängiger Begriff. Sie kennen ihn aus der Umgangssprache und haben ihn sicher schon oft verwendet. Aber wissen Sie ganz genau, wie Motivation zu definieren ist, wie Motive entstehen und wie sich Motivation von einem Motiv unterscheidet?

Abb. [11-1]   Themenbereiche der Motivationslehre

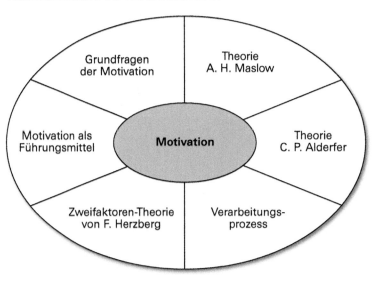

11.1   Die Grundfragen der Motivation

11.1.1   Was sind Motive und was ist Motivation?

Unter Motiv versteht man einen isolierten Beweggrund menschlichen Verhaltens und Erlebens, unter Motivation das Zusammenspiel verschiedener Motive in konkreten Situationen. Die Begriffe Bedürfnis, Wunsch, Trieb, Antrieb, Drang, Triebfeder usw. haben eine ähnliche Bedeutung wie Motiv.

Die Frage nach der Motivation ist die Frage nach dem Warum menschlichen Handelns.

Beispiel	Wenn man danach fragt, warum Herr A. sich für den Beruf des Automechanikers entschieden hat, wird man das Zusammenspiel vielfältiger Motive finden:

- Er ist von Motoren und Autos begeistert.
- Er möchte mit den Händen arbeiten.
- Er hat Spass am Autofahren.
- Er möchte den gleichen Beruf ausüben wie der Vater oder der grössere Bruder.
- Er will selbst mal eine eigene Werkstatt oder eine eigene Garage besitzen.
- Er will vielleicht selbst ein Auto konstruieren und bauen können.

Motive sind alle Verhaltensgründe, die in der betreffenden Person wirken, wobei durchaus offenbleibt, ob sie spontan oder durch einen andern Beweggrund wirksam werden.

11.1.2 Wie entstehen die Motive?

Die Bedürfnisse sind Auslöser des menschlichen Handelns. Sie äussern sich in einem Gefühl des Mangels. Kommt zu diesem Gefühl des Mangels die Bereitschaft dazu, ihn zu beheben, sprechen wir von einem Motiv. Motive sind zielgerichtet.

Beispiel	Der Begriff Durst bezeichnet eine Mangelempfindung, ein Bedürfnis. Zusammen mit der Bereitschaft, den Durst zu löschen, entsteht ein Motiv.

Es gibt **Primär-** und **Sekundärbedürfnisse**. Die Primärbedürfnisse, auch Triebregungen genannt, sind angeboren, z. B. Hunger, Durst, Liebesbedürfnisse usw. Die Sekundärbedürfnisse werden im Lauf des Lebens aufgrund von Erfahrungen erworben.

So haben wir meist nicht einfach Durst, d. h. ein Bedürfnis nach Flüssigkeit, sondern der eine hat Lust auf Milch, auf ein Bier, ein Cüpli, einen Tee oder einen Kaffee usw.

Durch die Erfahrung haben wir zum Beispiel gelernt, dass wir das Primärbedürfnis «Durst» am besten durch Trinken eines Biers befriedigen. Im Lauf der Zeit wird das Trinken von Bier dann zu einem Sekundärbedürfnis. Es geht also nicht mehr darum, ein Primärbedürfnis zu erfüllen und den Durst zu löschen, sondern um ein Lustbedürfnis.

Unsere Motive werden auch durch die Umwelt oder die entsprechende Kultur geprägt. Monsieur Cartier wohnt in Frankreich und trinkt regelmässig seinen Pernod vor dem Mittagessen. Mrs. Miller aus England geht nie ohne ihren «cup of tea» aus dem Haus. Die Amerikaner löschen ihren Durst mit Cola, viele Europäer hingegen trinken gerne ein Bier.

Ob es sich im speziellen Fall nun um eine Triebregung oder um ein Bedürfnis handelt, ist nicht immer einfach zu erkennen.

11.2 Die Bedürfnislehre von A. H. Maslow

Das Motivationsmodell von Maslow ist bekannt und wird in der Arbeitspsychologie und in den Sozialwissenschaften häufig zitiert. Der Grund für diese Verbreitung ist wohl seine Einfachheit und Überschaubarkeit. Vieles lässt sich einleuchtend erklären.

Maslow selbst entwickelte seinen Ansatz nicht auf der Grundlage von Untersuchungen in Unternehmen oder der Arbeitswelt; er kam zu seiner Theorie durch Beobachtungen an Menschen, die zu ihm in psychotherapeutische Behandlung kamen. Er spricht von grundlegenden Bedürfnissen im Allgemeinen, die weder im Speziellen auf das Privatleben noch auf den Arbeitsplatz zutreffen.

Abb. [11-2] Die Bedürfnispyramide nach A.H. Maslow

11.2.1 Die Bedürfnisse und ihre Dynamik

Maslow unterscheidet 5 Arten von Bedürfnissen:

- Physiologische oder Grundbedürfnisse
- Sicherheitsbedürfnis
- Kontakt- oder soziale Bedürfnisse
- Bedürfnisse nach Achtung und Anerkennung
- Bedürfnis nach Selbstverwirklichung

Wir werden diese in der Folge besprechen.

Physiologische oder Grundbedürfnisse

Es handelt sich um die Grundbedürfnisse des Organismus nach Nahrung, Flüssigkeit, Sauerstoff, Wärme, Ruhe usw., aber auch um die nicht ganz so elementar erscheinenden Bedürfnisse nach Aktivität und sexueller Betätigung. Auf dieser Stufe stehen das persönliche Überleben (Existenzsicherung) und die Arterhaltung im Vordergrund.

Sicherheitsbedürfnisse

Hier geht es um das Bedürfnis nach einem geordneten Leben in einer stabilen Umwelt, die relativ frei von Bedrohung der existenziellen, aber auch physischen und psychischen Sicherheit ist. Als Sicherheitsbedürfnis gelten Schutz, Geborgenheit, Gesetze, Ordnung, Grenzen und Angstfreiheit. Konkreter Ausdruck dieser Bedürfnisstufe ist z. B. das Sparen. Das Sicherheitsbedürfnis drückt sich im Arbeitsleben aus, im Streben nach Sicherheit des Arbeitsplatzes, des einmal erreichten Einkommens, nach Schutz vor Arbeitslosigkeit und nach Alterssicherung. Die Stärke des Sicherheitsbedürfnisses ist von Mensch zu Mensch verschieden. Durch Erziehung und Erfahrung (wirtschaftliche Krisen, Kriege usw.) wird das Sicherheitsbedürfnis des Einzelnen wesentlich beeinflusst.

Kontakt- oder soziale Bedürfnisse

Maslow fasste wichtige soziale Bedürfnisse zusammen: den Wunsch nach Zuneigung und Geborgenheit, nach Akzeptiertwerden, nach gefühlsbetonten Kontakten mit anderen Menschen, nach sozialer Nähe, Zugehörigkeit und Eingliederung und auch das Bedürfnis, von einer Gruppe akzeptiert zu werden.

Bedürfnisse nach Achtung und Anerkennung

Maslow unterscheidet hier zwischen dem Grundbedürfnis nach Selbstachtung und dem nach Anerkennung durch andere.

Selbstachtung entsteht durch Erfahrung der eigenen Kraft, Stärke und Kompetenz, durch Erfolg in dem, was man tut. Damit ist hier nicht der soziale Erfolg gemeint, sondern der Erfolg, den jeder bei der Bewältigung von Aufgaben hat. Auch ein kleines Kind kann dieses Bedürfnis befriedigen. Der Wunsch nach Selbstachtung äussert sich ferner auch im Wunsch nach Entscheidungsspielraum und Unabhängigkeit.

Zum andern Bereich gehört vor allem das Streben nach Achtung und **Anerkennung durch andere Menschen.** Es zeigt sich im Drang, bewundert zu werden, angesehen zu sein, von andern geschätzt zu werden, Prestige, Status, Bedeutung, Herrschaft zu erlangen. Im Unterschied zu den sozialen Bedürfnissen geht es hier aber nicht um das soziale Akzeptiertwerden, um das Dazugehören. Menschen streben darüber hinaus meist auch nach einer möglichst angesehenen und einflussreichen Stellung innerhalb der Gruppe.

Bedürfnis nach Selbstverwirklichung

Selbstverwirklichung äussert sich im Bestreben, die eigenen individuellen Möglichkeiten zu realisieren und so in steigendem Mass das zu werden, was man werden kann. Zu dieser Gruppe von Bedürfnissen gehört auch der Wunsch, das Wissen zu erweitern, durch seine Aktivität innerlich bereichert zu werden, sich persönlich entwickeln und entfalten zu können und ein sinnvolles Leben zu führen (nicht nur zu überleben).

Maslow wurde nicht nur berühmt, weil er einen einleuchtenden Katalog von Bedürfnissen aufstellte, sondern vor allem weil er eine **Dynamik dieser Bedürfnisse** aufzeigte:

1. Er geht davon aus, dass die genannten **Bedürfnisse** nicht erlernt, sondern **in der Natur des Menschen** angelegt sind: Die ersten vier Bedürfniskategorien nennt er **Defizitbedürfnisse.** Sie sind darauf angelegt, einen Mangelzustand zu beheben. Bleibt die Befriedigung aus, so kann das seelische Störungen verursachen. Umgekehrt dient ihre Befriedigung bzw. Wiederbefriedigung der seelischen Gesundheit. Bei der letzten Bedürfnisstufe, dem Bedürfnis nach Selbstverwirklichung, handelt es sich dagegen um ein **Wachstums-Bedürfnis.** Dieses ist nicht darauf gerichtet, durch Beseitigung eines Mangels einen zuvor gegebenen Zustand wiederherzustellen, sondern sein Ziel besteht im Wesentlichen darin, den Menschen in seinen ganz persönlichen Möglichkeiten zu verwirklichen und damit über seinen momentanen Zustand hinauszuheben.
2. Maslow sagte, dass die 5 Bedürfnisklassen in einem ganz bestimmten Über- bzw. Unterordnungsverhältnis zueinander stehen: Das jeweils niedrigere Motiv ist so lange das wichtigste und beherrscht das Verhalten, als es unbefriedigt ist. Ist es befriedigt, wird das nächsthöhere Motiv aktiviert und damit handlungsbestimmend.

Wer sich in seinen Grundbedürfnissen bedroht fühlt, wird alles daran setzen, dass er überleben kann. Wenn ihm dies gelingt, wird ihm die eigene Sicherheit nach stabiler Ordnung wichtig; wer sich gesichert glaubt, kann positive Beziehungen zu seiner Mitwelt aufbauen; wer auch diese Zuneigung gefunden hat, richtet sein Handeln so aus, dass er persönlichen Erfolg und Anerkennung durch andere finden kann; ist auch dies erreicht, sieht er für sich die Möglichkeit, sich selbstzuverwirklichen.

Gerät jedoch ein Mensch in eine Notlage oder wird in einem Bedürfnis frustriert, ist nur noch diese Bedürfnisstufe im Moment wichtig. Alle andern Bedürfnisstufen verlieren an Bedeutung.

Beispiel	• Herr W. ist ein erfolgreicher Börsenmakler und liebt seinen Beruf. Für ihn bedeutet seine Arbeit Sinnerfüllung; er kann sein Wissen und Können voll einsetzen. Von seinen Kollegen wird er aber gemobbt, weil ihm diese den Erfolg missgönnen. Herr W. leidet stark darunter und fühlt sich in den zwischenmenschlichen Bedürfnissen frustriert. Er verliert die Freude an der Arbeit, da er seine gesamte Energie aufwenden muss, um die Frustrationen ertragen zu können. Solange es ihm nicht gelingt, das Mobbing durch ein Gespräch mit seinen Kollegen oder durch andere Massnahmen zu beenden, wird er sich kaum selbstverwirklichen können.
	• Frau K. ist Verkaufsleiterin in einem grossen Detailhandelsunternehmen und schätzt den direkten Kontakt mit ihren Kunden. Sie geniesst das Ansehen, das ihr entgegengebracht wird, und freut sich auch über ihre eigenen Verkaufserfolge. Die Konkurrenz ist aber in letzter Zeit sehr stark geworden und sie hat dadurch Marktanteile verloren. Diese für sie neue Situation löst grosse Ängste in ihr aus. Im Moment ist sie so stark frustriert, dass sie unfähig ist, neue Verkaufsstrategien zu entwerfen und erfolgreiche Aktionen zu lancieren. Sobald sie aber mit ihren Frustrationen im Sicherheitsbedürfnis umgehen kann, wird sie Möglichkeiten finden, um wieder erfolgreich tätig zu sein.

Solange es den arbeitenden Menschen in wirtschaftlicher Hinsicht schlecht geht und ihre Positionen ungesichert sind, werden die untersten Bedürfnisstufen für ihr Handeln bestimmend sein. Sie werden dann dem Unternehmen kaum als mitdenkende, erfolgsfreudige und zielorientierte Mitarbeitende zur Verfügung stehen.

11.2.2 Wie kann das Unternehmen Einfluss auf die Bedürfnisbefriedigung der Mitarbeitenden nehmen?

Abb. [11-3]   Massnahmen des Unternehmens zur Beeinflussung der Bedürfnisse de Mitarbeitenden

Bedürfnis	Massnahmen
Grundbedürfnisse	• Geregelte Arbeitszeiten • Pausen, Ferien • Möglichkeiten der Verpflegung, Kantine, Kaffee-Ecke • Arbeitsplatzgestaltung nach ergonomisch richtigen Überlegungen • Möglichkeit der Aktivität • Recht auf Arbeit
Sicherheitsbedürfnisse	• Die Entlöhnung • Die Sozialversicherungen • Der Schutz vor Gefahren • Eine stabile und gesicherte Struktur • Eine transparente, objektive und situationsgerechte Information, die möglichst Ängste abbaut oder erst gar nicht zulässt
Kontaktbedürfnisse	Firmenkultur • die Kommunikation als unerlässlich betrachtet, • Gefühle zulassen kann, • regelmässige Mitarbeitergespräche durchführt, • Teamentwicklungen fördert, • informelle Gruppen als wichtig einstuft, • die Würde des Menschen achtet, • Konflikte fair austrägt und • Mobbing mit allen Mitteln verhindert.
Bedürfnis nach Achtung	Diesem Bedürfnis wird entsprochen, wenn • der Mitarbeiter am richtigen Ort so eingesetzt wird, dass er durch seinen Einsatz Erfolgserlebnisse erreicht. • die Ziele durch Mitspracherecht gemeinsam erarbeitet werden. • die Leistungen beurteilt und das Selbstwertgefühl der Mitarbeitenden gestärkt wird. • besondere Leistungen oder Aktivitäten so honoriert werden, dass diese Zuwendung vom Mitarbeiter als Privileg empfunden wird.
Bedürfnis nach Selbstverwirklichung	Dieses Bedürfnis wird befriedigt, wenn • der Mitarbeiter die Möglichkeit erhält, seine ganz individuellen Fähigkeiten und Kenntnisse einzusetzen. • der Mitarbeiter durch Schulung und Weiterbildung unterstützt wird. • Arbeitszeitmodelle angewendet werden, die dem Mitarbeiter mehr freien Spielraum in seiner Arbeitstätigkeit gewähren.

11.2.3 Die Befriedigung der Bedürfnisse

Es muss aber nicht jedes Bedürfnis zu 100% abgedeckt werden. Die meisten Menschen in unserer Gesellschaft sind nur teilweise in ihren Bedürfnissen befriedigt. Viele Menschen können jedoch gut damit leben, wenn sie auf etwas verzichten müssen. Wer längere Zeit hindurch gewöhnt ist, etwas zu entbehren, kann Fähigkeiten zu mehr **Frustrationstoleranz** entwickeln. Besonders Menschen, die in den ersten Lebensjahren ihre wichtigsten Bedürfnisse befriedigen und ein gutes Selbstvertrauen aufbauen konnten, neigen auch später dazu bei **Bedürfnis-Beeinträchtigungen** sicher und stark zu bleiben. Wenn jedoch die Frustration vom Menschen als zu heftig erlebt wird, fühlt er sich seelisch krank. Die Theorie von Maslow wird oft als **Pyramide** dargestellt, da die verschiedenen Bedürfnisstufen in der Hierarchie unterschiedliche Stärken der Befriedigung erlangen. Um dies zu veranschaulichen, könnte man die Bedürfnisbefriedigungen mit Zahlen erfassen, die aber **nicht belegt** sind. So wird der durchschnittliche Bürger vielleicht zu 85% in seinen Grundbedürfnissen befriedigt sein, zu 70% in seinen Sicherheitsbedürfnissen, zu 50% in seinen Liebesbedürfnissen, zu 40% in seinen Selbstachtungsbedürfnissen und zu 10% in seinen Selbstverwirklichungsbedürfnissen.

Die Bedürfnisse des Menschen werden vom Durchschnittsmenschen häufiger **unbewusst** als bewusst erlebt. Es kann demnach dazu führen, dass frustrierte Bedürfnisse nicht wahrgenommen oder verdrängt werden.

Der Mensch nimmt die Motive und Bedürfnisse unterschiedlich wahr. Es ist daher unmöglich, eine für alle Menschen in allen Situationen verbindliche Bedürfnistheorie aufzustellen. Sie hilft aber, den Einzelfall besser zu beurteilen.

Es ist auch zu beachten, dass Bedürfnisse an verschiedenen Orten befriedigt werden. So können zum Beispiel Kontaktbedürfnisse am Arbeitsplatz frustrierend sein, im Freundeskreis oder in der Familie können sie zur vollen Zufriedenheit gestillt werden. Schlimm wird es für einen Menschen, wenn er in all seinen Lebensbereichen Bedürfnisfrustrationen erleben muss.

11.3 Die ERG-Theorie von C. P. Alderfer

Alderfer baut auf Maslow auf, unterscheidet aber nur noch drei Bedürfnisarten:

* Die Bedürfnisse nach Selbsterhaltung (engl. Existence)
* Die Bedürfnisse nach Kontakt (engl. Relatedness)
* Die Bedürfnisse nach Selbstverwirklichung und Wachstum (engl. Growth)

Den Anfangsbuchstaben seiner Motivkategorien entsprechend nennt Alderfer seinen Ansatz «ERG-Theorie».

Neben der Dreiteilung der Bedürfnisse macht er drei Zusatzannahmen:

* Die Selbsterhaltungsbedürfnisse werden umso stärker, je **weniger** sie und die Kontaktbedürfnisse befriedigt sind.
* Die Kontaktbedürfnisse werden umso stärker, je **weniger** sie und die Bedürfnisse nach Selbstverwirklichung befriedigt werden und je **mehr** die Selbsterhaltungsbedürfnisse befriedigt sind.
* Die Bedürfnisse nach Selbstverwirklichung werden umso stärker, je **mehr** sie und die Kontaktbedürfnisse befriedigt werden.

Diese Überlegungen lassen sich wie folgt veranschaulichen:

Abb. [11-4]   Die ERG-Theorie von C. P. Alderfer

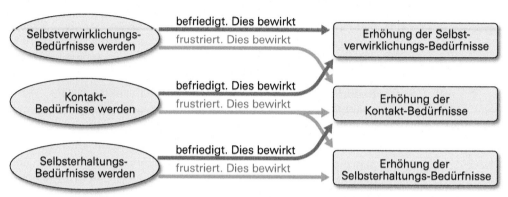

Beispiel
- Frau A. hat eine interessante Stellung, sie wird gefordert und kann sich weiterentwickeln. Durch einen Wechsel in der Unternehmensleitung wird sie einer andern Führungsperson unterstellt, die bezüglich Mitarbeiterförderung andere Ansichten hat. Frau A. hat Mühe, den zwischenmenschlichen Zugang zur neuen Führungsperson zu finden. Sie fühlt sich in ihren Kontaktbedürfnissen frustriert.
  Gemäss der Theorie von Alderfer würde sich dieser Vorgang wie folgt äussern:
  Frau A. ist frustriert in ihren Selbstverwirklichungs- und Kontaktbedürfnissen und sie sucht deshalb vermehrt den Kontakt zu anderen Menschen. Gleichzeitig erhöht sich ihr Bedürfnis nach Selbsterhaltung. Das könnte bedeuten, dass sie vermehrt aktive Tätigkeiten sucht oder sich in ein passives Verhalten flüchtet. Es könnte sich auch der Konsum von Süssigkeiten erhöhen, je nachdem wie bewusst oder unbewusst ihr die Bedürfnisfrustration ist.
- Frau B. hat endlich ihren Traumjob erhalten und kann ihre Kontakt-Bedürfnisse durch den häufigen Kundenkontakt befriedigen. Sie ist motiviert, zufrieden und offen für neue Herausforderungen, die ihr nun ermöglichen, auch ihre Selbstverwirklichungsbedürfnisse zu befriedigen.

Die Theorien von Maslow und von Alderfer sagen nichts über die Dauer und die Intensität der Frustration bzw. der Befriedigung aus. Die Bedürfnisse können über längere Zeit, d. h. über Wochen und Monate hinaus frustriert sein (z. B. beim Verlust eines geliebten Menschen, beim Mobbing usw.) oder sie können täglich von Befriedigung zu Frustration wechseln.

11.4   Der Verarbeitungsprozess eines Bedürfnisses

Wir verfolgen nun den Prozess von der Entstehung eines Bedürfnisses bis zu seiner Befriedigung:

Abb. [11-5]   Der Verarbeitungsprozess eines Bedürfnisses

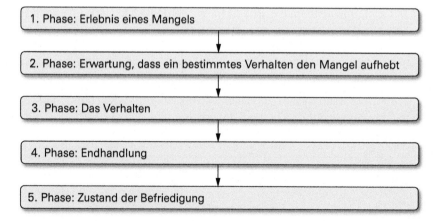

Wir zeigen den Verarbeitungsprozess anhand von folgendem Beispiel:

Beispiel	1. Phase	Frau S. fühlt grossen Hunger, da sie über Mittag durchgearbeitet hat; ihr Magen knurrt. Ihr Hungermotiv ist aktiviert.
	2. Phase	Diese Phase ist besonders wichtig, weil sich hier entscheidet, ob das aktivierte Motiv befriedigt werden kann oder nicht. Geht man von falschen Erwartungen aus, kann das aktivierte Motiv nicht befriedigt werden. Frau S. hat im Moment keine grossen kulinarischen Ansprüche und ist mit einer Kleinigkeit zufrieden.
	3. Phase	Frau S. geht also schnell zum nächsten Kiosk und kauft sich ein belegtes Brot und einen Schokoladenriegel.
	4. Phase	Frau S. isst das Brot und geniesst den Schokoriegel.
	5. Phase	Frau S. hat keinen Hunger mehr; sie ist momentan satt.

Der Befriedigung eines Motivs folgt gewöhnlich nach einiger Zeit erneut ein Erlebnis des Mangels, womit der Prozess wieder von vorn beginnen kann.

Motive schwanken zwischen Mangelzustand (1. Phase) und Sättigung (5. Phase) periodisch hin und her.

Aus dem folgenden Beispiel erkennen Sie, was passieren kann, wenn in der zweiten Phase von falschen Erwartungen ausgegangen wird.

Beispiel	Frau S. arbeitet im Kundendienst und kann ihre Kontaktbedürfnisse befriedigen. Für sie ist wichtig, dass sie genügend Zeit für ihre Kunden hat und auch mal ein paar persönliche Worte wechseln kann (Phase 1).
	Ihre Erwartung (Phase 2) ist, mit den Kunden genügend lang plaudern zu können. Sie ist der Meinung, dass vertiefte Kommunikation von den Kunden geschätzt wird und dass sich dies positiv auf den Geschäftserfolg auswirken wird.
	Ihr Vorgesetzter schätzt dieses Verhalten überhaupt nicht und kritisiert die unnötig langen Gespräche. So ändert sie ihr Verhalten (Phase 3) und fügt sich der Kritik des Chefs (Phase 4).
	Sie hat die Befriedigung ihrer Kontaktbedürfnisse nicht erreicht (Phase 5), weil sie von falschen Voraussetzungen ausgegangen ist.

Diese fünf Phasen laufen bei allen unseren Bedürfnissen ab. Dabei ist es möglich, dass einzelne Bedürfnisse befriedigt werden können und andere eben nicht. Oft ist das eigene Verhalten dafür verantwortlich, ob schliesslich die Phase 5 erreicht werden kann.

11.5   Die Zweifaktoren-Theorie von F. Herzberg

In der gleichen Zeitperiode, in der Maslow seine Theorien über die Bedürfnisbefriedigungen entwickelte, arbeiteten Herzberg und seine Mitarbeitenden an ähnlichen Projekten. Bei Herzberg ging es darum herauszufinden, in welchen Situationen Mitarbeitende zufrieden oder unzufrieden sind. Er befragte verschiedene Berufstätige.

Sie sollten zu erklären versuchen,

* welches die Gründe ihrer Zufriedenheit bzw. Unzufriedenheit waren,
* wie sich die geschilderte Situation auf ihren Leistungswillen auswirkte und
* wie lange diese Wirkungen andauerten.

Die Ergebnisse waren überraschend, denn:

* Die Gründe für die Zufriedenheit und die Gründe für die Unzufriedenheit waren recht unterschiedlich.
* Zugleich zeigte sich, dass sich die Gründe für Zufriedenheit länger positiv auf die Leistungen auswirkten, während jene Bedingungen, die als Ursachen der Unzufriedenheit genannt wurden, keine oder nur geringfügige Wirkungen auf die Leistungsbereitschaft hatten. Die heutigen Tatsachen lehren uns etwas anderes. Wenn die Boni der Topmanager nicht mehr gesichert sind, drohen sie mit Kündigung.

Herzberg schloss daraus, dass es entweder

- eine Arbeitszufriedenheit oder eine Nichtarbeitszufriedenheit gibt
- und dass es entweder eine Unzufriedenheit oder eine Nichtunzufriedenheit gibt.

Verschiedene Anreize, die eine Arbeit bietet, können zudem von unterschiedlicher Qualität und Wirkung sein und sie werden stets von den Menschen individuell gewichtet und wahrgenommen. Das Gleiche trifft auch auf die Arbeitsbedingungen zu.

Er bezeichnete die eine Gruppe von Anreizen als

- Motivatoren oder satisfiers, die andere als
- Hygienefaktoren oder dissatisfier.

11.5.1 Was zählt zu den Motivatoren?

Die Grössen, die sich positiv auf die Zufriedenheit und den Leistungswillen auswirken, die also darüber entscheiden, ob jemand in seiner Arbeit zufrieden ist oder nicht, sind:

- Die körperliche Betätigung, aktiv sein, sich bewegen können, auch mit den Händen tätig sein
- Der Kontakt durch die Arbeit, für Kunden da sein, in einem Team arbeiten, mit andern Menschen gemeinsame Ziele erreichen
- Das Leistungsbedürfnis, das Können und Wissen einsetzen, Erfolg haben, die eigenen Grenzen spüren
- Einfluss haben und Verantwortung tragen, selbstständig arbeiten und entscheiden können
- Der Wunsch nach Selbstverwirklichung und danach, den Sinn in der Arbeit zu finden
- Der Wunsch, nicht nur das Wissen und Können, sondern auch die Neigungen und besonderen Talente in die Arbeit einbringen zu können

Diese Grössen werden als Motivatoren bezeichnet, weil sie einen positiven Einfluss auf die Motivation zur Leistung haben. Da sie sich zugleich vorwiegend auf den Inhalt der Arbeit beziehen, hat sich auch der Name Kontent-Variablen (= Inhalts-Variablen) eingebürgert.

11.5.2 Welches sind die Hygienefaktoren?

Grössen, die von den Befragten vor allem als Ursache der Unzufriedenheit genannt wurden, die aber keine nennenswerten langfristigen Wirkungen auf die Leistungsbereitschaft zu haben schienen, waren:

- Der Führungsstil
- Die Unternehmenspolitik und -verwaltung
- Die Beziehung zu Gleichgestellten, Kollegen, Untergebenen und Vorgesetzten
- Die äusseren Arbeitsbedingungen
- Die Arbeitsplatzsicherheit
- Die Entlohnung, Boni, Prämien, «fringe benefits» sowie alle andern monetären Anreize
- Prestige und Status
- Persönliche, berufsbezogene Lebensumstände

Eine Verbesserung dieser Bedingungen führt vor allem dazu, Unzufriedenheiten abzubauen. Deshalb werden sie als Hygienefaktoren bezeichnet. Da es sich um Bedingungen handelt, die schwerpunktmässig im Umfeld der Arbeit (nicht in dieser selbst) liegen, heissen sie auch **Kontext-Variablen** (= Umfeld-Variablen).

Die Befragungen ergaben, dass Zufriedenheit durch andere Einflussgrössen bewirkt wird als Unzufriedenheit; **Zufriedenheit und Unzufriedenheit** sind somit als zwei voneinander **unabhängige** Grössen zu sehen. Deshalb heisst die Theorie auch «Zweifaktoren-Theorie».

Beispiel	Frau K. arbeitet seit einem Jahr in der Verkaufsabteilung einer Handelsgesellschaft. Sie ist noch jung, hat sich aber schnell in ihre Tätigkeit eingearbeitet. Die Arbeit ist zur Routine geworden, sie fühlt sich unterfordert und möchte eine neue Herausforderung. Sie würde sehr gerne in die Einkaufsabteilung wechseln, da diese Tätigkeit mit Reisen verbunden ist. Ihr Vorgesetzter verspricht, sie bei der nächsten Gelegenheit zu berücksichtigen. Als in dieser Abteilung eine Stelle frei wird, wird jedoch eine Mitarbeiterin bevorzugt, die bereits halbtagsweise in dieser Abteilung gearbeitet hat und sich bereit erklärte, nun 100% zu arbeiten. Frau K. hat diesen Entscheid der Geschäftsleitung zwar verstanden. Ihre inneren Bedürfnisse nach neuen Herausforderungen wurden aber immer noch nicht befriedigt. Sie sprach erneut ihren Vorgesetzten darauf an, dass sie unterfordert sei. Dieser erhöhte das Salär von Frau K. um eine beträchtliche Summe, um sie zufriedenzustellen.

Frau K. kündigte aber zwei Monate später die Stelle, da sie in einem anderen Unternehmen ihren Traumjob fand. Der Vorgesetzte war sehr erstaunt über diese Kündigung, da er Frau K. doch eine aussergewöhnliche Lohnerhöhung gewährt hatte.

Fazit

Die Motivatoren von Frau K. waren nicht befriedigt. Sie war nicht unzufrieden; sie war einfach nicht mehr ganz zufrieden und suchte eine neue Herausforderung. Der Vorgesetzte hat dies nicht verstanden. Er glaubte, dass der Mensch nur des Geldes wegen arbeitet und nur mit finanziellen Mitteln motiviert werden kann. Er wusste nicht, dass es unterschiedliche Anreize gibt, die die Arbeitsmotivation beeinflussen.

11.5.3 Warum arbeitet man?

Mit der Arbeit können wichtige Bedürfnisse befriedigt werden. Man kann sich z. B. an einer Herausforderung messen und Erfolg haben. Man kann spüren, dass man gebraucht wird, dass man jemand ist und natürlich dient die Arbeit auch als Existenzsicherung und gewährt einen guten Lebensstandard.

Herzberg sagt, dass die **Motivatoren oder Hygienefaktoren von unterschiedlichen Anreizen und Arbeitsmotiven beeinflusst** werden.

Die Motivatoren werden von **intrinsischen**[1] **Anreizen** beeinflusst. Zu ihnen gehören

- Die körperliche Betätigung, aktiv sein, sich bewegen können, auch mit den Händen tätig sein
- Der Kontakt durch die Arbeit, für Kunden da sein, in einem Team arbeiten, mit andern Menschen gemeinsame Ziele erreichen
- Das Leistungsbedürfnis, das Können und Wissen einsetzen, Erfolg haben, die eigenen Grenzen spüren
- Einfluss haben und Verantwortung tragen, selbstständig arbeiten und entscheiden können
- Der Wunsch nach Selbstverwirklichung und danach, den Sinn in der Arbeit zu finden; der Wunsch, nicht nur das Wissen und Können, sondern auch die Neigungen und besonderen Talente in die Arbeit einbringen zu können

Die Hygienefaktoren werden durch **extrinsische**[2] **Anreize** beeinflusst. Zu ihnen zählen

- der Wunsch nach Geld, um die Existenz zu sichern, sich etwas leisten oder ein angenehmes Leben führen zu können,
- das Sicherheitsbedürfnis, den erworbenen Lebensstandard beibehalten zu können, abgesichert zu sein in Notlagen, nichts zu verlieren,
- das Geltungsbedürfnis, Prestige geniessen können, durch ein hohes Salär einen gewissen Status erreichen, erotische Bedürfnisse befriedigen (viele Menschen verlieben sich am Arbeitsplatz) oder auch Kontakte pflegen, die nichts mit der Arbeit zu tun haben.

Intrinsische und extrinsische Arbeitsmotive sind bei den Menschen unterschiedlich vorhanden. Sie können je nach Lebenssituation eine andere Bedeutung erhalten. Meistens sind auch mehrere Motive gleichzeitig wirksam.

---

[1] Intrinsisch: von innen her, aus sich heraus.
[2] Extrinsische Anreize: liegen nicht in der Tätigkeit selbst, sondern in den äusseren Umständen der Arbeit.

Die nachfolgende Grafik fasst Herzbergs Theorie zusammen.

Abb. [11-6]   Die Motivationstheorie von F. Herzberg

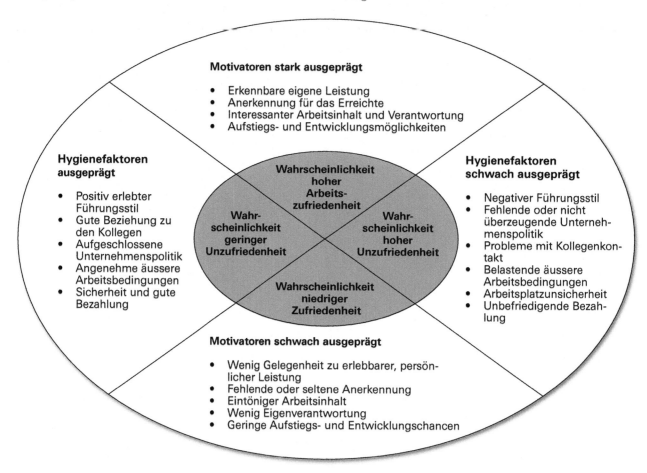

11.5.4   Wie nützt die Zweifaktoren-Theorie dem Vorgesetzten?

Für den Vorgesetzten ist es sehr wichtig, dass er die Zweifaktoren-Theorie von Herzberg kennt. Wenn ein Mitarbeiter in seinen **extrinsischen Anreizen** frustriert ist oder wenn er seine Hygienefaktoren als schlecht bezeichnet, ist er hochgradig unzufrieden. Aus Unzufriedenheit können sich negative Einstellungen entwickeln. Einmal gefestigte Einstellungen lassen sich nicht mehr leicht verändern.

Unzufriedenheitsformen müssen im Unternehmen abgebaut werden, da es sich niemand leisten kann, in der heutigen Zeit unzufriedene Mitarbeitende zu beschäftigen. Mit extrinsischen Anreizen kann man Unzufriedenheiten abbauen.

Aus welchen Gründen ein Mitarbeitender das **Unternehmen verlässt**, spielt auch eine wesentliche Rolle. Denn wenn er wegen frustrierter Hygienefaktoren weggeht, wird er eher negativ über seinen ehemaligen Arbeitgeber sprechen.

Anders verhält es sich, wenn er das Unternehmen wegen eines intrinsischen Motivs verlässt, weil sie ihm z.B. keine weiteren Entwicklungsmöglichkeiten anbieten konnte oder weil er ganz einfach der Stelle entwachsen war oder keine Herausforderung mehr in der Arbeit sah. Intrinsische Motive oder Anreize beeinflussen nur die Zufriedenheit. Man ist entweder zufrieden oder einfach nicht zufrieden. Ein Mitarbeiter, der aus intrinsischen Gründen die Stelle wechselt, wird seinen Weggang möglicherweise selbst bedauern und positiv über seinen alten Arbeitgeber sprechen.

11.6 Die Motivation als Führungsmittel

Zum Einstieg in dieses Thema ein paar provokative Fragen:

- Ist es überhaupt möglich, einen Menschen für irgendetwas zu motivieren?
- Liegt die Motivation nicht einfach in der Natur des Menschen?
- Kennt der Mensch denn seine Motive?

Wir wissen, dass Motive aus Primär- oder Sekundärbedürfnissen entstehen, die teils angeboren, teils durch die Umwelt erworben und von Mensch zu Mensch unterschiedlich ausgeprägt sind. Motivation ist das Zusammenspiel verschiedener Motive.

Die Motivation als Führungsmittel ist ein wichtiges Instrument, das der Vorgesetzte kennen muss, wenn er die Leistung seiner Mitarbeitenden beeinflussen will.

11.6.1 Die Bestimmungsfaktoren der Leistung

Woraus setzt sich die Leistung zusammen? Wir können die bestimmenden Faktoren in folgender Kurzformel darstellen:

Leistung =
Leistungswille + Leistungsfähigkeit + Bedingungen der Leistungserbringung

Diese drei Faktoren lassen sich in subjektive und objektive Grössen einteilen.

Die überdauernden und momentanen Arbeitsmotive, das Anspruchsniveau, die Einstellung, die Wahrnehmung der verschiedenen Anreize und der Leistungswille sind **subjektive Grössen**.

Die Leistungsfähigkeit und die Bedingungen der Leistungserbringung sind **objektive Grössen**.

Subjektiv bedeutet, dass der Mensch eine gegebene Situation von seiner Warte her betrachtet. Dazu gehört die gesamte Entwicklungsgeschichte, die ihn zu einer Meinung oder Auffassung bewegt.

Beispiel	Die HR-Fachperson ist überdauernd sehr motiviert an ihrer Aufgabe. Momentan hat sie einfach zu viel Arbeit und sie spürt ihre Grenzen sehr stark.

Objektiv bedeutet, dass eine Situation gemessen werden kann. Die Arbeitsfähigkeit kann getestet werden, z. B. ob ein Brief fehlerfrei auf Englisch geschrieben wird oder in welcher Zeitspanne ein Produkt hergestellt wird.

Beispiel	Der Arbeitsplatz von Frau B. ist komplett veraltet. Das PC-System genügt den heutigen Anforderungen nicht mehr: Obwohl Frau B. über ausserordentlich gute Informatik-Kenntnisse verfügt, kann sie mit ihrem Gerät keine Grafiken erstellen.

Wir besprechen in der Folge die subjektive Grösse Leistungswillen und die beiden objektiven Grössen Leistungsfähigkeit und die Bedingungen der Leistungserbringung.

A] Leistungswille, Leistungsfähigkeit und Bedingungen der Leistungserbringung

Der Leistungswille

Ob jemand gewillt ist, eine gute Leistung zu erbringen, hat auch mit Pflichtbewusstsein zu tun. Wie stark ist es ausgeprägt? Die intrinsischen und extrinsischen Anreize beeinflussen den

Willen zur Leistung mehr oder weniger direkt. Wer gerne selbstständig arbeitet und auch die Möglichkeit dazu hat, wird der Leistung eine positive Seite abgewinnen. Wer den Lohn als gerecht empfindet und gar einen leistungsbezogenen Lohn erhält, wird mit Engagement seine Arbeit verrichten.

Die Leistungsfähigkeit

Darunter versteht man das Können und Wissen, die Ausbildung, die Praxis, die gesamten beruflichen Fähigkeiten und die gesundheitlichen Voraussetzungen für die vorgesehene Stelle.

Die Bedingungen der Leistungserbringung

Für das Zustandekommen von Leistung und Motivation müssen günstige äussere Arbeitsbedingungen geschaffen werden. Wichtig sind folgende Bedingungen:

- Arbeitsplätze und Arbeitsumgebung, die den Anforderungen entsprechen
- Das betriebliche Umfeld mit seinen internen Abläufen, Strukturen, Infos usw. muss stimmen.
- Ausserbetriebliche Faktoren, wie. z. B. Familie, Freundeskreis, Hobbys usw. können ebenfalls zur Leistungserbringung beitragen oder auch nicht.
- Auch politische, ökonomische und die gesamte Arbeitsmarktlage haben einen Einfluss.

B] Wie können günstige Bedingungen geschaffen werden?

Die Einrichtung des Arbeitsplatzes

Dabei geht es um folgende Fragen:

- Ist der Arbeitsplatz technisch auf der Höhe?
- Sind die nötigen Maschinen, Werkzeuge, Hilfsmittel usw. vorhanden?
- Sind Griff- und Sichtfeld optimal gestaltet?
- Ist der Arbeitsablauf leistungsfreundlich gestaltet?
- Ist die Arbeitsausführung von anderen Arbeitsstellen abhängig?
- Sind Beleuchtung, Belüftung, Klimatisierung und Lärmpegel usw. optimal?

Die Gegebenheiten des betrieblichen Umfelds

Das betriebliche Umfeld ist wichtig, weil der Mitarbeiter das Leistungsergebnis nicht alleine erreichen kann. Wenn ein Mitarbeiter zum Beispiel sein Produkt nur erstellen kann, wenn ihm ein anderer Mitarbeiter rechtzeitig ein Teilstück liefert, ist er abhängig von ihm.

Zudem sind noch folgende Faktoren wichtig:

- Die notwendige Information muss vorhanden sein
- Arbeitsabläufe sind zu beachten
- Die Gruppe, in der er arbeitet, muss ihm entsprechen
- Art der Führung
- Struktur und Organisation

Die ausserbetrieblichen Gegebenheiten

Zu diesen Einflussgrössen gehören:

- Die private Lebenssituation eines Mitarbeiters
- Die Lage auf dem Arbeitsmarkt
- Die gesamtwirtschaftliche und politische Lage im eigenen Land und global

- Die technische Entwicklung

Auch diese Gegebenheiten haben direkten Einfluss auf das Leistungsverhalten. Ist z. B. jemand verheiratet oder ungebunden? Sind die persönlichen Verhältnisse glücklich, zufrieden stellend, schwierig oder belastend? Liegen finanzielle Sorgen vor? Wie sind die Wohnverhältnisse und der Arbeitsweg?

Die folgende Abbildung fasst die Bestimmungsfaktoren der Leistung zusammen.

Abb. [11-7]   **Bestimmungsfaktoren der Leistung**

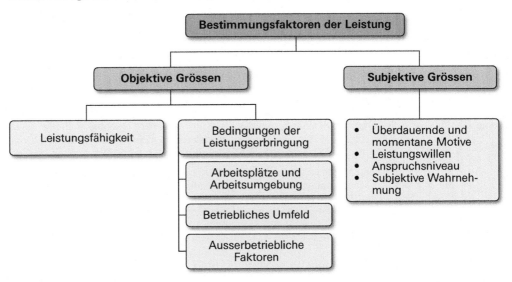

Ob ein Mitarbeiter zur Leistungserbringung am Arbeitsplatz motiviert ist, hängt also von vielen verschiedenen Faktoren ab. Grundsätzlich ist der Mensch von Natur aus aktiv, er möchte etwas tun. Die anlagebedingte Energie ist aber bei jedem Menschen unterschiedlich ausgeprägt. Auch entwicklungsbedingte Defizite können zur erhöhten Leistungserbringung beitragen. Lesen Sie dazu nochmals im Kapitel 10.2 den Abschnitt über die Störungen bei der Entwicklung der Leistungsfähigkeit.

Beispiel   Eine Mitarbeitende mit defizitären Selbstwertgefühlen kompensiert sie mit überdurchschnittlich hoher Leistung, sodass alle sie bewundern und loben.

Das Zusammenspiel von Anforderungen der Aufgabe und Leistungsfähigkeit des Mitarbeiters nennt man **Job-Fit.** Es ist unerlässlich für ein befriedigendes Arbeiten. Der optimale Job-fit oder Personaleinsatz ist ein Organisations- und ein Führungsproblem. Das heisst, Stellen und Arbeitsplätze sind so einzurichten und organisatorisch so zu vernetzen, dass Menschen darin motiviert arbeiten können. Die Mitarbeitenden sind entsprechend anzuleiten, aus- und weiterzubilden, dass sie ihre Aufgaben sicher und effizient erfüllen können.

Die gegenseitigen Erwartungen von Unternehmen, Vorgesetzten und Mitarbeitenden sind oft nicht deckungsgleich und können eine **Demotivation** verursachen.

11.6.2   Die Methoden der Motivfindung

Wenn ein Vorgesetzter die Leistung eines Mitarbeiters beeinflussen oder verbessern möchte, muss er die verschiedenen Motivations-Faktoren kennen. Er muss wissen, wo er ansetzen muss, um den Mitarbeiter für die Arbeitsleistung zu motivieren. Liegt es an den extrinsischen und intrinsischen Anreizen, die verbessert werden müssen, liegt es am Willen, am Können, im betrieblichen Umfeld usw.?

Wie kann er aber diese Motive herausfinden?

Grundsätzlich sind **drei Methoden** möglich

- durch das Gespräch:
  Er kann den Mitarbeiter befragen, ihn auffordern, darüber nachzudenken, was für ihn wichtig ist.
- durch die Beobachtung.
  Er kann das Arbeitsverhalten des Mitarbeiters beobachten. Wie ist das Verhalten allgemein und im Speziellen der Leistung gegenüber?
- durch die Analyse der Verhaltensergebnisse:
  Darunter versteht man die eigentliche Leistung der Arbeit; ist sie fehlerfrei, zuverlässig, exakt, genau und in angemessenem Zeitpunkt erstellt worden?

Bei allen drei Methoden ist es wichtig, dass nicht nur aufgrund einer einzelnen Begebenheit ein Schluss gezogen wird. Es müssen alle drei Methoden angewandt werden, und zwar während einer angemessenen Zeitspanne. Die Gefahr einer subjektiven Analyse ist stets vorhanden.

Beispiel

Frau X. passieren in den letzten Tagen wiederholt Flüchtigkeitsfehler. Es kann falsch sein, wenn man daraus schliesst, dass sie zur Arbeitsleistung nicht mehr motiviert ist. Möglicherweise hat sie gesundheitliche Probleme oder Schlafstörungen, die mit der Arbeit in keinem Zusammenhang stehen.

Herr M. hat im letzten Monat das Umsatzziel nicht erreicht. Er gehört zu den Spitzenverkäufern. Seine Kollegen haben aber das Ziel geschafft. Es ist nun die Aufgabe des Vorgesetzten herauszufinden, wo das Problem liegt, und Herrn M. allenfalls mit den notwendigen Anreizen oder mit anderen Methoden für seine Arbeit neu zu motivieren.

Abb. [11-8]

Die Methoden der Motivfindung

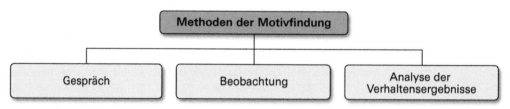

Zusammenfassung

Ein **Motiv** ist ein einzelner, in der Person liegender Beweggrund menschlichen Verhaltens; **Motivation** ist das Zusammenspiel verschiedener Motive, das in einer konkreten Situation zu konkreten Handlungsweisen führt. Kommt zu einem Bedürfnis die Bereitschaft, dieses zu befriedigen dazu, sprechen wir von einem Motiv.

A. H. Maslow entwickelte ein **Motivationsmodell**. Er gliederte die menschlichen Bedürfnisse in fünf Stufen:

- Physiologische oder Grundbedürfnisse
- Sicherheitsbedürfnis
- Kontakt- oder soziale Bedürfnisse
- Bedürfnisse nach Achtung und Anerkennung
- Bedürfnis nach Selbstverwirklichung

Diese Bedürfnisse bauen hierarchisch aufeinander auf. Eine höhere Bedürfnisstufe wird erst dann verhaltensbestimmend, wenn die darunter liegenden Bedürfnisse befriedigt sind.

C. P. Alderfer unterscheidet in seiner **ERG-Theorie** nur drei Bedürfnisarten:

- Die Bedürfnisse nach Selbsterhaltung (engl. Existence)
- Die Bedürfnisse nach Kontakt (engl. Relatedness)
- Die Bedürfnisse nach Selbstverwirklichung und Wachstum (engl. Growth)

Der **Verarbeitungsprozess eines Bedürfnisses** läuft in folgenden fünf Phasen ab:

1. Phase: Erlebnis eines Mangels
2. Phase: Erwartung, dass ein bestimmtes Verhalten den Mangel aufhebt
3. Phase: Das Verhalten
4. Phase: Endhandlung
5. Phase: Zustand der Befriedigung

Herzberg fand heraus, dass Unzufriedenheit etwas anderes ist als das Fehlen von Zufriedenheit. **Zufriedenheit** entsteht vor allem durch die Arbeit selbst und wird durch Motivatoren verursacht. **Unzufriedenheit** hängt mit den **Hygienefaktoren** zusammen, die im Arbeitsumfeld liegen wie z. B. die Entlohnung, die Sicherheit des Arbeitsplatzes oder der Führungsstil.

Die **Motivation** ist ein wichtiges Führungsinstrument, mit dem der Vorgesetzte die **Leistung** des Mitarbeiters beeinflussen kann. Die Leistung wird bestimmt durch:

- Leistungswille
- Leistungsfähigkeit
- Bedingungen der Leistungserbringung

Man kann die Faktoren, die die Leistung bestimmen, in objektive und subjektive Grössen gliedern.

Der **Job-Fit** ist das Zusammenspiel von Aufgabe und Leistungsfähigkeit des Mitarbeiters. Durch Gespräch, Beobachtung und Analyse der Verhaltensergebnisse kann man die Motive der Mitarbeitenden herausfinden.

58	Was ist der Unterschied zwischen einem Primär- und einem Sekundärbedürfnis?
	Verdeutlichen Sie Ihre Erklärung durch ein Beispiel.

59	Welche der folgenden Behauptungen sind richtig?
	A] Die Stärke eines Motivs kann sich im Lauf des Lebens eines Mitarbeitenden verändern.
	B] Motive pendeln gewöhnlich zwischen den beiden Polen Mangelzustand und Sättigung periodisch hin und her.
	C] Nicht in allen Menschen wirken dieselben Motive gleich stark.

60	Was versteht Maslow unter Defizitbedürfnissen?

61	Wenn die Mitarbeitenden durch Reorganisationen verunsichert und frustriert werden, können sie gemäss Maslow ihre Selbstverwirklichungsbedürfnisse nicht befriedigen. Weshalb ist das so?

62	Wenn das Sicherheitsbedürfnis eines Menschen befriedigt ist, möchte er nach der Theorie von Maslow zunächst folgende Bedürfnisse befriedigen:
	A] Selbstverwirklichung
	B] Achtung und Anerkennung
	C] Kontakt und Zuwendung
	D] Befriedigung der Grundbedürfnisse

63	Warum ist es schwierig, geistige Arbeit zu leisten, wenn man friert oder in einem extrem heissen Klima arbeiten muss?

64	Was ist nach Alderfers Theorie zu erwarten, wenn bei einem Menschen die Kontaktbedürfnisse frustriert werden?

65	Erklären Sie die folgenden Beispiele mit der ERG-Theorie:
	A] A kommt vom Land und arbeitet seit zwei Jahren als Hilfsangestellte in einem Büro. Sie ist stolz auf ihren Lohn und die eigene Wohnung, die sie sich damit leisten kann. Aber nach einiger Zeit wird ihr die Arbeit zu eintönig. Sie möchte eine Verkäuferinnenstelle antreten, obwohl sie bei längerer Arbeitszeit nicht mehr verdient.
	B] B ging ins Berufsleben zurück, um unter Menschen zu sein. Nach einiger Zeit befriedigt sie die Arbeit als Empfangsdame aber nicht mehr. Sie möchte einen sozialen Beruf ausüben, in dem sie mehr Sinn sieht.
	C] C ist sehr lebenslustig und kontaktfreudig. Er war erfolgreicher Verkäufer und wurde dann zum Verkaufsleiter befördert. Er merkt, dass die neue Position ihn nicht in der erwarteten Weise ausfüllt. Er vermisst den unmittelbaren Kontakt mit den Kunden. Obwohl dies eine Prestigeeinbusse mit sich bringt, will er wieder in den Verkäuferberuf zurück.

66	Warum heisst die Theorie von Herzberg Zweifaktoren-Theorie?

67	Wie verhalten sich Herzbergs Faktoren zu den intrinsischen / extrinsischen Anreizen?

| 68 | Welche der beiden im Folgenden beschriebenen Mitarbeitenden dürfte in seiner Arbeit eher zufrieden sein und warum? |

A] A ist Akademiker. Er arbeitet in einer Bank und hat ein sehr schönes Büro. Die Kollegen und Vorgesetzten sind nett, er ist gut bezahlt und hat einen angesehenen Job. Die Arbeit hat aber mit dem, was er studiert hat, wenig zu tun. Er kann auch nicht viel dazulernen. Seine Tätigkeit besteht in anspruchsvoller Routinearbeit für zwei der Vizedirektoren. Da er gut verdient und der Arbeitsplatz sicher ist, fühlt er sich privilegiert.

B] B ist Schreiner. Er liebt seinen Beruf, hat sich intensiv weitergebildet und baut jetzt ein eigenes Geschäft auf. Er muss dabei ganz klein anfangen und hart arbeiten. Im Vergleich zu seiner bisherigen Angestelltenposition muss er auch auf viele Annehmlichkeiten verzichten.

| 69 | Warum wirken die Hygienefaktoren weniger nachhaltig? |

| 70 | Handelt es sich bei den folgenden Beispielen um intrinsische oder extrinsische Befriedigung? |

A] A arbeitet in der Rezeption eines teuren Hotels. Sie kommt mit Persönlichkeiten aus Politik und Wirtschaft in Kontakt und fühlt sich dadurch privilegiert.

B] B arbeitet seit Jahren in der Rezeption einer Familienpension. Sie kennt die Stammkunden und trägt durch ihre Kontaktfähigkeit bei der Betreuung der Gäste wesentlich zum Erfolg des Unternehmens bei. Darauf ist sie sehr stolz.

| 71 | Geben Sie bei den folgenden Beispielen an, ob es sich um eine vorwiegend intrinsische oder extrinsische Motivation handelt, und nennen Sie das Motiv. |

A] Herr A ist Physiker. Er lehnt ein gut bezahltes Stellenangebot ab, um an seinem Platz in der Forschung tätig bleiben zu können. Er arbeitet zurzeit an einem besonders anspruchsvollen Projekt, das seine volle Leistungsfähigkeit herausfordert.

B] B ist Studentin und sucht einen Job, um Geld für eine Asienreise zu verdienen.

C] C wechselt seine Stelle, weil ihm am neuen Arbeitsplatz mehr Leute unterstellt sind und er in den Rang eines Vizedirektors aufsteigen kann.

D] D ist Chemikerin und in der Industrie tätig. Sie möchte ein Zusatzstudium machen, um Lehrerin zu werden. Die isolierte Arbeit im Labor befriedigt sie nicht. Sie möchte selbstständiger arbeiten können und nicht ein Rädchen im Getriebe sein. In der Möglichkeit, Unterrichtsstunden nach eigenen Ideen zu gestalten, sieht sie eine Chance dazu.

| 72 | Frau A ist im Alter von 38 Jahren wieder ins Berufsleben eingestiegen, um sich ein Taschengeld zu verdienen. Sie treibt einen grossen Aufwand mit Kleidern und lässt sich gern von ihren Freundinnen bewundern. Sie hat die Chance, als Empfangsdame in einem angesehenen Geschäft angestellt zu werden, was ihr sehr viel bedeutet. |

Frau B arbeitet auch wieder in ihrem Beruf. Sie ist Übersetzerin in einem Verlag und glücklich, ihre Spanischkenntnisse, die sie während der Jahre ihrer Hausfrauentätigkeit gepflegt hatte, einsetzen zu können. Sie macht Übersetzungen in einem Fachgebiet, das sie besonders interessiert.

A] Welche Bedürfnisse werden in diesen beiden Beispielen befriedigt?

B] Welche Arbeit dürfte langfristig tiefer befriedigen und warum?

73 Welcher der folgenden Aussagen stimmen Sie zu?

A] Am meisten leistet derjenige, der fähig und kompetent ist, aber mit einer gewissen Gelöstheit an seine Aufgaben herangeht.

B] Am leistungsfähigsten sind die Menschen, die den grössten Ehrgeiz haben.

C] Leistung hängt hauptsächlich von den Fähigkeiten ab, über die ein Mitarbeiter verfügt.

74 Welche Einflussgrössen behindern bzw. begünstigen in den folgenden Fällen die Leistung?

A] Frau A ist fröhlicher und interessierter an ihrer Arbeit, seit sie von ihrem Mann getrennt lebt.

B] Herr B ist ein überdurchschnittlich fähiger Berater im Aussendienst. Seine Umsätze nehmen jedoch laufend ab. Ein Konkurrenzprodukt ist neu auf den Markt gekommen, das klare Vorteile hat.

C] C hat hart gearbeitet, weil sie sich ein Startkapital für die Gründung eines eigenen Unternehmens im Ausland verdienen wollte. Sie hat alles sorgfältig geplant und befindet sich kurz vor der Erreichung ihres Ziels, als in dem betreffenden Land ein Krieg ausbricht. Es bestehen keine Chancen mehr für die Realisierung ihrer Pläne. Ihre Leistungen nehmen merklich ab, obwohl sie sich nichts anmerken lassen will.

D] Herr D stellt fest, dass man die Produktion wesentlich erhöhen könnte, wenn eine einfache Vorrichtung an den Maschinen eingebaut würde. Er arbeitet einen entsprechenden Vorschlag aus, der realisiert wird und zu einer erheblichen Leistungssteigerung führt.

75 Sie kennen den Verarbeitungsprozess eines Bedürfnisses. Wo liegen die möglichen Ursachen, wenn ein Bedürfnis nicht befriedigt werden kann?

76 Der Verkaufsleiter hat die Verkaufsergebnisse seiner Gruppe analysiert und festgestellt, dass Z im Vergleich mit seinen Kollegen, aber auch im Vergleich mit seinen eigenen, früheren Zahlen in diesem Quartal sehr wenig verkauft hat. Wie kann er die Motive des Leistungsabfalls von Z herausfinden?

Teil E   Minicases

Übung macht den Meister

Theoriewissen allein garantiert noch nicht den Prüfungserfolg. Erst wer sein Wissen an konkreten Problemen angewendet hat, ist für die Prüfung gerüstet. Darum geht es in diesem Teil des Lehrmittels. Sie finden hier Minicases, denen Sie in ähnlicher Form auch an Ihrer Abschlussprüfung begegnen könnten. Sie sind nach folgendem Raster aufgebaut:

- **Steckbrief des Minicase:** Gleich unter dem Titel des Minicase informieren wir Sie über die Übungsziele und verweisen Sie auf die Kapitel, in denen die Theorie besprochen wird.
- **Ausgangslage:** Sie schildert die Voraussetzungen, die für die Minicase gelten.
- **Aufgaben**

Die Lösungen zu den Übungen finden Sie auf unserer Internetseite www.compendio.ch als Zusatzmaterial zum Downloaden.

Die Minicases bieten die Möglichkeit, den gelernten Stoff nochmals praxisbezogen zu vertiefen. Es handelt sich um typische Situationen, die in einem Unternehmen täglich vorkommen können. Die HR-Abteilung ist meistens in irgendeiner Weise ebenfalls davon betroffen. Was ist die Aufgabe für die HR-Person in dieser Situation? Wie soll sie sich in dieser Lage verhalten und welche Schritte soll sie unternehmen?

Die **Lösung** eines Minicase basiert stets auf folgenden **vier Schritten:**

1. Was ist die Ausgangslage und wie könnte der Einstieg in die Aufgabe sein?
2. Wo liegen die Ursachen oder inwiefern ist die HR-Person betroffen?
3. Was für Lösungsschritte oder Massnahmen sind allenfalls möglich?
4. Wie können die Massnahmen theoretisch begründet werden?

Für die folgenden Minicases gibt es keine konkreten Lösungen, da jede Situation individuell beantwortet werden kann. Sie finden jedoch Gedankenstützen aus dem erlernten Stoff, der für die beschriebenen Fälle zutreffen kann.

Die beschriebenen Fälle finden in verschiedenen Unternehmen statt. Versetzen Sie sich jeweils in die Lage der HR-Fachperson und versuchen Sie, den Fall aus dieser Sicht heraus zu bearbeiten. Wir haben bei der Erarbeitung der Lösungsvorschläge eine Vier-Schritt-Methode angewendet. Sie sind aber frei, ein anderes Lösungssystem zu wählen.

Nummer, Titel und Inhalt des Minicase	Theorie
1 Verändertes Betriebsklima Wie können Sie in der Rolle der HR-Fachperson Ihr Wissen praxisbezogen in einer bestimmten Situation anwenden?	Kap. 1.2, S. 11, Kap. 1.3, S. 12, Kap. 1.4, S. 15, Kap. 2.4, S. 25, Kap. 3, S. 32
2 Markteinbruch Wie können Sie in der Rolle einer Bereichs-HR-Fachperson Ihr Wissen praxisbezogen in einer für Sie neuen Situation anwenden?	Kap. 1.1, S. 10, Kap. 3, S. 32, Kap. 5, S. 64, Kap. 6.3, S. 76, Kap. 8, S. 87, Kap. 9.1, S. 96
3 Reorganisation Wie können Sie in der Rolle einer HR-Fachperson Ihr Wissen praxisbezogen in einer für Sie neuen Situation anwenden?	Kap. 1.3, S. 12, Kap. 2.2, S. 21, Kap. 6.2, S. 74
4 Kulturelle Unterschiede Wie können Sie in der Rolle einer HR-Fachperson Ihr Wissen praxisbezogen in einer Konfliktsituation anwenden?	Kap. 1.2, S. 11, Kap. 1.3, S. 12, Kap. 2.3, S. 24, Kap. 2.4, S. 25, Kap. 3, S. 32

Nummer, Titel und Inhalt des Minicase	Theorie
5 Fusionen Wie können Sie in der Rolle einer Bereichs-HR-Fachperson Ihr Wissen praxisbezogen in einer für Sie neuen Situation anwenden?	Kap. 1.2, S. 11, Kap. 2.2, S. 21, Kap. 2.4, S. 25, Kap. 6.1, S. 72, Kap. 6.3, S. 76
6 Organisationsentwicklung Wie können Sie in der Rolle einer HR-Leiterposition Ihr Wissen praxisbezogen in einer für Sie neuen Situation anwenden?	Kap. 2.2, S. 21, Kap. 3, S. 32, Kap. 5, S. 64, Kap. 7.1, S. 79, Kap. 8, S. 87, Kap. 11, S. 120
7 Internes Kommunikationssystem Wie können Sie in der Rolle einer Bereichs-HR-Fachperson Ihr Wissen praxisbezogen in einer für Sie neuen Situation anwenden?	Kap. 1.1, S. 10, Kap. 3, S. 32, Kap. 5, S. 64, Kap. 8, S. 87, Kap. 11.1, S. 120
8 Diversity-Management Wie können Sie in der Rolle einer Bereichs-HR-Fachperson Ihr Wissen praxisbezogen in einer für Sie neuen Situation anwenden?	Kap. 1.1, S. 10, Kap. 1.2, S. 11, Kap. 3, S. 32, Kap. 6.3, S. 76, Kap. 9.1, S. 96
9 Outsourcing von HR-Aufgaben Wie können Sie Ihr Wissen in der Rolle einer Sparten-HR-Fachperson praxisbezogen in einer für Sie neuen Situation anwenden?	Kap. 2, S. 19, Kap. 2.2, S. 21, Kap. 3, S. 32, Kap. 5, S. 64, Kap. 9.1, S. 96
10 Autoritäre Führung Wie können Sie in der Rolle einer HR-Fachperson Ihr Wissen praxisbezogen in einer schwierigen Situation anwenden?	Kap. 1.1, S. 10, Kap. 1.2, S. 11, Kap. 1.3, S. 12, Kap. 3, S. 32, Kap. 5, S. 64, Kap. 6.2, S. 74, Kap. 9.1, S. 96

1 Verändertes Betriebsklima

Übungsziele Wie können Sie in der Rolle der HR-Fachperson Ihr Wissen praxisbezogen in einer bestimmten Situation anwenden?

Theorie Kap. 1.2, S. 11, Kap. 1.3, S. 12, Kap. 1.4, S. 15, Kap. 2.4, S. 25, Kap. 3, S. 32

Firmensituation

Unternehmen: KMU, Handel mit Investitionsgütern, Tochterfirma eines europäischen Mutterhauses.

120 Mitarbeitende, davon etwa gleich viel Männer wie Frauen. Es handelt sich um geschulte Mitarbeitende in allen Altersklassen; es gibt sowohl ausführend Tätige wie auch qualifizierte Fachleute. Die Hierarchie ist transparent und auf drei Ebenen verteilt.

HR-Bereich: Eine HR-Person mit mehrjähriger Erfahrung und ein KV-Lernender, zurzeit im zweiten Lehrjahr. Die HR-Position ist eine Stabsstelle und dem CEO direkt unterstellt.

Führungspolitik: Grundsätzlich wird auf ein kooperatives Verhalten Wert gelegt; wegen des angespannten Markts und ständigen Zeitdrucks ist das oft nicht möglich. Das Unternehmen hat einen guten Ruf auf dem Markt.

Ausgangslage Eine informelle Gruppe von jüngeren, ehrgeizigen Männern und Frauen verlangt, dass das Unternehmensreglement geändert werden soll. Dieses sieht bei Vaterschaft momentan einen Urlaub von drei Tagen vor. Die Gruppe möchte hingegen mindestens 14 Tage Urlaub. Dieser Vorstoss hat das Betriebsklima im Unternehmen etwas vergiftet, da nun polarisierende Parteien entstanden sind.

Aufgabe

1 Nehmen Sie als HR-Person Stellung zu dieser Ausgangslage und entwickeln Sie Lösungsansätze.

2   Markteinbruch

Übungsziele	Wie können Sie in der Rolle einer Bereichs-HR-Fachperson Ihr Wissen praxisbezogen in einer für Sie neuen Situation anwenden?
Theorie	Kap. 1.1, S. 10, Kap. 3, S. 32, Kap. 5, S. 64, Kap. 6.3, S. 76, Kap. 8, S. 87, Kap. 9.1, S. 96

Firmensituation	Unternehmen:	Grossbetrieb im Dienstleistungsbereich mit 4000 Mitarbeitenden, sehr viele Mitarbeitende mit geringer Schulbildung, auch viele Ausländer mit schlechten Deutschkenntnissen. Das Unternehmen ist aber führend in der Ausbildung von Lernenden.
	HR-Bereich:	HR-Leiter, Geschäftsleitungsmitglied; HR-Controller, Lohnadministration, interne Fürsorgestelle. Grösseres Team von Bereichs-Personalfachleuten und Personal-Assistenten und -Assistentinnen
	Führungspolitik:	Das Unternehmen ist stark und solid strukturiert, teilweise in den hierarchischen Abläufen etwas träge. Uneinheitliches Betriebsklima, die Führungsstile zeigen die Handschrift der Vorgesetzten. Ein Leitbild existiert; es wird jedoch in der Praxis kaum angewandt.

Ausgangslage	Aufgrund verschiedener weltwirtschaftlicher Zusammenhänge ist ein massiver Markteinbruch entstanden, der fatale finanzielle Einbussen mit sich bringt. Das Unternehmen muss 10 % der Mitarbeitenden abbauen, davon ist auch der HR-Bereich betroffen.

Aufgabe

1	Nehmen Sie Stellung zu dieser Ausgangslage; Sie sind in der Position einer HR-Fachperson. Entwickeln Sie Lösungsansätze für den Minicase.

3   Reorganisation

Übungsziele	Wie können Sie in der Rolle einer HR-Fachperson Ihr Wissen praxisbezogen in einer für Sie neuen Situation anwenden?
Theorie	Kap. 1.3, S. 12, Kap. 2.2, S. 21, Kap. 6.2, S. 74

Firmensituation	Unternehmen:	KMU im Detailhandel mit 50 Filialen in der Schweiz. 300 Mitarbeitende, in erster Linie Verkaufspersonal männlich und weiblich gemischt. Die Filialleiter sind mehrheitlich männlich und gut geschult. Die Marktlage ist gut, die Konkurrenz ist aber stark.
	HR-Bereich:	HR-Leiterin und kleines HR-Team.
	Führungspolitik:	Die KMU gehört einem Alleinaktionär, der direkt eingreift, wenn ihm etwas nicht passt. Er hat das Unternehmen sukzessiv aufgebaut und führt pionierhaft.

Ausgangslage	Der Firmeninhaber will das Filialnetz stark ausweiten. In den Städten will er sogar mehr als eine Filiale eröffnen, um den eigenen, internen Konkurrenzdruck zu fördern, wie er sagt. Er meint, dass Mitarbeitende unter Druck besser arbeiten. Nicht rentable Filialen schliesst er jeweils kurzfristig.

Aufgabe

1	Nehmen Sie Stellung zu dieser Ausgangslage; Sie sind in der Position einer HR-Fachperson. Entwickeln Sie Lösungsansätze für den Minicase.

4   Kulturelle Unterschiede

Übungsziele	Wie können Sie in der Rolle einer HR-Fachperson Ihr Wissen praxisbezogen in einer Konfliktsituation anwenden?
Theorie	Kap. 1.2, S. 11, Kap. 1.3, S. 12, Kap. 2.3, S. 24, Kap. 2.4, S. 25, Kap. 3, S. 32

Firmensituation	Unternehmen:	Alters- und Pflegezentrum, 150 Mitarbeitende, Pflegepersonal, unterschiedliche Ausbildung in einer grösseren Stadt.
	HR-Bereich:	HR-Leiter und kleines HR-Team.
	Führungspolitik:	Das Alters- und Pflegezentrum gehört einer Stiftung und wird durch einen Verein geführt. Stiftung und Verein bilden den Vorstand. Ein Verwalter ist CEO. Es reden viele Menschen mit oder mischen sich in verschiedene Aufgaben ein.

Ausgangslage	Die Stiftung hat in ihren Statuten vermerkt, dass alle alten Menschen unabhängig von ihren kulturellen Hintergründen als Gäste aufgenommen werden. Das heisst, dass Menschen mit verschiedenen Religionen und Traditionen im Alterszentrum wohnen. Beim Pflegepersonal führt das immer wieder zu grossen Spannungen.

Aufgabe

1	Nehmen Sie Stellung zu dieser Ausgangslage; Sie sind in der Position einer HR-Fachperson. Entwickeln Sie Lösungsansätze für den Minicase.

5   Fusionen

Übungsziele	Wie können Sie in der Rolle einer Bereichs-HR-Fachperson Ihr Wissen praxisbezogen in einer für Sie neuen Situation anwenden?
Theorie	Kap. 1.2, S. 11, Kap. 2.2, S. 21, Kap. 2.4, S. 25, Kap. 6.1, S. 72, Kap. 6.3, S. 76

Firmensituation	Unternehmen:	Kleinunternehmen, Ärztelabor, mit 15 Mitarbeitenden und guter Ausbildung.
	HR-Bereich:	1 HR-Fachperson, die gleichzeitig für die Administration und Finanzen zuständig ist.
	Führungspolitik:	Keine eigentlichen Strukturen. Man ist ein grosses Team.

Ausgangslage	Der Inhaber hat kürzlich mit einem weiteren Labor (7 Personen) fusioniert. Gleichzeitig hat er ein Kleinunternehmen der Pharmabranche gekauft (9 Personen). Das bedeutet für die HR-Person einen grossen, zusätzlichen Arbeitsaufwand.

Aufgabe

1	Nehmen Sie Stellung zu dieser Ausgangslage; Sie sind in der Position einer HR-Fachperson. Entwickeln Sie Lösungsansätze für den Minicase.

6   Organisationsentwicklung

Übungsziele	Wie können Sie in der Rolle einer HR-Leiterposition Ihr Wissen praxisbezogen in einer für Sie neuen Situation anwenden?
Theorie	Kap. 2.2, S. 21, Kap. 3, S. 32, Kap. 5, S. 64, Kap. 7.1, S. 79, Kap. 8, S. 87, Kap. 11, S. 120

Firmensituation		
	Unternehmen:	KMU mit 250 Mitarbeitenden in der Bau- und Immobilienbranche. Gut ausgebildetes Personal, auf dem Bau selbst auch ausländische Mitarbeitende, die nur angelernt sind.
	HR-Bereich:	HR-Leiter und kleines HR-Team.
	Führungspolitik:	Das Unternehmen ist eine Familien-AG, die eher autoritär geführt wird. Ein Machtwechsel vom Vater zum Sohn steht bevor. Der Sohn hat eine betriebswirtschaftliche Ausbildung und will Fachaufgaben an Mitarbeitende delegieren.

Ausgangslage

Ein Machtwechsel vom Vater zum Sohn steht bevor. Der Sohn hat eine betriebswirtschaftliche Ausbildung und will Fachaufgaben an die Mitarbeitenden delegieren. Er will das Unternehmen grundsätzlich neu organisieren.

Aufgabe

1   Nehmen Sie Stellung zu dieser Ausgangslage; Sie sind in der Position einer HR-Leiterperson. Entwickeln Sie Lösungsansätze für den Minicase.

7   Internes Kommunikationssystem

Übungsziele	Wie können Sie in der Rolle einer Bereichs-HR-Fachperson Ihr Wissen praxisbezogen in einer für Sie neuen Situation anwenden?
Theorie	Kap. 1.1, S. 10, Kap. 3, S. 32, Kap. 5, S. 64, Kap. 8, S. 87, Kap. 11.1, S. 120

Firmensituation	Unternehmen:	Grossunternehmen der Maschinenbranche mit 1200 Mitarbeitenden, Kader mit fundierter Ausbildung, Produktionsmitarbeitende werden laufend geschult, viele Ausländer mit schlechten Deutschkenntnissen. Das Unternehmen ist führend in der Ausbildung von Lernenden.
	HR-Bereich:	HR-Leiter, Geschäftsleitungsmitglied, grösseres HR-Team
	Führungspolitik:	Die Unternehmenskultur wird gemäss den Leitideen gelebt. Die Führungspersonen sind geschult. Trotzdem ergeben sich oft Spannungen innerhalb der Abteilungen.

Ausgangslage	Die Mitarbeitenden beklagen sich, dass sie die Flut der Informationen nicht mehr bewältigen können. Es wird viel zu vieles kommuniziert, das nicht notwendig ist. Viele Mitarbeitende sind oft erschöpft. Die Leistungseffizienz leidet.

Aufgabe

1	Nehmen Sie Stellung zu dieser Ausgangslage; Sie sind in der Position einer Bereichs-HR-Fachperson. Entwickeln Sie Lösungsansätze für den Minicase.

8   Diversity-Management

Übungsziele	Wie können Sie in der Rolle einer HR-Fachperson Ihr Wissen praxisbezogen in einer für Sie neuen Situation anwenden?
Theorie	Kap. 1.1, S. 10, Kap. 1.2, S. 11, Kap. 3, S. 32, Kap. 6.3, S. 76, Kap. 9.1, S. 96

Firmensituation	Unternehmen:	Mittleres Unternehmen im elektronischen Produktionsbereich mit etwa 250 Mitarbeitenden, unterschiedlich geschult – hochqualifiziert bis angelernt, vorwiegend Männer, etwa 10 Frauen, viele Ausländer ohne gute Deutschkenntnisse, jedoch teilweise mit Hochschulabschluss, 20 Lernende im Elektronikbereich und KV.
	HR-Bereich:	HR-Leiter und kleines HR-Team.
	Führungspolitik:	Das Unternehmen ist seit drei Generationen alteingesessen. Der Ruf des Unternehmens ist sehr gut und das Führungsverhalten kann als zeitgemäss bezeichnet werden.

Ausgangslage	Die HR-Abteilung wird gebeten, zusammen mit der Linie bei der Erarbeitung von neuen Leitideen und Führungsrichtlinien mitzuarbeiten und möglichst die verschiedenen Kulturen zu berücksichtigen.

Aufgabe	
1	Nehmen Sie Stellung zu dieser Ausgangslage. Sie sind in der Position einer HR-Fachperson. Entwickeln Sie Lösungsansätze für den Minicase.

9 Outsourcing von HR-Aufgaben

Firmensituation	Unternehmen:	Grossbetrieb im Pharmabereich mit weltweit 9000 Mitarbeitenden, hoch- und sehr gut qualifiziertes Personal sehr differenzierter Herkunft, Männer und Frauen gemischt. Niederlassungen und Produktionsstätten auch im Ausland.
	HR-Bereich:	HR-Leiter, Geschäftsleitungsmitglied, HR-Abteilungen der verschiedenen Sparten.
	Führungspolitik:	Das Unternehmen ist straff strukturiert, verfolgt klare Unternehmensleitsätze, ist aber offen für Organisationsentwicklungen. Auf ein gutes Betriebsklima und zeitgemässes Führungsverhalten wird grosser Wert gelegt.

Ausgangslage

Aus organisatorischen und ökonomischen Gesichtspunkten wird das gesamte Lohnsystem ins Ausland verlegt. Die Abteilung Controlling und Finanzen ist hauptsächlich davon betroffen, da einige Stellen nun abgebaut werden. Wie wirken sich diese Veränderungen möglicherweise aus?

Aufgabe

1	Nehmen Sie Stellung zu dieser Ausgangslage; Sie sind in der Position einer Sparten-HR-Fachperson. Entwickeln Sie Lösungsansätze für den Minicase.

10 Autoritäre Führung

Übungsziele	Wie können Sie in der Rolle einer HR-Fachperson Ihr Wissen praxisbezogen in einer schwierigen Situation anwenden?
Theorie	Kap. 1.1, S. 10, Kap. 1.2, S. 11, Kap. 1.3, S. 12, Kap. 3, S. 32, Kap. 5, S. 64, Kap. 6.2, S. 74, Kap. 9.1, S. 96

Firmensituation	Unternehmen:	KMU im Handelsbereich von Investitionsgütern mit 85 Mitarbeitenden, vorwiegend Männer und Frauen, teilweise mit guter Berufsausbildung und teilweise nur angelernt mit folgenden Abteilungen: Verkauf und Marketing, Administration und Technik.
	HR-Bereich:	1 Personalfachperson, zuständig für Rekrutierung und Betreuung. Löhne und Versicherungsabrechnungen werden vom Buchhalter erledigt.
	Führungspolitik:	Das Unternehmen wurde vor 10 Jahren vom Eigentümer als Kleinfirma gegründet und sukzessive aufgebaut mit Tendenz zu grösserem Wachstum. Der Eigentümer führt sehr autoritär, ist aber offen für gute Ideen. Die Hierarchie ist flach. Alle Mitarbeitenden sind ihm direkt unterstellt.

Ausgangslage	Die Verkaufszahlen sind rückläufig. Der Eigentümer hat, ohne die HR-Person zu informieren, einem Verkäufer rein intuitiv gekündigt, weil die Leistungen nicht mehr genügten. Wie gehen Sie als HR-Fachperson vor?

Aufgabe	
1	Nehmen Sie Stellung zu dieser Ausgangslage; Sie sind in der Position einer HR-Fachperson. Entwickeln Sie Lösungsansätze für den Minicase.

10 Autoritäre Führung

Teil F Anhang

Antworten zu den Repetitionsfragen

1 Seite 18
- Mitarbeitenden eine geeignete, ihren Fähigkeiten entsprechende Aufgabe anbieten
- Notwendige Hilfsmittel bereitstellen, um die Arbeit kompetent ausführen zu können
- Ein psychisch und physisch gesichertes Arbeitsumfeld gewährleisten
- Gerechte Entlohnung, Versicherungs- und Fürsorgeleistungen bieten
- Ein soziales Umfeld schaffen, das auf soliden Grundwerten besteht und einen geordneten Umgang der Beteiligten pflegt
- Fachliche und soziale Entwicklung ermöglichen und auch Veränderungen erlauben
- Mitsprache und Einflussnahme am Arbeitsplatz zulassen, sowie die Identifikation mit dem Unternehmen und seinen Zielsetzungen fördern

2 Seite 18

Eine Kultur der Änderungsfeindlichkeit erkennt man am Festhalten an Traditionen und an einem autoritären Führungsstil. Eine änderungsfreundliche Kultur stellt sich auf die Wünsche der Kunden ein und fördert das unternehmerische Denken und die Kreativität der Mitarbeitenden.

3 Seite 18

Das Betriebsklima bezieht sich auf die Qualität der Zusammenarbeit im Unternehmen. Das Arbeitsklima bezieht sich auf das subjektive Empfinden des Arbeitsplatzes.

4 Seite 18

Merkmale der Unternehmenskultur

- Grad der Offenheit bzw. Geschlossenheit
- Grad der Änderungsbereitschaft
- Grad der Einheitlichkeit
- Art der Führung
- Stellenwert der Anspruchsgruppen

5 Seite 18

Operative Aufgaben der HR-Fachperson

- Personaladministration
- Personalsuche
- Personalauswahl
- Gestaltung von Kultur-, Betriebs- und Arbeitsklima im Unternehmen
- Kontrolle der arbeitsrechtlichen Aspekte im Unternehmen
- Etc.

6 Seite 30

Die Gruppe ist nicht konfliktfähig. Die gegenseitige Akzeptanz fehlt; Ängste sind vorhanden; es wird Abwehr entwickelt. Die Störung liegt in der Beziehungsebene.

7 Seite 30

Konflikte können sich unter gewissen Voraussetzungen positiv für den Einzelnen und das Unternehmen auswirken. Durch den Konflikt werden die Probleme offen gelegt und diskutiert. Dadurch kann es zu guten, kreativen Lösungen kommen.

8 Seite 30

Der Moderator sollte fähig sein,

- zu beobachten,
- aktiv zuzuhören,
- sich wirksam mitzuteilen,
- Gruppenprozesse zu kontrollieren und zu diagnostizieren,
- Ziele zu setzen und
- Entscheide herbeizuführen.

9 Seite 30	• Daten und Fakten zusammentragen (Lebensläufe, Qualifikationen, Vorkommnisse usw.)
	• Berücksichtigen der momentanen Situation der betroffenen Person
	• Ziele des Gesprächs besprechen
	• Fragenkatalog erstellen
	• Gesprächsablauf der Fünf-Schritt-Methode diskutieren
	• Mögliche Konsequenzen erörtern

10 Seite 30 — Hier handelt es sich um innere Konflikte.

11 Seite 46 — Autoritäre Gesprächsführung kann beim Gesprächspartner eine Verlierer-Situation entstehen lassen, weil die Meinung des anderen nicht als wichtig angesehen wird.

12 Seite 46 — Dies ist eine negative Du-Botschaft, die bewertet und verletzt. Solche Botschaften führen meistens zu Streit und zu Verlierer-Verlierer-Situationen.

13 Seite 46

A] Nein, daraus muss sich keine Gewinner-Verlierer-Situation entwickeln. Wer seinen Gesprächspartner überzeugen will, setzt sich mit seinen Ansichten auseinander und stellt diesen seine Meinung gegenüber. Er nimmt den anderen als Gesprächspartner an, mit dem er zu einer übereinstimmenden Lösung gelangen will.

B] Ja. Wer den anderen verletzt oder abqualifiziert, setzt sich nicht ernsthaft mit ihm auseinander. Es geht ihm vor allem darum, sich mit seiner Meinung durchzusetzen. Wichtig ist für ihn nicht die gemeinsame Lösung, sondern dass seine Meinung siegt. Er beginnt also das Gespräch mit dem Wunsch, als Gewinner und nicht als Verlierer dazustehen. Diese Einstellung führt dazu, dass der andere zum Verlierer gemacht wird, damit er selbst Gewinner sein kann.

C] Nein. Dass die Gesprächsteilnehmer zu Beginn des Gesprächs eigene und voneinander abweichende Meinungen haben, muss nicht zu einer Gewinner-Verlierer-Situation führen. Das passiert erst dann, wenn jemand versucht, sich gegenüber dem anderen durchzusetzen, ohne sich mit dessen Meinung ernsthaft auseinanderzusetzen. Eine eigene Meinung zu haben ist positiv, vorausgesetzt, dass diese nicht starr ist.

14 Seite 46 — Dies könnte als Killerphrase bezeichnet werden. Reflektierende Fragen zeigen dem Gesprächspartner, was er gesagt hat. Man könnte dem Gesprächspartner z. B. sagen: «Sie sind der Meinung, dass ich als Frau mich nicht durchsetzen kann?» Möglicherweise sieht der Gesprächspartner ein, dass er sich verletzend geäussert hat, und kann seine Aussage anders formulieren.

15 Seite 47 — Typische Killerphrasen sind:

• So geht das nicht.
• Das sind veraltete Ideen.
• Wenn deine Idee so gut wäre, wäre jemand anderer auch schon früher darauf gekommen.
• Das haben wir schon immer so gemacht.
• Das haben wir noch nie so gemacht.
• Wer soll denn das finanzieren?
• Sogar Professor X musste einsehen, dass …

16 Seite 47

A] Geschlossene Frage

B] Alternativfrage, evtl. Suggestivfrage

C] Offene Frage

D] Richtungsweisende Frage, evtl. Suggestivfrage

E] Indirekte, reflektierende Frage

17 Seite 47	Wenn Menschen kommunizieren, spielt die gegenseitige Beziehung stets auch eine Rolle. Sie kann nicht ausser Acht gelassen werden. Gestörte Beziehungen können die Sachebene blockieren.
18 Seite 47	Frau Arnold vernachlässigt die Beziehungsebene. Sie fragt nicht, wie sich der Mitarbeiter fühlt, sondern benutzt das Gespräch, um ihre Meinung zu äussern. Hätte sie versucht, die Lage ihres Gesprächspartners zu erfassen, wären vielleicht persönliche Probleme von Herrn Brüderli oder Probleme auf der Beziehungsebene zwischen Herrn Brüderli und ihr zum Vorschein gekommen. Vielleicht hat Frau Arnold Herrn Brüderli zu wenig eingearbeitet. Vielleicht erhält Herr Brüderli zu wenig Feedback und weiss nicht, ob er seine Arbeit richtig gemacht hat. Trotz der positiven Absichten der Vorgesetzten kam kein echter Austausch zustande.
19 Seite 47	Es fällt Ihnen nichts Akzeptierbares ein und Sie beschliessen, direkt auf Ihr Gesprächsziel zuzusteuern, z. B. «Überlegen wir einmal gemeinsam, wie man das Gespräch hätte anders führen können.» Ihr Verkäufer wird sich wahrscheinlich verteidigen oder die Schuld beim Kunden suchen, z. B. «Der Kunde liess ja gar nicht mit sich reden.» Das Angebot, gemeinsam eine Lösung zu finden, ist eben noch keine Akzeptanz. Es wird im Gegenteil deutlich spürbar, dass Sie sich einen anderen Gesprächsverlauf gewünscht hätten und Kritik üben wollen.
	Eine andere Möglichkeit wäre etwas zu finden, das wir ehrlich akzeptieren, z. B. «Es ist wirklich eine sehr schwierige Situation, wenn man mitten im Geschäft vor anderen von einem Kunden in einer solchen Weise angesprochen wird. In einer solchen Situation hat man dann auch gar nicht die Ruhe und die Zeit, sich zu überlegen, wie man am besten reagiert. Vielleicht sollten wir das jetzt einmal gemeinsam in aller Ruhe tun, um bei künftigen ähnlichen Vorfällen besser gewappnet zu sein.» Der Verkäufer wird Ihnen aller Wahrscheinlichkeit nach als ehrlich gemeint abnehmen, dass Sie die Situation als schwierig ansehen. Er wird es auch positiv aufnehmen, dass Sie ihm keine Vorwürfe machen. Er wird dadurch nicht angeregt, sich zu verteidigen oder zu rechtfertigen. So wird eine entspannte Ausgangslage geschaffen.
	Eine weitere Möglichkeit: «Ich habe Ihr Gespräch angehört, und ich kann mir vorstellen, dass Sie nun enttäuscht und verärgert sind.» «Wieso glauben Sie, ist das Gespräch nicht erfolgreich verlaufen?» «Sie verfügen doch über eine grosse Erfahrung und haben schon viele schwierige Situationen meistern können.» «Ich möchte mit Ihnen das Gespräch analysieren. Was ist abgelaufen?» usw.
	Wichtig ist, dass in der Ich-Form und nicht in der «man»- oder «wir»-Form gesprochen wird.
20 Seite 47	Zu der nonverbalen Kommunikation gehören die Körpersprache, die Mimik, Gestik, der Tonfall der Stimme usw. Die nonverbale Kommunikation sagt oft mehr aus als die verbale Kommunikation.
	Ist der Gesprächspartner nicht am Gespräch interessiert, wird er vielleicht gähnen, auf die Uhr schauen, auf seinem Stuhl herumrutschen oder höflich, aber gelangweilt lächeln.
21 Seite 62	Das Ziel der Transaktionsanalyse ist, sich und die anderen besser zu verstehen. Sie hilft dem einzelnen Menschen, das eigene Verhalten zu hinterfragen, unerwünschtes Verhalten zu verarbeiten und Konflikte mit anderen Menschen zu verhindern.
22 Seite 62	Es gibt negative und positive gekreuzte Transaktionen. Negative Kreuzungen führen meistens zu Streit, da die Ich-Zustände weder erkannt noch akzeptiert werden.
	Positive Kreuzungen sind dann sinnvoll, wenn jemand in einem Ich angesprochen wird, das ihm nicht behagt. Er antwortet aus dem Erwachsenen-Ich und spricht das Erwachsenen-Ich des Gesprächspartners an.

23 Seite 62	A] Eltern-Ich
	B] Kind-Ich
	C] Eltern-Ich
	D] Kind-Ich
	E] Kind-Ich
	F] Erwachsenen-Ich

24 Seite 62	A] Parallele Transaktion: EL–EL, EL–EL
	B] Verdeckte Transaktion: offen zwischen ER–ER, verdeckt zwischen K–K
	C] Parallele Transaktion: EL–EL, EL–EL
	D] Gekreuzte Transaktion: EL–K, EL–K. Beide reagieren aus demselben Ich-Zustand heraus, aber nicht aus dem, den der andere bei ihnen angesprochen hat.
	E] Parallele Transaktion: EL–K, K–EL
	F] Parallele Transaktion: ER–ER, ER–ER

25 Seite 62	Alle drei Aussagen sind richtig.

26 Seite 62

Das Vierohrenmodell zeigt auf, dass bei Gesprächen vier Ebenen beteiligt sind:

- die Sache selbst
- die Selbstoffenbarung
- Beziehung zum andern
- Appell

Beispiel: Ich werde morgen später zur Arbeit kommen.

Aussage	= Ich komme morgen später.
Selbstoffenbarung	= Ich bin dazu berechtigt, dann zu kommen, wann ich will.
Beziehung zum anderen	= Ich hoffe, dass du nichts dagegen hast.
Appell	= Bitte nimm dies zur Kenntnis.

27 Seite 63	A] Beziehungsebene
	B] Sachebene
	C] Appellebene
	D] Selbstoffenbarungsebene

28 Seite 63

Sache:	Ich flog dreimal in einer Woche von Zürich nach London.
Appell:	Bewundert mich.
Selbstoffenbarung:	Ich bin ein wichtiger Geschäftsmann. Dreimal musste ich geschäftlich verreisen. Ohne mich kommt hier niemand aus.
Beziehung:	Ihr seid meine Bewunderer.

29 Seite 69

Drei wichtige Voraussetzungen für ein Beratungsgespräch:

- Die Beziehungsfähigkeit
- Die Akzeptanz
- Die Motivation zur Veränderung

30 Seite 69	Vorschlag: «Sie sind der Meinung, dass Sie für das Verhalten der andern zur Rechenschaft gezogen werden? Wieso kommen Sie zu dieser Ansicht?»
31 Seite 69	Unterstützende Massnahmen sind z. B. auf den Klienten einzugehen, ihn zu verstehen, aktiv zuzuhören und ihm mit reflektierenden und richtungsweisenden Fragen Hilfe zur Selbsthilfe anzubieten.
32 Seite 69	Erste Gespräche finden durch Linienvorgesetzte oder durch Personalfachleute statt. Wenn diese an die eigenen Grenzen stossen, weil das seelische Problem zu tief verankert ist, muss man externe Fachleute mit therapeutischer Ausbildung zuziehen oder dem Klienten ermöglichen, solche Vertrauenspersonen aufzusuchen.Die Vereinbarung wird schriftlich verfasst und von beiden Parteien unterschrieben.
33 Seite 69	Richtungsweisende Fragen: • Wie wollen wir jetzt vorgehen? • Was möchten Sie am Prozess verändern?
34 Seite 78	Der Vorgesetzte geht davon aus, dass seine Mitarbeitenden gerne arbeiten, und gewährt ihnen Handlungsspielraum in ihrer Tätigkeit. Sie kontrollieren ihre Arbeit weitgehend selbst. Dadurch engagieren sich die Mitarbeitenden für die Arbeit und zeigen Eigeninitiative und Verantwortungsbewusstsein. Es sind daher keine Vorschriften nötig. Der Vorgesetzte wird dadurch in seinem Menschenbild bestätigt.
35 Seite 78	A] X-Menschenbild B] Y-Menschenbild C] Y-Menschenbild D] X-Menschenbild
36 Seite 78	Forming-Phase: Gruppenmitglieder orientieren sich und lernen einander kennen Storming-Phase: Konflikte und Konfrontationen der verschiedenen Meinungen, Diskussionen, Machtkämpfe Norming-Phase: Gruppenzusammenhalt entsteht, Konsens und Kooperation Performing-Phase: • Aufgabe steht im Vordergrund: Die Gruppe arbeitet konstruktiv. • Beziehungen werden zugelassen: Die Gruppe ist gereift und kann sich weiterentwickeln.
37 Seite 78	A] Charisma ist eine besondere Ausstrahlungskraft, die manche Menschen haben. Sie haben ein freundliches, wohlwollendes und gereiftes Menschenbild in sich. B] Suggestion ist eine Beeinflussung, die sich positiv und aufzubauend, aber auch vernichtend auf Menschen auswirken kann.
38 Seite 78	• Beziehungsfähig sein, auf andere zugehen und zuhören können, Kontakte knüpfen • Sich klar und verständlich mitteilen können, Richtlinien erstellen, Ziele aufzeigen • Akzeptanz anderer Gesinnung, Kultur oder Meinungen • Den eigenen Standpunkt vertreten und zur eigenen Meinung stehen
39 Seite 86	**Vorteile:** klare Planung für alle, bessere Transparenz und Koordination, sachliche Information und Leistungskontrolle, bessere Verknüpfung von Belohnung und Leistung.

Nachteile: klare und langfristig gültige Ziele lassen sich oft schwer formulieren; Gefahr, dass die schwer quantifizierbaren Ziele nicht berücksichtigt werden, Gefahr von überhöhtem Leistungsdruck, zeitaufwendiger und kostspieliger Zielbildungs-, Planungs- und Kontrollprozess.

40 Seite 86

Bei der autoritären Führung entscheidet der Vorgesetzte alleine, weil er über bessere Fachkenntnisse verfügt oder weil er oder der Mitarbeitende überfordert ist.

Bei der kooperativen Führung zieht der Vorgesetzte den Mitarbeitenden in den Zielprozess mit ein oder bespricht mit ihm seine Aufgaben und lässt ihn mitentscheiden.

41 Seite 86

Das Unternehmen möchte wissen, weshalb Mitarbeitende das Unternehmen verlassen und erwartet eine entsprechende, übersichtliche Analyse.

Der HR-Leiter vereinbart mit der HR-Sachbearbeiterin Folgendes:

- Zeitraster: Bis wann soll die Analyse zur Verfügung stehen?
- Was ist zeitlich machbar?
- Wie viele Elemente soll die Analyse enthalten?
- Wann erfolgt die erste Teilbesprechung oder Zwischenkontrolle?

Die HR-Sachbearbeiterin entscheidet selbst, wie sie die Analyse gestalten will, wie sie vorgehen wird und wie sie sich organisiert.

Die Vereinbarung wird schriftlich verfasst und von beiden Parteien unterschrieben.

42 Seite 86

Richtig sind C] und D].

A] Die Aussage ist falsch, denn der Führungsstil zeichnet sich durch Situationsbeständigkeit aus.

B] Das Wort «niemals» erweckt den falschen Eindruck, der Führungsstil sei ein personenunabhängiges, vollkommen statisches Verhalten des Vorgesetzten. Die Entwicklung, die jeder Vorgesetzte in seinem Berufs- und Privatleben durchläuft, wirkt sich aber oft auch auf seinen Führungsstil aus.

43 Seite 86

Die Beschränkung auf **einen** Einflussfaktor, der den Führungsstil bestimmt, ist realitätsfremd. In der Praxis wird niemand so eindimensional führen.

Verbesserungen sind zu erwarten, wenn eine grössere Zahl von stilbeeinflussenden Merkmalen zur Beschreibung eines Führungsstils berücksichtigt werden.

44 Seite 86

Der situative Führungsstil ist in ungewöhnlichen Situationen angebracht. Der Vorgesetzte weicht dann von seinem eigentlichen Führungsstil ab und greift möglicherweise direkt in ein Verfahren ein.

45 Seite 86

A] **1.9-Führungsstil:** Das Führungsverhalten von Frau Albrecht deutet auf eine einseitige Mitarbeiterorientierung hin.

B] Tendenz zum **9.1-Führungsstil:** Der Aufgabenbezug scheint stärker zu sein als das Interesse an einer Gruppeneinigung.

C] **5.5-Führungsstil:** Der Aufgabenbezug ist Herrn Cornelsen zwar sehr wichtig; er nimmt aber auch die Meinungen seiner Mitarbeitenden ernst.

D] **9.9-Führungsstil:** Beide Aspekte – Aufgabenbezug und Mitarbeiterorientierung – werden so gut wie möglich berücksichtigt.

46 Seite 93

- Das Beurteilungs- und Qualifikationsgespräch sollte als Dialog gestaltet werden.
- Der Mitarbeiter sollte nicht als Person beurteilt werden, sondern es sollten einzelne Leistungen und Verhaltensweisen herausgegriffen und besprochen werden.
- Gespräche sollten nicht öffentlich geführt werden.

47 Seite 93	Die Personalabteilung hat mehrheitlich eine beratende und unterstützende Funktion. Sie versucht, zu vermitteln und die Konfliktpartner in ihrer Problemlösung zu unterstützen. Sie überwacht dann auch die Realisierung der Lösung.
48 Seite 93	Sie können dem Mitarbeiter ein **Outplacement** ermöglichen. Darunter versteht man Hilfe zur Selbsthilfe nach der Kündigung eines Mitarbeiters. Es werden – meist durch externe Berater – spezielle Beratungs- und Informationsmassnahmen angeboten. Diese können einige Wochen oder Monate andauern. Zunächst werden durch Tests, Befragungen etc. die Stärken und Schwächen des Mitarbeiters ermittelt. Danach wird er in der Stellensuche geschult. Es wird eine Bewerbungsstrategie entwickelt und es werden Bewerbungsunterlagen erstellt. Der externe Berater kann auch geeignete Stellen vermitteln.
49 Seite 107	Aggressive Triebregungen richten sich an eine Beziehungsperson, narzisstische richten sich an die eigene Person.
	Beispiele für aggressive Triebregungen sind Wut oder Ärger, für narzisstische Bedürfnisse ein unersättlicher Wunsch nach Lob und Anerkennung und als Störung die Unfähigkeit, Beziehungen aufzubauen.
50 Seite 107	Ein freies Ausleben der Triebregungen ist oft nicht möglich, weil äussere oder innere Barrieren es verhindern. Gründe dafür können z. B. Angst vor Triebstärke, Angst vor Bestrafung, Blossstellung usw. sein.
51 Seite 108	A] Verdrängung
	B] Verleugnung
	C] Rationalisierung
	D] Identifikation
52 Seite 108	Der blinde Fleck ist der Teil der Persönlichkeit, der einem selber nicht bekannt ist.
	Für die Umwelt ist er aber erkennbar. Das liegt daran, dass es sich um eine Art von Abwehr handelt, die dem Bewusstsein des Menschen entzogen ist.
	Der blinde Fleck kann die Zusammenarbeit erschweren. Erkennt man die Abwehrmechanismen, bringt man dem Betroffenen vermutlich mehr Verständnis entgegen.
53 Seite 108	Anpassung ist eine Auseinandersetzung mit den Triebregungen. Die Triebregungen können vom ICH zugelassen, sie müssen nicht abgewehrt werden. Das ICH ist fähig, eine Form zu finden, die die Triebbefriedigung in einer abgeänderten, meist abgeschwächten Form zulässt.
54 Seite 119	In der Zeit von der Geburt bis zum Eintritt ins Schulalter muss sich das Kleinkind alle Fähigkeiten aneignen, die es in seinem späteren Leben braucht.
	Die **erste Phase** wird auch orale Phase genannt. Sie ist geprägt vom Bedürfnis nach Liebe und Akzeptiertwerden. Je nach den Erfahrungen, die der Säugling in dieser Phase macht, entwickelt er Vertrauen in andere und in sich selbst.
	Die **zweite Phase**, anale Phase, beginnt ungefähr am Ende des ersten Lebensjahres des Kindes. Es wird selbstständig und lernt sich behaupten, aber auch anpassen, da es sich mit den von der Umwelt gesetzten Grenzen auseinandersetzen muss.
	Die **dritte Phase**, genitale Phase, ist von Wissbegierde geprägt. Das Kind ist eigenständig geworden. Durch die Identifikation mit dem gleichgeschlechtlichen Elternteil erwirbt es seine Geschlechtsidentität.
55 Seite 119	Durch Auseinandersetzung mit sich selbst, durch Selbstbeobachtung oder durch geschulte Hilfe ist es möglich, Konflikte aus der frühen Kindheit zu verarbeiten.

56 Seite 119	In dieser Phase entsteht die grundlegende Haltung des Vertrauens; der Säugling erlebt auch seine erste Beziehung zur Umwelt, insbesondere zur Mutter. Er muss auch lernen, erste Frustrationen zu ertragen.
	Die Erfahrungen der ersten Lebensjahre sind für das Kind von grösster Bedeutung. Die ersten Erlebnisse prägen es am stärksten. Hier sind die Wurzeln für die meisten Konflikte zu finden, mit denen der Mensch in seinem späteren Leben konfrontiert wird.
57 Seite 119	Nein. Die hohe Leistungsfähigkeit und der Leistungswille von Frau Berg können auch auf Konflikten beruhen. Konflikte führen oft zu kompensatorischer Leistungsfähigkeit. In den drei Entwicklungsphasen entstandene Defizite werden durch erhöhtes Leistungsverhalten kompensiert.
58 Seite 136	Primärbedürfnisse sind angeborene Bedürfnisse oder Triebregungen.
	Sekundärbedürfnisse werden im Verlauf des Lebens aufgrund von Erfahrung erworben.
	Durst ist ein Primärbedürfnis. Wenn jemand seinen Durst immer mit Orangensaft löscht, wird das im Lauf der Zeit selbst ein Bedürfnis (Sekundärbedürfnis).
59 Seite 136	Alle drei Aussagen sind richtig.
60 Seite 136	Defizitbedürfnisse sind Mangelbedürfnisse. Wenn die Bedürfnisse nach Selbsterhaltung, Sicherheit, Kontakt und Anerkennung nicht befriedigt werden können, entstehen seelische Defizite für den Menschen. Ihre Befriedigung ist daher entscheidend für den psychischen Gesundheitszustand.
	Das Bedürfnis nach Selbstverwirklichung ist hingegen ein Wachstumsbedürfnis, das für die persönliche Entwicklung wichtig, aber für das psychische Gleichgewicht nicht von unmittelbarer Bedeutung ist.
61 Seite 136	Gemäss der Theorie von Maslow sind diese Mitarbeitenden in den Sicherheitsbedürfnissen frustriert. Solange diese Bedürfnisse frustriert sind, leidet der Mitarbeiter unter einem seelischen Mangel. Er muss zuerst diesen Mangel beheben, bevor andere Bedürfnisse für ihn wirksam werden.
62 Seite 136	C] ist richtig.
63 Seite 136	Die Grundbedürfnisse sind nicht befriedigt und werden dadurch aktiv. Wir kümmern uns daher zunächst um unser körperliches Wohlbefinden. Ohne dieses sind geistige Leistungen nur schwer möglich.
64 Seite 136	Die Kontaktbedürfnisse und die Bedürfnisse nach Existenzsicherung werden zunehmen.
65 Seite 136	A] Die Selbsterhaltungsbedürfnisse sind befriedigt, das Kontaktbedürfnis wird verhaltenswirksam.
	B] Das Kontaktbedürfnis ist befriedigt, das Selbstverwirklichungsbedürfnis wird aktuell.
	C] Das Kontaktbedürfnis wird frustriert und drängt erneut nach Befriedigung.
66 Seite 136	Herzberg nimmt an, dass es zwei grundsätzlich verschiedene Einflussgrössen gibt, die für den Grad der Zufriedenheit zuständig sind. Zufriedenheit und Unzufriedenheit sind daher nicht Zustände auf der gleichen Skala, sondern gehören zwei verschiedenen **Dimensionen** an. Unzufriedenheit kann nur mit extrinsischen Faktoren abgebaut werden. Diese können aber nicht Zufriedenheit bewirken. Dazu werden andere Grössen, nämlich die intrinsischen Faktoren, benötigt, die die Motivatoren beeinflussen.

67 Seite 136	Intrinsische Arbeitsmotive werden durch die Tätigkeit selbst befriedigt. Extrinsische Arbeitsmotive werden durch die Folgen dieser Tätigkeit oder deren Begleitumstände befriedigt.

Die Motivatoren aktivieren vor allem **intrinsische** Arbeitsmotive, die Hygienefaktoren hauptsächlich **extrinsische.**

68 Seite 137	Aufgrund von Herzbergs Theorie sind die Chancen für Zufriedenheit bei B grösser, weil in seinem Fall die Motivatoren ausgeprägt und nur die weniger wichtigen Hygienefaktoren niedrig sind.

Bei A ist die Situation umgekehrt. Er fühlt sich privilegiert. Das bedeutet aber nicht wirkliche Zufriedenheit, sondern das Fehlen von Unzufriedenheit.

Es ist natürlich möglich, dass B in einigen Jahren weniger zufrieden sein wird, wenn er sich zum Beispiel mit seinem Geschäft nicht durchsetzen kann.

69 Seite 137	An die Hygienefaktoren gewöhnt man sich relativ rasch. Sie werden dann zur Selbstverständlichkeit, die nicht mehr wahrgenommen wird.

70 Seite 137	A] Hier handelt es sich um eine **extrinsische Befriedigung,** da nicht die Arbeit selbst wichtig ist, sondern das Prestige durch den Kontakt mit bedeutenden Persönlichkeiten aus Wirtschaft und Politik.

B] Es liegt eine **intrinsische Befriedigung** vor, weil die Dienstleistung, das Beraten, Unterstützen und Betreuen der Gäste ein wesentlicher Teil der Arbeit ist.

71 Seite 137	A] Intrinsisches Interesse an der Arbeit selbst. Das Leistungsbedürfnis wird besonders angesprochen.

B] Extrinsisches Motiv: Geldverdienen.

C] Intrinsisches Motiv: Einfluss und Macht. Es wird aber auch ein extrinsisches Geltungsbedürfnis angesprochen.

D] Intrinsische Motive: Der Wunsch nach Kontakt, aber auch nach Einfluss durch die selbstständige Gestaltung des Unterrichts und der Wunsch nach Selbstverwirklichung wirken motivierend.

72 Seite 137	A] A befriedigt vor allem das extrinsische Bedürfnis nach Geltung und Ansehen, B die intrinsischen Bedürfnisse nach Leistung und Selbstverwirklichung.

B] B dürfte langfristig mehr Befriedigung erhalten, da wesentliche Teile ihrer Persönlichkeit und ein langjähriges Interesse an der Arbeit angesprochen werden.

Die Befriedigung von A ist von äusseren Gegebenheiten – dem Arbeitsplatz, der Bewunderung der Freundinnen – abhängig. Diese Grössen sind starken und unberechenbaren Schwankungen ausgesetzt.

73 Seite 138	A] ist richtig. Hier wird darauf hingewiesen, dass nicht eine maximal angespannte, sondern eine optimale Leistungsintention zu guter Leistung führt.

B] Ein durch Ehrgeiz überhöhter Leistungswille kann leistungshemmend sein. Neben dem Ehrgeiz müssen auch die notwendigen Fähigkeiten vorhanden sein.

C] Hier wird nur eine Komponente der Leistung genannt. Ebenso wichtig ist, ob ein begabter Mitarbeiter auch bereit ist, seine Fähigkeiten einzusetzen und ob die Rahmenbedingungen für die Leistungserbringung optimal sind.

74 Seite 138	A] **Ausserbetriebliche** Einflussgrösse: Die familiären Probleme absorbieren nun weniger Energie. Das Interesse an der Arbeit wächst.
	B] **Betriebliche und ausserbetriebliche Faktoren**: Das von der eigenen Firma vertriebene Produkt ist überholt; die besten persönlichen Leistungsvoraussetzungen können nichts bewirken, wenn äussere Voraussetzungen fehlen.
	C] **Ausserbetriebliche** Einflussgrösse: Politische Veränderungen, die C nicht beeinflussen kann, greifen entscheidend in ihre Motivation ein.
	D] **Betriebliche** Leistungsvoraussetzungen: Die Leistung wird durch eine Verbesserung der Ausrüstung am Arbeitsplatz verbessert.
75 Seite 138	Es gibt auch unrealistische Bedürfnisse, die dann neu überdacht werden müssen.
76 Seite 138	Der Verkaufsleiter kann die Motivation eines Mitarbeiters zur Arbeit folgendermassen erfassen:

Der Verkaufsleiter kann die Motivation eines Mitarbeiters zur Arbeit folgendermassen erfassen:

- durch das Gespräch
- durch die Beobachtung und
- durch die Analyse der Verhaltensergebnisse.

Die Analyse hat der Verkaufsleiter bereits durchgeführt. Er kann mit Z ein Gespräch führen. Wenn dies keine Ergebnisse bringt, kann er Z vielleicht bei einem Verkaufsgespräch begleiten und dabei sein Verhalten beobachten.

Literaturverzeichnis

Adler, Alfred: Praxis und Theorie der Individualpsychologie, Frankfurt am Main 1994

Benien, Karl: Schwierige Gespräche führen, Berlin 2004

Berkel, Karl: Konflikttraining, Hamburg 2011

Berne, Eric: Grundlagen der Gruppenbehandlung, Paderborn 2005

Berne, Eric: Die Transaktionsanalyse in der Psychotherapie, Paderborn 2001

Bischof, Norbert: Das Rätsel Ödipus, München 2008

Brinkmann, Rolf Dieter: Mitarbeiter-Coaching, München 2000

Edtinger, Birgit; Mayr, Fabian Patrick; Wagner, Karl: Veränderungen erfolgreich umsetzen, Change Management in der Praxis, Weinheim / Basel 2004

English, Fanita: Transaktionsanalyse, Gefühle und Ersatz in Beziehungen, Salzhausen 2001

Freud, Anna: Das Ich und die Abwehrmechanismen, Geist und Psyche, Frankfurt am Main 1993

Fromm, Erich: Die Furcht vor der Freiheit, München 2008

Fromm, Erich: Die Kunst des Liebens, Berlin 2003

Fromm, Erich: Haben oder Sein, Berlin 2003

Goleman, Daniel: Emotionale Führung, Berlin 2003

Harris, Thomas: Ich bin o. k. – du bist o. k., Reinbek 2011

Hoffmann Axthelm, Dagmar: Wenn Narziss Athena küsst, Berlin 1998

Jung, Carl Gustav: Archetypen, München 1993

Jung, Carl Gustav: Typologie, München 1993

Lorenz, Konrad: Das so genannte Böse, München 1998

Malik, Fredmund: Führen Leisten Leben, Frankfurt am Main 2013

Marmet, Otto: Ich und du und so weiter, Weinheim 2013

Maslow, Abraham: Motivation und Persönlichkeit, Reinbek 2010

Miller, Alice: Das Drama des begabten Kindes, Berlin 1999

Molcho, Samy: Körpersprache, München 2003

Noll, Peter; Bachmann, Hans Rudolf: Der kleine Macchiavelli, München 2012

Pammer, Helga; Huemer, Alexandra: Soziale Kompetenz für Praktiker, Wien 2012

Perls, Fritz Salomon; Hefferline, Ralph F.; Goodman, Paul: Gestalttherapie, München 1995

Piaget, Jean; Inhelder, Bärbel: Die Psychologie des Kindes, München 1993

Rautenberg, Werner; Rogoll, Rüdiger: Werde, der du werden kannst, Freiburg 2011

Riemann, Fritz: Grundformen der Angst, Basel 2011

Rogers, Carl Ransom: Entwicklung der Persönlichkeit, Stuttgart 1996

Rubin, Harriet: Macchiavelli für Frauen, Frankfurt am Main 1998

Rüttinger, R.: Transaktionsanalyse, Arbeitshefte Führungspsychologie, Frankfurt am Main 2005

Schulz von Thun, Friedemann: Miteinander reden 1 + 2, Reinbek 2013

Sprenger, Reinhard K.: Mythos Motivation, Frankfurt am Main 2010

Sprenger, Reinhard K.: Das Prinzip Selbstverantwortung, Frankfurt am Main 2007

Storch, Maja: Das Geheimnis kluger Entscheidungen, München 2011

Stroebe, Rainer W.: Führungsstile, Management by Objectives und situatives Führen, Recht und Wirtschaft, Heidelberg 2007

Watzlawick, Paul: Die Möglichkeit des Andersseins, Bern 2007

Watzlawick, Paul: Wie wirklich ist die Wirklichkeit? Wahn – Täuschung – Verstehen, München 2007

Watzlawick, Paul; Jackson, Don D.; Beavin, Janet H.: Menschliche Kommunikation – Formen, Störungen, Paradoxien, Bern 2011

Stichwortverzeichnis

Human Resources

Das Ende dieses Buchs ist vielleicht der Anfang vom nächsten. Denn dieses Lehrmittel ist eines von über 250 im Verlagsprogramm von Compendio Bildungsmedien. Darunter finden Sie zahlreiche Titel zum Thema Human Resources. Zum Beispiel:

Personalmarketing, -entwicklung und Berufsbildung für HR-Fachleute

Kommunikation und Führung für HR-Fachleute

Sozialversicherungen, Lohnadministration und Arbeitsrecht für Personalassistenten

Internationales HR-Management für HR-Fachleute

HR-Beratung für HR-Fachleute

Human Resources bei Compendio heisst: übersichtlicher Aufbau und lernfreundliche Sprache, Repetitionsfragen mit Antworten, Abstimmung der Inhalte auf die Prüfungswegleitungen und je nach Titel auch Minicases sowie ein übersichtliches Infoblatt für den schnellen Überblick.

Eine detaillierte Beschreibung der einzelnen Lehrmittel mit Inhaltsverzeichnis, Preis und bibliografischen Angaben finden Sie auf unserer Website: compendio.ch/hr

Nützliches Zusatzmaterial

Kostenlos herunterladen:
Professionell aufbereitete Folien

Für den Unterricht, die firmeninterne Schulung oder die Präsentation – auf unserer Website können Sie professionell aufbereitete Folien mit den wichtigsten Grafiken und Illustrationen aus den Büchern kostenlos herunterladen. Bitte respektieren Sie die Rechte des Urhebers, indem Sie den entsprechenden Vermerk auf Compendio garantieren.

Bildungsmedien nach Mass
Kapitel für Kapitel zum massgeschneiderten Lehrmittel

Was der Schneider für die Kleider, das tun wir für Ihr Lehrmittel. Wir passen es auf Ihre Bedürfnisse an. Denn alle Kapitel aus unseren Lehrmitteln können Sie auch zu einem individuellen Bildungsmedium nach Mass kombinieren. Selbst über Themen- und Fächergrenzen hinweg. Bildungsmedien nach Mass enthalten genau das, was Sie für Ihren Unterricht, das Coaching oder die betriebsinterne Schulungsmassnahme brauchen. Ob als Zusammenzug ausgewählter Kapitel oder in geänderter Reihenfolge; ob ergänzt mit Kapiteln aus anderen Compendio-Lehrmitteln oder mit personalisiertem Cover und individuell verfasstem Klappentext, ein massgeschneidertes Lehrmittel kann ganz unterschiedliche Ausprägungsformen haben. Und bezahlbar ist es auch.

Kurz und bündig:
Was spricht für ein massgeschneidertes Lehrmittel von Compendio?

- **Sie wählen einen Bildungspartner mit langjähriger Erfahrung in der Erstellung von Bildungsmedien**
- **Sie entwickeln Ihr Lehrmittel passgenau auf Ihre Bildungsveranstaltung hin**
- **Sie können den Umschlag im Erscheinungsbild Ihrer Schule oder Ihres Unternehmens drucken lassen**
- **Sie bestimmen die Form Ihres Bildungsmediums (Ordner, broschiertes Buch oder Ringheftung)**
- **Sie gehen kein Risiko ein: Erst durch die Erteilung des «Gut zum Druck» verpflichten Sie sich**

Auf der Website www.bildungsmedien-nach-mass.ch finden Sie ergänzende Informationen. Dort haben Sie auch die Möglichkeit, die gewünschten Kapitel für Ihr Bildungsmedium direkt auszuwählen, zusammenzustellen und eine unverbindliche Offerte anzufordern. Gerne können Sie uns aber auch ein E-Mail mit Ihrer Anfrage senden. Wir werden uns so schnell wie möglich mit Ihnen in Verbindung setzen.

Modulare Dienstleistungen
Von Rohtext, Skizzen und genialen Ideen zu professionellen Lehrmitteln

Sie haben eigenes Material, das Sie gerne didaktisch aufbereiten möchten? Unsere Spezialisten unterstützen Sie mit viel Freude und Engagement bei sämtlichen Schritten bis zur Gestaltung Ihrer gedruckten Schulungsunterlagen und E-Materialien. Selbst die umfassende Entwicklung von ganzen Lernarrangements ist möglich. Sie bestimmen, welche modularen Dienstleistungen Sie beanspruchen möchten, wir setzen Ihre Vorstellungen in professionelle Lehrmittel um.

Mit den folgenden Leistungen können wir Sie unterstützen:

- **Konzept und Entwicklung**
- **Redaktion und Fachlektorat**
- **Korrektorat und Übersetzung**
- **Grafik, Satz, Layout und Produktion**

Der direkte Weg zu Ihrem Bildungsprojekt: Sie möchten mehr über unsere Verlagsdienstleistungen erfahren? Gerne erläutern wir Ihnen in einem persönlichen Gespräch die Möglichkeiten. Wir freuen uns über Ihre Kontaktnahme.

Compendio Bildungsmedien AG, Neunbrunnenstrasse 50, 8050 Zürich
Telefon +41 (0)44 368 21 11, Telefax +41 (0)44 368 21 70, E-Mail: postfach@compendio.ch, www.compendio.ch